岩 波 文 庫

33-178-2

清 沢 洌 評 論 集

山 本 義 彦 編

岩 波 書 店

目次

III 恐慌から戦争へ 一九二九—一九四〇

Ⅳ　戦時下の構想　一九四一―一九四五

I

渡米中の評論　一九〇六―一九一八

米国通信

その一

雪は何処《いずこ》の国でも冷たく御座候《ござそうろう》。当シャートルへも冷たき雪が四、五寸も降り申《もうし》候。かかる寒さは、メッタになき由にてこれを古老に質《ただ》すもそはちっと大げさに候うが、拾何年目とか申しおり候。

どうせ冬の事とて、今働く口はこれなく一月もただ遊んでおる心組に候。人は何人《なんびと》も現境には満足することの出来ざるものにて、この度《たび》の渡米者の中の多くは何故こんな所へ来たかと不平をいいおり候。しかし僕のみは例外と御推思下され度《たく》候。小生事教会にはおり候うものの未だ一、二度しか集会には出《い》でず小生がクリスチャン……少くともクリスチャンたらんと欲するものなりと知るものは沢山これなくと存じ候。僕の知っておるメソジストの会員とかは今朝神学博士の許《もと》に当教会の牧師から連れて行ってもらいて便宜を与えてもらうとの事に候うが、僕はあまり羨ましいとも思い申さず候。元来僕は孤独に堪うべき人間に非《あら》ずと自覚しおり候うが僕の信仰の堅固なる間はこの孤独を破らざる決心に御座候。

闇夜にして月を思う、冷やかなる風の吹き来るほどそれだけ暖かき懐を偲《しの》ぶ次第に候。

僕のため御祈り下され度候。

何《ど》うせ渡米以後の僕は予想以上の困難と奮闘せざる能《あた》わざるを深く感銘仕《つかまつ》り候。

しかし主義のため信仰のためならば如何《いか》なるものを犠牲に供しても顧みざる覚悟に候。

共同は必須の事同志の内に渡米の志あるものあらば御勧《おすす》め下され度信仰のない人の紹介は真平《まっぴら》に候。

その二

拝啓　追々暖かく相成《あいなり》候。御尊体如何に御座候うや。小生事益々健全御安心下され度候。

梅の花は見ず候えども、当地の気候は駘蕩《たいとう》たるものに候。今日は鶯(らしきもの)の鳴きしを聞き申し何となく国におった時分の事を考え出し候。

こんな時に散歩したらばと思い候えども、奉公に来ておる身そんな贅沢《ぜいたく》な事は出来ず。(ただし一時頃より三時半頃あるいは四時頃までは小生の時間に候えども毎日夫人が町へ行き候故《ゆえ》番をしておらねばならず候。米国人は随分大胆なものにて小生の来たりしその夜より家内中にて何処かへ遊びに行き小生に番をしておるべく命じ候。)

聖書研究会会員中に誰れか来るなんといっておる人はこれなく候うや。

故郷の渡米熱には随分驚ろき入り候。それがアイウエオをやっと書くような人々の沢山なるには、なおさら驚かざるを得ず候。

小生は今ハウスボーイをしており候うが、日本でやるお三どんよりかはよっぽどらくにて到底比較にはならず候。しかしそれ故銭は取れず、小生が今十八弗《ドル》日本銭参拾弐円に御座候。銭を取ろうと思うならば、鉄道工夫かソーミル働き(製板所)か百姓ボーイが一番宜《よろ》しく、一日一弗五拾仙《セント》は請合いに候。仕事は一日十時間故随分むずかしき由に候。

多くの友達は、学校へ行くならば、早くスクールボーイに行って学校へ上がる方が得策だと教えてくれ、小生もその中にはスクールボーイに行こうと考えおり候。

近頃は随分大胆に相成候うて夫人に何か怒られるともう出る覚悟にて出るとか入るとかいう事は、何とも思わなくなり候。しかしこう度胸を極めればかえって出されないのは奇妙に候。

その三

先日牧師の勧めで無教会攻撃文の乗っておる雑誌を見た。なるほど理屈はどうでも書けるものだ。標題にはこう書いてある。

「形式的の教会」「神の合せ給うもの人之を分つ可《べ》からず」「肉体は霊性修養の機関なり」「肉体は交通機関なり」「形式も聖書的」「形式は一つに非《あら》ず」

理屈はこういうものかも知らぬ。しかし世の中の基督教攻撃文が如何に巧妙に書いてあっても信者の目から見れば噴飯に堪えない所があるように門外漢(?)の無教会観は吾々の合点が行かない所が多い。

元来自分は無教会という言葉が、我々に取って余り理想的の言葉でないという事を思っておったものである。多くの人は無教会という言葉の故に、深くも究めずして、個々の分立を罵《ののし》ったり肉はないように解しておるというような事を嘲《あざけ》るのだ。皮相の観察といわねばならぬ。

内村先生もいわれたように考える。霊は八歩であって肉は二歩である。水平線上の二歩もまた決して軽んずべきものでないと、いくら我々が霊的霊的と称えたからとて唯心論者ではない。ただ肉が二歩で霊が八歩であると、あまりに肉にかたむいた教会信者の反省を求めておるばかりである。そして彼らは思い及ばない処に楽しき楽しき団体――無教会のある事を。

来りて見よ！　卿《けい》らは意外に大なるものを発見するのであろう。

パウロは義者の祈禱は力あるものなりといわれた。遠く故郷を離れて、異郷の巷にさまよう身には、なおさら適切にこの感があるのである。かくいえばとて、具体的の応験があったと言うのではない。けれど、自分がいささかでも失望し、悲哀に沈む時自分のためにも祈っておってくれるものがあると思えば、言うべからざる愉快と勇気を奮い起すのである。

親の膝に育てられ多くの愛する友の中に成長した自分は始めて孤独の生涯を知り始めた。

自分の信仰は極めて弱い。故に自分には恥しいながら多くのクリスチャンのいう如くキリストを親とし友とし兄弟として、すべてを慰めると言う事が出来ないのである。

自分は白人の家庭に働いておるが故に、朝より夕まで手まね半分の英語のみに従って心のゆくままに語り楽しむと言う事は夢にもない事である。自分は時に教会に行く、何の故だかは自分ながら知らない。ただ何とはなしに行って見たいのである。行って別に何にも話すではない。日本人の顔を見るばかり、それで満足なのだ。今の教会の腐敗しておると思う時さすがに寂莫を感ぜざるを得ない。しかしながら行きたいと思う念には変りはない。国におった時分には、のぞくも嫌であった教会へ……。アア遂に自分ながら不可解である。

自分はある時には親や教師の膝元におるような気がして今日はこう言う出来事があった、こう言う思想を得た、こんな滑稽劇が行われたと一つ一つ吟味して記憶に止め早く話してともに楽しもうと思って、フット顧みアア自分は今数千浬《かいり》の孤客であると思い出す事が幾度あるか知れぬ。

アア未だ自分は孤独の生活には馴れない。そして何時になったら馴れる事であろう。前を望めば千里に続く松林の轟々として風にうなっておる。

〔『天籟』7号(一九〇七年五月一五日)〕

日本の社会とその感想

一　久しぶりの日本

六年ぶりの日本！　聞いただけでも胸が躍るようであった。房州沖で、夕日に照されながら、端然と座している富士山を見た時に、僕は始めて日本帝国に生れた光栄を感じた。それから三月半、あるいは日本アルプスの真下の生れ故郷に、越後路から吹き通しの冬風に外套《がいとう》の襟をかき立て、あるいは帝都に友を音〔訪〕れて、晩桜の咲く上野の公園を薄明の間に訪問した事など、一つとして思い出の種ならぬはない。僕は此処《ここ》にその間に得た感想をありのままに語りたい。

魚屋の小僧には魚の臭さが鼻に付かぬそうである。日本にいては日本の欠点や特長は目に見えぬもの。この意味から僕は大きく言えば日米文明比較論、小さく言えば日本の社会的観察をするのに有利な地位にある。

少年の時、日本を出て、僕の頭はとにかく西洋の風に吹かれている。故国の諸君から見れば、言う事なす事、一風変っていいよう。だが、僕から言えば日本と言うものこそ疑問だった。

二　変らない日本

国に行ってまず驚いた事は、日本の変化せない事である。道路も家屋も旧態依然として古かった。僕の家の近くに車やがある。家の兄が子供の時、輪の中に引込まれて母が駆けつけた時には、もう虫の息だった、がその後全快したので「俺は何か大事業が出来る運命に造られているようだ、まあ見ていろ何かやるから」とよく身の上話しをするごとに聞された縁のある車やは、屋根は傾いたが冬空に相変らずギイギイと音を立てていた。小さい時によく、隠れん坊をした納屋も薄暗く、昔ながらの面影を残していた。変ったものは子供だけ、余は六年の昔と殆《ほとん》ど変らなかった。

『アウト、ルック』と言う米国の雑誌に僕らの日本にいた時に丁度東洋を訪問したメービー博士は、旅順を訪《おとの》うた記の中に或る露国の将校の手紙だと言ってこう言う記事を載してある。「日本の兵隊は決して退《しりぞ》く事を知らぬ。一中隊の兵が二十人になり、十人になり、遂には五人になり四人になっても彼らは決して退かない。兵法の上から言っても、こんな時には退却した方が利益であると――思う時でも、彼らは一歩も引かぬ。自分は日本の兵法に「進め」の字があるのみで「退却」の字はないかと思うたほどだ」と。

日本の軍隊はさもあろう、しかし日本の社会は退くを知らぬほど進歩的であろうか。これを米国に比して見ると日本人の自ら称するほどでもあるまいと思う。

三　動かない日本

僕が米国を発て、米国に帰るまでに五ヶ月を費した。がこの間にタコマもシャトルも大分変化した。一大鉄橋がかかったり、一大建物が出来たりした。これは建物の事であるが、人事に就いて更に甚しいものがある。

変化と言う事がもし動くと言う事から来ているとすれば、日米両国人の間には面白い対照がある。米国人ほど動く国民はない。近い話が、何か二人の間に相談でもある場合には大概立ち話で事を済ましてしまう。ところが日本人になると、ちょっとした話でも座り込んで、お茶を呑んで、四方山《よもやま》の話をして、さていよいよ目的の件に移ると言う有様である。汽車や汽船に乗ても米国人は、よく運動をする。即ちよく動く。然るに日本人となると座《すわっ》たまま滅多に動くような事はない。また住居の如きもそうだ。米国人はよく移転する。よく歩き廻るが、日本人になると一家を構えると言う事は殆《ほと》んど一生の事である。例を引けば、いくらでもあるが、とにかくこれだけでも、日本人は動かない国民、米国人は動く国民と言う事が分る。

四　家族主義と個人主義

何故日本人は動かなくて、米国人は動くか。これには種々理由がある。日本が由来農業国で、米国は商業国である如きも一大理由だ。また運動する、運動しないと言うような事は、建物、風俗が与《あず》かって力あるのは勿論だ。しかし僕は最も大なる理由として日本が家族主義の国であって米国が個人主義の国である事を挙《あ》げねばならぬと思う。

僕はこの度《たび》日本に帰って、種々分らない事もあったが、その最なる者は何故、僕らの故郷の人々は「家」とか「家名」とか言うものを何よりも貴いものと思うているのだろうという事であった。僕らの考えから言うと「家」と言うものは元来あるべきものでない――。此処で家と言うのは建物を意味するのではない――。家とは、父があり母があり子があって、始めて存在するもので、この関係のない所に家もなにもあったものでない。

然るに日本では、子供よりも、親よりも、時には自分自身よりもこの空な家を愛するものが多い。子供を立派に育てあげる事、それが家のために尽す事だと思うのに、家のためだとあって、子供をすら完全に育てないものも多いのである。

五　人ではなくて家也

例えば日本でお土産《みやげ》を持て行く。何処の家の誰れに持て行くでなくて何処の誰の家に持《もっ》て行くのである。即《すなわち》家に贈物をするのであって人に贈物をするのではない。同じ友達でもそうである。家によってその交友の格式が異《ちが》う小作人と豪家と、華族と平民と、心を打ち明けて交る事がむずかしいのは勿論所によっては士族と平民と交れない所もある。

手紙の如きもそうだ。家族のものの手紙は誰が見ても殆んど差し支えない。従て絶対に秘密の親書は日本ではやり取り出来ないほどである。これらから見て、日本の社会を一言で評すれば家の組織している社会である。個人と言うものは、家の中に隠れて、家のみ高く聳《そび》えている社会だ。これからの社会が、これで発展出来るか否かは、自から学者に説があろう。とにかくこれは疑うべからざる事実である。

六　進歩と退歩の岐路

温故知新と言う言葉がある。古い事を土台にして、新しい事を知ると言うのである。もし古い事を以て、新しい事を知り得るとすれば、日本の今後取るべき方針は一目瞭然だ。即ち静を捨てて動を取る事である。もし僕の説く所が幾分かの真理を具有して、禍根が家族制度にありとするなれば、涙を揮《ふる》ってこれに改革の曙光《しょこう》を与える事は実に已《や》むを得ない事ではないか。今は徒《いたず》らに過去を追う時ではない、日本の軍隊の如くに進むを知って退くを知らぬようでなければ、この一等国の間に列して最后の勝利は得られまいと思う。遠く国を離れている我らは無論この方面に努力を致すが、故国の人にも一顧《いっこ》をこれに与えてもらいたいと思うのである。（完）

〔『新故郷』2号（一九一三年七月一五日）〕

日米問題の現状

△騒ぎはどうした

一時非常に騒がしかった日米問題は、その後火の消えたように静まり返った。かつて僕が東京にいた時には、いわゆる加州問題で殆《ほと》んど焼打も起りそうな見幕、どうなる事かと心配しないでもなかったが、案ずるより生むが安い、近頃日本からの音信で見ると全く忘れてしまった形、これから議会が開会され、新政党や、政友倶楽部がグラ付き、後藤男《だん》や加藤子《し》の一挙一動に眼を光らせる国民には、また暫らくはこの日米問題の事は頭の隅をも占領すまい。然らばこの問題は既に解決されたのであるか。

否事実は益々面倒になっておりこそすれ、毫も解決されてておらない。日本政府は米国政府に向け、三度も抗議を発しているが、最後の抗議に対しては米国は「五月蠅《うるさ》い！」とばかり返答も与えない始末である。而して一方*加州土地法は既に法律となってそのために現に、一人は土地を取り上げられるような始末となった。僕はここでは極めて大略を極《ご》く分り安く紹介して見たいと思う。

△何故嫌われるか

米国には日本人の数がちょいと、十万人ばかりある。これは布哇《ハワイ》を除いて、加奈陀《カナダ》を加えた数である。一口に十万というと如何《いか》にも多数だが、日本の樺太《からふと》から台湾の果までをもっと幅広くした地に十万人ばかりだから河原へ行て石をまいたようで、一向目立ちはしない。それだのに何故日本人を嫌うのかというと、種々理屈もあるが、いい草はこうだ。

一、日本人は、給金を安く働いて、白人労働者と競争する。

これは何でもないようだが、例えば日本で大工が五十銭で一日働くとする、ところが朝鮮人が来て一日三十五銭で然《し》かも仕事を余計働くとすると、今までの大工はとても競争が出来なくなる。従て日本人は必ず怒て、その朝鮮人を追い出すに定《きまっ》ている。この理屈と同じ事である。

二、日本人は日本流に時間を長く働くから不可《いけ》ぬ。

米国では労働者は一日普通十時間働きである。ところが日本人は日本からの習慣から、朝は五時位から晩は八時頃まで働くものが多い、他人が働いたって勝手じゃないか、というかも知らぬが、其処《そこ》はそうは行かぬ。隣りの家で一生懸命に働いているのを自分が遊んでいると、自分の地位を奪われてしまう恐れがある。

三、日本人は米国の金を、日本に送《おく》てしまう。

自分の取《と》た金だから自分の勝手にしても、よさそうだが自分の村の金を皆な隣村に送てしまう事になると、自分の村は貧乏になる。日本人は金を取ては日本に送るから不可ぬ、と言うのだ。余り多くなるから掲げぬが、その外に(一)日本人は日本品のみ用い、米国品を購入しない。(二)日本人の道徳、風俗、習慣は劣等である。(三)日本人は愛国心が強くて、動《やや》もすると五十万の陸兵、五十万噸《トン》の海軍力を以て合衆国に臨もうとする、恐るべき国民だ。(四)合衆国は従来も人種雑駁《ざつぱく》で苦しんでいる。この上同化つまり米国流にならぬ日本人を入るる煩《はん》に堪えない、というようにいくつもあり未だ揚げられる。

△法律で邦人排斥

先方のいう所は、以上の通りだが、しかし日本人の風采が揚がらぬという事も確かに、嫌がられる原因だ。この風采の揚がらぬ日本人が、明治三十七、八年から潮のように米国に入り込んで来て、今まで白人のやっていた地盤の中に喰い込む、こうしていると自分の口も干《ひ》上《あが》りそうだと、さてこそ大騒《おおさわぎ》を仕出して、明治四十年には桑港《サンフランシスコ》に学童問題というものを起して、形式だって日本人排斥の緒に就いたが*ルーズベルト氏の大痛棒から、移民制限上、布哇にいる日本人は従来のように米大陸に転航が出来ぬという日本との約条で、事なく納まったけれども納まらぬのは日本人排斥派――殊《こと》に労働者側で、それから絶えず日本人を排斥しようとかかっていた、先頃加州の問題も、その後側にあって働く者は無論労働者なので、労働組合とか、亜細亜《アジア》人排斥会というような団体はその重《おも》なる者だ。

△労働者の大勢力

日傭取《ひようとり》や、人に雇われている働人が米国ではそんなに勢力があるのかと聞かれると、事実そうなのだ。日本では選挙権ある者は金持に限るが、米国では誰でも同じだ。百万弗《ドル》の金持でも一文なしの労働者でも選挙しようと思えばしられる、従て何か野心のある政治家になると成るべく労働者を利用する。そしてその御機嫌を取るためには選挙権も市民権もない――つまり憎まれても損のない日本人を排斥するのである。附け加えて置くが労働者の機関、米国労働同盟会などは会員が二百五十万人とある。今年このシアトルにその大会を開いたが日本人側では何か排斥でも叫ばれはしまいかと大分心配したが単に、「支那人排斥法を日本人、支那人に及ぼす事」と言う決議をしたばかりで、ヤットト胸を撫で下したような始末であった。

△加州土地法の事

今年四月頃の騒ぎになった加州外国人土地所有権禁止法というのは如何なるものであるか、その間の折衝の事を書くと余り永くなるから、ただその法律の事だけ書いて置く。
第一　合衆国の法律で市民となられるすべての外国人は、合衆国人と同じく加州内で不動産を自由に買たり、売たり、相続することが出来る。
第二　ところが、第一条に掲げられた以外の外国人——言葉を代えていえば、市民となられない外国人は、両国間に現存条約の規定する所に従てのみ、売たり、買たり相続する事が出来る。なおこの外三ヶ年を越えない期間に於てだけ加州に農業用の土地を賃借する事が出来る。
以上が皆で八ヶ条から成ている法律の骨子で、第四条には遺産処分の場合には子供が米国に産れた者でない限り公売に附して売り揚げた金を分配するというのである。

△日本人が目的だ

さすがに日本という国がある以上、無暗《むやみ》な事は言えないから「米国人になれない外国人」などいうが目的は無論日本人である。第一に土地が買えない。第二には死ねば自分の折角《せっかく》植えつけたり、奇麗にした土地は他人の手に渡してしまわねばならぬ。そうかと申して三年位土地を借りただけでは到底百姓などは満足にやれたものではない。加州にいる日本人はさてこそ騒ぎ出した。ソレ日本に電報を打て日本政府の補助を仰げとここに日米両政府間の交渉となり、国際的問題となったのである。

△米国で困ること

然るに米国で日本と異《ちが》うのは、州と中央政府の関係だ、日本であるなれば例えば長野県で、外国人に土地を持たさないの何のと騒ぎ出した所で、東京の政府が命令すれば鶴の一声で我儘《わがまま》はいっていられないが、米国では州――即ち日本で言えば県が各々独立の立法権を有している。それからある州では婦人に選挙権を与え、また他ではこれを否定しているのだ。外国人に土地を持たせるというような事でもそうで、特に加州だけがどうして問題になるかといえば、州の事はその州で始末をつけると言う米国の主義の結果に外ならぬ。特に今の大統領ウィルソン氏は以前より州権尊重という事を、政綱としているので干渉し悪《にく》い、当時国務卿のブライアン氏が加州の州都サクラメントまで来ながらそのまま何の為す所なく引き返したのはこの辺の事が大にある。もっとも州権と中央権という問題に就いては、条約権は最上にあたるものだとか、土地案の如きを一州で定めるのは越権だとかいうルーズベルト氏やケロッグ氏ロバートソン氏らの議論もあるが、ここではその詮議だてにも及ぶまい。

△日本からの抗議

その後日本から三度抗議があった。その内容は秘密にしていて分らぬが大体から観察し得る所によると、

第一　には加州の憲法違反だというのである。加州の憲法には第一章一条に「各人は生来自由にかつ独立にしてその生命と自由とを享有防衛し財産を取得、所有並《ならび》に保護する等固有の権利を有す」というような文句がある。然るに日本人に土地を持たせないという事になるとこれは憲法に反するものだといい、なお加州の法律制定は合衆国憲法にも違反するものであると主張する。

第二　日米条約には、なるほど、農業用の土地の貸借売買に就いては規定する所はないが、「最恵国条款」という文字がある。即ち日本人は如何なる他国人とも同等なる取扱を受くべきであるというのだ。

第三　合衆国建国の精神に悖《もと》る大偏頗《だいへんぱ》な法律だ、だから合衆国政府はこれに干渉して改造せよ。

抗議に関しては無論幾ヶ条もあるが、これらを骨子として日本に在る米人の地位から、歴史的関係日本の条約固守等を叙述してその合衆国政府の取る方針として政府自《みず》から大審院に訴訟を提起する事、新条約提出する事等を提案したに違いないと思われる。

その後の日米問題

余り長くなるから簡単に叙述するが、右日本の抗議に次いで、米国の回答ありその後トントン音沙汰がない。一方加州の日本人は十月八日の該法律実施期に先《さきだっ》て会社を組織し、既得の土地は株組織で売買する事が出来るようにし、これからは土地が買えなくても従来の土地は新法律のために喪失せない用意をした。而して日本の腰の弱い外交では到底在留同胞の望がかないそうもないからとて、日本人を排斥する米人や、さては一般の白人の誤解を解くために啓発運動をやっている。これも効果は直ぐはあるまいが、しかし必ずその内には日白人融合の機会があるであろう。それにパナマ運河が開けると伊太利《イタリア》や希臘《ギリシア》の移民が、ドシドシやって来ると、今まで日本人をよほど下等なもののように思ていた加州民が、これらの人間に比して日本人が意外に勤勉な上等な人々であった事を思うて、かえって日本人と相提携するようになると思う。それからこの国に生れた子供は何《いず》れの人種であっても米国人だから、毎年何千と増えて行く日本児童の中からは、立派な人物が出て押しも押されもせぬ固い地位を得るは火を睹《み》るよりも明かだ。米国に於ける日本人の将来や決して悲観するに当らないのである。

△華州の対日人気

終りにこの我らの住んでいるワシントン州の現状を述べて筆を擱《お》くが、ワシントン州では日本人に対する米人の人気が甚だよい。今年の華州議会では、スコット氏の「日本人、支那人またはモンゴリア人種に属する人は白人種もしくはコーカサス人種に属する婦人の雇役を禁ず」とか、フレンチ氏の「日本人、支那人またはモンゴリア人種に属するものと白人種と雑婚を禁ず」とか、さてはピヤース氏の「華盛頓《ワシントン》州法律の下に組織したる社団法人の株式を外国人が所有したる場合には華州に於て土地の所有を禁ず」とか、種々の排日案現われたが、しかし大勢の向う所、かえって親日主義に傾き、とにかく市内の宅地だけは所有し得られる案が通過した。ただしこれは州の憲法を修正せねばならぬので、来年十一月に華州の総選挙の結果始めて明かになるべき者であるが、多分これは承認せらるる事に思う。要するに排日、排日と騒ぐのを聞けば今にも取て喰われるような気がするが、しかし事実は権利問題に過ぎぬ。ただ現今日米両国の間には紳士的協約とて、日本の労働者は絶対に米国に送らぬ、もし送たらいつでも勝手に排斥法を造りなさいと言う黙契があるので、日本のような貧乏な国から、見す見すこの生活の豊かな国に来られないのは残念であるが、しかし日本民族の前途は洋々春の如き者がある。我々には少しも心配する必要はないのである。

△最後に一の希望

以上で極めて大まかな叙述はした。天下の学者にも解せられぬ所が多い日米問題を、不肖な僕が、然かもこれだけの紙数で述べたとて了解されぬ向《むき》が多かろう。しかしながら僕は最後に一の希望を故国の父兄に述べねばならぬ。即ち今少し度胸を大きく持てもらいたい事である。千円や二千円の木葉《こっぱ》金を間断なく在米の子弟に要求すればこそ米国に排日はあり、日本人の土台は少しも定まらぬのだ。米国に送った者は婿にやった気で、須《すべか》らく自由に活動させねば駄目だ。「何処で死んでも同じだ。あくまで働いてあくまでやり抜け。そして富の限りない米国の地に第二の故郷を建設しろ」これ位の奨励はしてやって頂きたい。多くの人は資本が貯まる頃になると家から金の注文が来る、いつまで経っても事業を始めるだけの土台も出来ぬもの比々として然りだ。日本からは今は到底渡米する事は出来ぬとならば、せめては今米国にいる者が永遠の計画をこの地に立てねばならぬではないか。月末になって大分忙がしく寸暇も惜む時だが、新故郷社同人諸君

の望みによって書きなぐった。場ふさぎになれば幸である。(北米時事編輯局にて)

〔『新故郷』3号(一九一四年一月一日)〕

Ⅱ　新聞記者時代　一九二〇―一九二九

日米の関係

一　明治初年の日本と米国

ペリー提督が日本の、鋼鉄《くろがね》のように固い扉を開いてから、日本は特に米国を、その先進国として仰いだ。それは地勢の関係もあったけれども、長い間の仮睡《かすい》より覚めて、日既に三竿《さんかん》といった列国の状勢を見ては、日本が最も進歩的、躍進的たらんがためには、文明の楷段を一足飛びに駆けあがりつつある米国に学ぶことが、最も適切であったのである。

この事は、明治天皇の御態度によっても明らかであった。われらは明治天皇の当時の御方針を研究するごとに、その先見と英明に驚嘆する。陛下は明治五年(一八七二年)に岩倉具視《ともみ》を特命全権公使として、これに木戸孝允《たかよし》、大久保利通、伊藤博文らを補佐として、米国を振り出しに各国に送り給うた。その時、陛下は日本流の巻紙に信任状を認《したた》められて、大統領グラントに与えたが、「長さ二フィート、幅五インチで、それには珍らしくも、金粉が散りばめてあった」と、その時の光景を写した米人の書にあるほど、何もかも珍らしずくめであった。しかし外見は米人の尊敬を買う程度でなくても、内容は米人も頭の下がるほど立派なものであった。同信任状の一部には、こういう文字が書かれていた……

日本の文明と制度は、他の国のそれとは甚《はなは》だしく異なっていて、我らはその希望する標的に一時に到着することは出来ない。我らの目的は先進国の間に現存する諸種の制度より、我らの現状に最もよく適応するものを選び、我らの政策と習慣を漸次に改善し、かくしてこれら諸国と平等の上に立たしめんとするにある。

これらの目的を以て、朕《ちん》は合衆国政府に、我帝国の現状を、完全に披瀝《ひれき》し、而《しか》して我国の制度に対し、現在及び将来に亘り、より大なる効果を与うる方法について協議せんことを希望する。

以上は英文より意味を訳出したものであって、不完全なる訳文は恐懼《きょうく》に堪えないが、しかし御意志の意味は以上のようなものである。この信任状に対し、合衆国大統領は「国家が他国と交通を断って孤立し得たのは、既に過去の事であって、相互に各国の長を取り入れねばならぬ時代となった」と、先進国ぶりを見せて、岩倉公使に答えている。

これより先《さ》き一行がサンフランシスコに上陸するや、同地の官民は非常なる歓迎をした。一八七二年一月二十三日、サンフランシスコ市民が一行のために歓迎会を開くや、岩倉公使は英語が出来ないので、簡単に挨拶を述べ、詳しいことは、伊藤博文に譲った。伊藤はその時三十二歳、もう十年も前に英国に渡ったことがあって、英語には堪能《かんのう》であった。彼はその演説の中に、

外国の事情を見聞し、観察することにより、わが国民は諸外国に現存する憲法、習慣、儀礼に関する大体を獲得した。外国の習慣は大体に於て日本全国を通じて諒解《りょうかい》されている。今日日本の政府と国民の熱烈なる希望は、諸先進国が有する文明の最高の点に向って努力するにある。……日本は何千年の間、専制統治者の下に絶対服従を強《し》いられ、従って我国民は思想の自由を知らなかった。しかも我らの物質的進歩とともに、彼らは長い間彼らに許されなかったところの正当なる権利を諒解し始めたのである。国内戦争は単にその一時的結果である。

……これらの事実は、日本に於ける精神的変化が、物質的進歩にも優っていることを示すものである。我らは、婦人を教育することにより、将来の時代に於て、より大なる智識を保証することを望んでいる。この目的の故に、日本の婦人はその教育を受くべく諸君の国に来るべく既にその緒についている。

日本は未だ創造を誇り得ない。しかしながら日本は諸先進国の経験を、その教師として、これらの国の歴史が教うるところの、その利益を取り、過失を避けつつ、実

際的智識を実行するに努力するであろう。……諸君の近代の発明と、堆積した智識の結果は、我らの祖先が何年かを費やしたところを、一日にしてなし遂げしめたのである。

伊藤博文が、如何に自己を蔽《おお》わずして、何ら恥ずるところなく米国を以て日本の先進国なりとし自国の足らざるところを、米国より教えられんとしつつあるかは我らの注意すべき点である。而《そ》してこの態度は決して伊藤一個だけではなかった。畏《かしこ》くも明治天皇は前述した如く米国大統領に与えた信任状に於て、更《さら》にまた一行の送別会を宮城に催された折の御演説に於て、外国特に米国の文物《ぶんぶつ》を日本が取り入るるのを心掛け遊ばされたのは明瞭である。再び勅語《ちょくご》を英文より日本文に直すの非礼を敢て許されるならば、その御一節にこういうことがある。

もし我らが先進国の間に現存する有益なる芸術、科学及び社会の状態によって利益するならば、我らはこれらを国内におって出来るだけ勉強するか、あるいは実際の視察家を外国に派遣して、我らの欠けているものを取得し、この国を益することに努めねばならぬ。

外国を旅行し、これを適当に利用すれば、卿《けい》らの有益なる智識は増進するであろう。卿らのある者は既に老齢にして、新しき事を強烈に研究するに適せないであろうけれども、卿ら総《す》べてが国民に多くの高貴なる情報を齎《もた》らすであろう。大なる国家的欠点は、直ちに良薬を必要とする。

我らは高い婦人の教養に対する優秀なる学校に欠けている。我国の婦人は、日常生活の幸福が、多くかかってその上にあるところの、大なる主義について無智であってはならない。母の教育にこそ将来の国民の、智的趣味を若い時に涵養《かんよう》する――それを発達せしめるために、進歩せる教育組織は造られている――任務は、殆んど全部托されいるのである。この母の教育が如何に重要であるか！

故に妻女や姉妹は、彼らの親類が外国を旅行する時にこれと同行する自由を許可する。そしてかくして彼らは婦人教育の、より善《よ》き組織に通じ、帰国後我らの児童教育に有益なる改善をなし得るようにすべきである。

明治天皇が、如何に外国の長を取り入れるに、大御心《おおみこころ》をそそがせ給えるか。また更に、この明治の初年に於て、既に婦人教育の必要を御《お》感《かん》じなされたるかを考うる時に、我らは明治の大事業の完成が、決して偶然でないことを感ずるものである。

この文の筆者が、比較的詳細に明治天皇の外国に対する御態度と、而《そ》して岩倉、木戸、伊藤の諸元老の外国――特に米国に対する心事を、ここに引用したのは、この立場から出発した日本の対米態度が、引続いてすこぶる親善であったのは当然で、他方米国もまた日露戦争に至る約四十年の間、日本に対し常に同情的であったのは異とするに足らぬことを示さんがためである。

二　太平洋沿岸の排日

然《しか》るにこの日米親善を、根底から毀《こぼ》つものが出て来た。それは太平洋沿岸、殊《こと》にカリフォルニア州の排日運動である。元来日米問題の本来の姿は支那《しな》問題、太平洋問題を中心にする広汎なる大問題でなければならないにかかわらず、これらはかえって舞台の上から消えて、その性質からいって地方問題であるところの移民問題が、非常な重要さを持って表面に出て来た。我らはまず、これが歴史と現状を見なければならぬ。

日本人の米国移住の歴史は、他の人種に比して極めて新しい。明治三年には米国在住者は五十余名で、明治十三年には百三十名に過ぎず、多くは船員などが落ついた者であった。然るにその頃はもう支那人は移民として盛んに活動しており、米国でもこれは大変と「支那人排斥法」を作って、支那人労働者の渡米を禁止した。こうなると当時発展の最中であったカリフォルニア州辺の農業労働者が不足する。この不足を満たすために米国資本家の招きに応じて渡航したのが日本人で、明治二十三年には、その数《すう》が二千三百余名に達したのである（これらの数字は十年に一度ずつ行う米国の人口調査を基礎としたもので、調査洩れが多いから絶対正確という訳《わけ》にはいかない)。

その後日本からの移民は、累年増加する一方で、折しも欧州からの移民も一年四、五十万を数うるに至り、その素質も如何《いかが》わしきものあり、明治二十四年には米国で移民法を制定し、日本でもこれに応ずるため渡米者の旅券発給につき政府が取締りをした。武藤山治、和田豊治、井上角五郎、菅原伝、米山梅吉、岡部次郎その他の人々が米国に行って、カリフォルニア州で皿を洗ったり、苦学をしたのはこの前後であった。これら重《おも》に慶応義塾系の者が渡米したのは、福沢諭吉が早くも米国の有望なるに目をつけ、その知人に勧めた関係があった。彼はその頃既に他日排日問題が必らず起ることを予言していたそうだ。彼はこの点で、余り世には知られていないけれども、日米問題の先覚者である。

日本人の労働者が多くなって、明治三十年には一万三千人以上にもなると、支那人を排斥した同じ排斥が日本人に向って来た。アイダホ州、カリフォルニア州、ワシントン州等の議会には、相ついで日本移民排斥の決議文が提出せられ、三十二年五月にユタ州ソルト・レーキ市で開かれた西部諸州労働団体聯合大会には、日本移民渡米反対の決議が通過し、かくて小さいながら排日運動は組織だって来た。こうなって来ると投票を集めるために、これを政治問題とする政治家も出て来るようになったが、折も折、その翌年三十三年には、一年に一万二千六百名も渡米したので、中央政府とカリフォルニア州議会でも問題になったのであった。この状勢に鑑《かんが》みて、日本でも成るべく渡米移民を制限したが、ハワイにいる邦人で、米国に渡るものが非常に多く、問題はかえって盛んになり、頻々《ひんぴん》として紛議が起って来た。そしてその度ごとに、日米の関係は気まずくならざるを得なかった。

この間の歴史を書くことは、この著書の領分としてはあまりに長くなるから、ここには単に区劃的なる事実を並べて、排日運動の経過を大観しよう。まず排日問題の第一ページを飾る事件はサンフランシスコの、

学童問題　である。明治三十八年四月、サンフランシスコの大震災後、同市で日本人の児童を各公立学校から駆逐し、支那人、朝鮮人と同じ隔離学校に入れんとしたので問題となり、当時のルーズベルト大統領の奔走の結果、幸いに日本人の面目だけはたったけれども、その代《かわ》り従来多数あったハワイからの日本人転航は禁止になった。

紳士協約　しかしサンフランシスコ辺《へん》の排日は依然やまないので、米国政府は根本的改革の一助として、日本人渡航者の制限を希望し来たり、当時の林外相は駐日米国大使オブライエン氏と交渉の結果、紳士協約というものを作った。明治四十年十二月三十一日のことである。その要領は日本は自発的に渡米移民を制限して送らないというのであ

る。これはその当時の日米条約には、第一条には「労働者たると否とを問わず、自由に往来居住の権利を有すること」を規定してはおったが、第二条の但書には、「この条約は今後制定することあるべき法律規則には、何ら影響を及ぼすことなし」とあり、前述の排日気分の際とて法律制定の気運も動いており、法律の明文で排斥されては日本の不面目だというので、日本から自発的に制限することにしたのである。この協約は元来秘密にして発表されなかったが、始めて公表されたのは例の「重大なる結果」の文字によって、大問題となった埴原正直《はにはらまさなお》大使が、大正十三年四月十日に米国国務長官ヒューズに与えた書簡の中に書いたのが始めてである。

日米通商条約改訂　日米通商条約改訂のことは、直接には無論排日問題と何らの関係がないのであるが、しかしこの結果は甚大なる影響がある。即ち同条約は明治四十四年に改訂を見たもので、旧条約にあった但書《ただしがき》(将来の排日立法に影響せずとの)は取り去られたが、しかし同条約には日本臣民の商業、通商上の権利は明記してあるけれども、農業上に関する条項は少しもなかったのである。この条約上の不備につけ入って、農業上の権利を奪うことに努力したのが加州の政治家であった。何《いず》れはその条約も、米人の意志により、いつでも改訂せらるべきものであって、絶対の保障ではないけれども、当時の日本政府にして今少しく用意深くあったならば、日米問題は今の如くに紛糾しなかったであろう事は確実である。

加州排日法制定　この頃までは排日問題は移民の入国を中心にする問題で、その運動の中心は労働党であったが、日本人農業家が成効するようになると、これが一転して、経済問題、社会問題となり、従って加州全体の問題となって来た。大正二年(一九一三年)には、加州議会は排日土地法を可決し、ウィルソン時代の国務長官ブライアンは、態々《むざむざ》加州に来て、当時ハイラム・ジョンソンを知事とする加州当局に反省を促《うなが》したけれども効果がなく、法律となってしまった。

加州一般投票　カリフォルニア州の排日は、その後世界大戦や日本の桑港《そうこう》大博覧会への参加等により、一時小康を得たが、大戦が已《や》むと再び猛烈となった。殊に以前に制定した排日土地法だけでは、日本人の農園に於ける発展を阻止することが出来ぬというので、一九二〇年(大正九年)一般投票(イニシエーチヴの事で、この事は「政治の米国」の項に説明してある)に附し、その結果六十七万対二十二万票で、排日法は通過し法律となったのである。これは一九二〇年十一月二日のことであり、同年十二月九日より効力が発生した。これが現行(大正十四年本文執筆の時)の土地法である。その要点を示すと

第一、借地権の禁止　個人たりと会社名義たるとを問わず、日本人(法律条文中に

は「帰化し得ざる外国人」という字を使っている）は農業用のために全然借地することが出来ぬ。

第二、抵当権行使の制限　日本人は個人たると会社名義たるとを問わず、将来土地に対し抵当権を設定し、その結果、土地を取得するに至る時は、二ケ年以上これを保有することを得ざるものとす。

第三、社員の制限　日本人は農業地を取得、保有、使用または譲渡する会社組合の社員または株主となることを得ず。

第四、後見人の資格否認　日本人は、たとえ親であってもその米国出生児童（米国に生れた児童は何人を両親とするに関せず、米国市民であり従って米国人として完全なる権利を保有する事が米国の憲法で保証されている）の不動産上の後見人たることを得ない。

第五、刑事裁判　二人以上通謀して脱法行為を為したるものは、その不動産上の権利を没収するのみならず、二年以下の禁錮または五千ドル以下の罰金に処し、もしくはこれを併科する。

以上は加州土地法の大要であるが、しかし既得権に対しては無論手を下してない。米国中央政府はこの法律に対し反対の意志を投票以前に発表したが、中央政府が、各州に干渉する権利なきことは、この著の始めに於て説明した如くであって、その警告も効果がなく、法律制定後も如何《いかん》ともするに由がなかったのである。

他州の排日と試訴　この加州排日法は、やや同じ状態にある他州を刺激して、一九二〇年より、一九二三年までの間に、同じような排日法を制定したもの十一州に及んだ。そこで在米日本人は残る手段としてこれらの法律に対し試訴を提起した。日本人側の主張としては

州は州の統治権に依って、一般外国人に対し不動産及び不動産上の享有に関し、これを一律に禁止することは合法的であろうけれども、ある特権階級の外国人にこれを附与しながら、他の外国人に対してこれを禁止することは、財産権に対し差別的待遇をなすものであって、米国第十四改正憲法が保障している均等の保護と正当の行為に関する条項に反するものであり、かつ日米通商条約第一条に、日本人の職業に従事する自由を奪うものである。

という点にあったが、米国大審院は大正十二年(一九二三年)十一月十二日、これらの法律は米国憲法または日米条約の保障に牴触《ていしょく》せずとの判決を下したのであった。かくして収穫分配契約も、未成年の米国生れ児童の後見人問題も、何れも日本人の敗訴に帰し、日本人としてこの上の発展は不可能となったのである。

太平洋沿岸の邦人勢力

然《しか》らば太平洋沿岸に於ける日本人の勢力は何《ど》の位あるか。在米邦人の数は米国全体で、まず十五万人と見るべきものであって、これを重なる州に割《わり》宛《あ》てると、カリフォルニア州が約七万五千人(米国国勢調査と在米日本人会の中間を取った数字)で、加州全体の人口が約三百五十万人に対し、百分の二に当る訳《わけ》である。ワシントン州の全人口は約百五十万人であって、日本人人口は一万八千人であるから、僅かに百分の一・二に過ぎない。またオレゴン州の全人口は約八十万人であって、日本人人口は五千人以上に出でないから、その比率は二百分の一にしか当らない。

この人口の割合に農業は日本人の手によって相当に発達している。日本人が農業を経営しているのは、加州で四十五万八千エーカーであるが、加州全体の耕作地は二千八百万エーカーであるから日本人は結局加州耕作地の百分の一・六だけ耕していることになっている。しかも僅《わず》かこれだけの農園から、日本人が収穫するものは、加州が産出する食糧品の一割三分を占めているのである。この日本人の収穫はその価格の高下があるから正確にはいえぬが、一九二一年に於て約六千七百万ドルであった。そしてこの内三割五分は借地料として地主に払い、四割五分は労働者に、残る二割が日本人経営者の取り前という勘定になっている。

一応誤解のないように述べておくが、前記日本人の「経営」と書いたのは、日本人が土地を持っているという意味ではない。日本人が所有しているのは、約四十五万エーカーの内約七万五千エーカーに過ぎず、残る三十八万余エーカーはことごとく借地である。ワシントン州に於ては日本人の耕作面積僅かに三万二千六百余エーカーで、年産一千六百万ドルである。しかも前記の排日法と、而して打ち続く敗訴のため、カリフォルニア州では約八割四分、ワシントン州では半分は廃業の外ない状態である。

三　米国排日移民法の成立

加州排日問題は、事柄は重要であって、これがため何回も日米間に面白からぬ現象を惹起《じやつき》したけれども、しかし事は未だ地方的な問題に過ぎなかった。そして太平洋沿岸地方でこそ、日本人は排斥されるけれども、米国全体としては大体に日本人に好意を持っているというのが、一般の諒解であった。もっとも帰化権なき外国人入国禁止案は明治四十三年(一九一〇年)十二月から、デイリングハム案として議会に現われておったが、その度ごとに握《にぎ》り潰《つぶ》しになっておったのである。然るにいよいよ、これが成効したのは一九二四年(大正十三年)四月である。

帰化法の敗訴　移民法の経過を述べる前に一応説明せねばならぬのは、日本人の帰化に関する訴訟についてである。米国の排日法は、その条文の中に多く「帰化し得ざる外国人」とあって、日本人と名指してない。そこでもし日本人が帰化して米国市民になり得るとするならば、問題は全く解決してしまう訳である。この日本人に果《はた》して帰化権があるか、ないかは長い間問題になっていた。即ち明治三年に米国議会が制定した帰化法に「本題の規定は、白人たる外国人、アフリカ出生の外国人及びアフリカ血統の者に適用するものとす」とあって、白人及び黒人は特に帰化可能なることが明記してあり、その後支那人に対しては帰化不能という特別な法律が出来たけれども、日本人に対しては何《なん》らの成文がない。

そこで各地の日本人会が主となって、小沢孝雄というホノルルの日本人を原訴人とし、試訴を提起した。この訴訟は下級裁判所から、ついに大審院に最後の判決を仰ぐに至ったが、同院は大正十一年「日本人には帰化権なし」との判決を下したのである。

移民法の必要　さてこれだけ頭に入れて、移民法の由来に移るが、米国は従来移民の流入に苦しんで来た。殊に大戦の結果は、欧州の貧民が潮のように流入するだろうということを慮《おもん》ぱかって大戦後臨時的の移民法を施行していた。その法律が一九二四年六月三十日を以て満期となることになっておったので、それ以前にこれに代るべき新移民法を制定する必要があった。元来同じ米国議会でも、下院が常に排日的であるのに対し、上院は比較的公平な立場に立って、下院の無法な排日法を押えて来た。この年（大正十三年)の議会でも、下院には、始めから排日条項を含む移民法案が出ていた。即ちその提出者はアルバート・ジョンソンという太平洋沿岸ワシントン州選出の代議士で、長らく下院移民委員会の委員長をしておった男である。その案というのは、「一八九〇年の人口調査に基き、在米同国人数の百分の二に百を加えた数《すう》を入国せしむる事」及び「不能帰化外人の入国禁止」を規定するものであった。

これに対し上院にはリード氏の提案したものが審議されており、これは一九一〇年の人口調査に基づいて、その二分を入国せしむる案である。然るにこの上院案には不能帰化外人、即ちこの場合は日本人に対する特別条項がないので、カリフォルニア州選出のショートリッジ氏は、これに関する修正案を提出した。

始め排日条項を含むジョンソン案が下院委員会を通過し(二月十日)、更にリード案が上院委員会を通過するや(三月二十七日)、大使埴原正直は、排日法の前途楽観すべからずとなし、四月十日、国務長官ヒューズに宛《あ》て、長文の抗議書を提出した。この抗議書が翌日上院に於て発表されるや、その書簡に含む文字について、大問題を惹起した。それは、埴原大使はその書簡に於て「紳士協約に関する誤解を一掃せんと欲する」と同時に「日本政府が紳士協約を忠実に履行《りこう》しておる結果、在米日本人は増加しおらず、しかも下院移民法案の比例入国数によるも、僅々一ヶ年百四十六人の日本人を入国せしめる

に過ぎない」と述べ、最後に

もし此の特殊条項を含む法案にして成立を見んか、両国間の幸福にして相互に有利なる関係に対し、重大なる結果を誘致すべきは本使の感知せざるを得ざる所なり

と、結んだのであるが、この重大なる結果(Grave Consequences)なる文字は、外交上に於ては戦争を意味するものだというので、「これ覆面《ふくめん》の威嚇だ」と議員連中が騒ぎ出したのである。

米国政府、殊《こと》に国務長官ヒューズは、始めから日本の立場に同情し、幾度も議会に警告を発し、また埴原大使自身も「重大なる結果」という文字が、決して他意あるのでないということを弁解した第二の通牒を発したけれども、こうなると問題は納まらない。

結局、

	賛成	反対
下院	三二二	七一
上院	七一	四

という圧倒的多数で、異なった排日案は何《いず》れも両院を通過し、字句の相違しているところについて両院協議会は開かれたのであった。

この頃の日本の対米輿論《よろん》は非常に険悪であった。そこで大統領クーリッジ、国務長官

ヒューズは米国議会の面目を立て、同時に日本の顔も立てるようにと、妥協案を出して該法の実施を大正十五年三月まで延期し、この間に新協定を結ぶようにしたいという案を協議会に計《はか》ったが、協議会は、多少譲歩したけれども、本会議に反対があって物にならず、結局大正十三年七月一日から施行するという案が、上院は九票対六十九票、下院は五十八対三百八票の差で、五月十五日に通過してしまった。而して大統領は、「本法案中の排日条項が単独のものであるならば、否認権を行使するけれども、一般移民法と不可分で、これを拒否すれば移民法なしということになるので、已《や》むを得ず署名する」という意味の声明をなして、署名し、かくして新移民法は七月一日から施行されたのである。これより先《さ》き、日本政府は大統領クーリッジが該法案に署名するや、五月二十八日に正式に米国政府に対し抗議を提出したが、その内容は日本は条約違反の点を高調せずに、道徳的方面から米国の非を詰《なじ》った。これに対し国務長官ヒューズは、六月十八日これが回答を送ったが、米国は移民に対する政策は一国の主権に属することを述べ、しかし米国の日本に対する友情はこれがために変更せぬ事を繰り返したのであった。日本は抗議をそのままで打ち切った。

米国移民法の内容　前述した通り一九二四年の米国移民法の特長は、既に米国に在《あ》る各国人の数に比例して、毎年その歩合により入国を許す点である。上院の一九一〇年在住者を基礎にする案を結局下院の一八九〇年とすることにしたのは、かくすることにより移民数を減少し得らるるばかりでなく、イタリー人の如き米国があまり歓迎せぬ南欧移民を排斥し得るからである。この移民法で米国に入国し得る移民の数《すう》は十六万四千六百六十七名であって、重《おも》なる国の一ヶ年の入国許可数をあげると左《さ》の如《ごと》し。

国別	移民数	国別	移民数
ドイツ	五一、二二七	リベリア	六、一〇〇
英国	三四、〇〇七	フランス	三、九五四
アイルランド	二八、五六七	イタリー	三、八四五
スウェーデン	九、五六一	チェッコ・スロバキア	三、〇七三
ノールウェー	六、四五二	デンマーク	二、七八九

以上は米国に入国を許さるべき移民であって、普通の旅行者や学生はこの中に含まれない。

日本人の移民は、移民法の排日条項により無論一人も入国を許されないけれども、しかし日本人全体が渡米出来ないのでは無論ない。渡米出来る者をあげると

(一)政府の官吏並に家族とその従者　(二)一時的に旅行する者　(三)米国を通過する者　(四)海員　(五)商業を営むために入国する者　(六)米国に住居して一時的に外国に赴きたるもの　(七)合衆国市民の妻女あるいは十八歳以下の未婚の子供

(八)カナダその他の米大陸の出生住人とその家族　(九)伝道師あるいは学校の教師及び家族　(十)十五歳以上の学生等《とう》であって、従来許されていた普通在米邦人妻女の呼び寄せ等は絶対に出来ない。男子の数が多くて婦人の数が少ない邦人社界に於いては、この点が打撃であって、それと同時に米国西部諸州の排日法は種々なる形を以て襲い来たり、米国に於ける日本人の前途は今や全く見込みのないことになったのである。

〔『米国の研究』(一九二五年一一月一八日刊)所収〕

『モダン・ガール』〔抄〕

序

A「こん日は。馬鹿に暑いじゃないか……相変らず何か書いているんだネ。今度はなんだい。婦人問題？　どうも君の浮気にも困るよ。外交問題だけでもいじっていると、第一、危な気がないだけでもいいんだが」

B「よう久しぶりだネ。まア上り給え、丁度書きあげてしまったところなんだ。オイ座布団を持って来んか。まアお茶でも呑みながら、君の一人一専門論でも聞こうじゃないか。そら君の知っているあの博士ネ、あの人がいつか料理屋に行った時に、女中に面白い話をせがまれたことがあった。すると先生、滔々《とうとう》とバルカンの形勢を説き出したのには、女中もちょっと面食《めんくら》ったそうだよ。幸いおれなどは、学者の素質は微塵《みじん》も備えていないから、いいようなものの、女中対手《あいて》のバルカン論などは、随分暑かろうね。君の一人一専門はこのバルカン先生になれというんだろう。」

A「といっても軟文学にもむかずでは、大して威張《いば》れもしないじゃないか。君の婦人論なども怪しいものさ。君はよく婦人の解放を叫ぶけれども、そんなことは男である君の口から聞きたくはないよ。昔から資本家が自分から進んで労働者を解放したことがあるかネ、征服者が自分の方から被圧迫民族を解放した歴史があるかネ。真剣の運動は、いつでも下敷きになっている当の本人から出るのが常道だし、またそれでなければ、実際上の効果はないんだ。日本婦人が、あきらめの上に安住して、それで満足しているいる時に、側から種々いうのはかえって罪悪だよ。苦しんでいるとすれば、それはわれらでなくて女性なのだから、解放の必要があれば、彼ら自から叫び出すよ」

B「だいぶ手酷《てきび》しいネ。しかしお説いかにも御尤《ごもっと》もだ。この間ロンドンのある婦人協会で、バーナード・ショーに「婦人運動のために、なにか意見をお洩らし下さい」と頼んだもんだ。ショー君は例の皮肉な調子で「一向気が進みませんから御免を蒙《こうむ》ります。今まで沢山の男が、婦人のために喋々《ちょうちょう》するのを見るだけでも滑稽でたまりませんでした――誰の力を借らずとも、自身有力にその立場を主張しうる婦人がおるのを差しおいて」と答えていた。考えてみるとわれらの婦人解放論などは、筆の先の遊戯さネ、現に女大学流の典型婦人とモダーン・ガールを二人並べて、どちらを妻君にとるといわれたら、後者だという勇気はちょっとなかろうからネ、大きな声ではいえないけれど……」

A「少し突込むと、すぐ本音を吐くところが可愛いいよ。それは何世紀間、異性を圧迫して来た男性の一人としての懺悔《ざんげ》とでも見るべきものかネ。懺悔といえば、今も実は先頃亭主に死なれた未亡人のところを見舞って来た帰りなんだが、亭主に死なれた婦人はかわいそうだぜ。亭主があっての良妻賢母だが、亭主がなくなれば、良妻賢母業じゃ食えないんだからネ。「これからどうしたらいいんでしょう」と泣かれたのには、全く返事も出来なかったよ」

B「良妻賢母主義で、女をお勝手に押し込めておきたいなら、亭主に異変でもあって、その主義で食えなくなった場合には、国家が彼らを扶養すべしさ。国家の主義政策の犠牲になったものに対しては、国家が責任を負うのは当然なんだからネ。」

A「オッと待った。理屈はそうでも、そんな小理屈ばかり書いていては、本は売れないぜ。君は自分の責任だから、売れなくても自業自得だとしても、本屋が可愛そうじゃないか」

B「売れないことにきめてしまって、自業自得呼《よば》わりはひどいネ。ところが実際は、頼まれたのは「趣味の職業婦人の話」とでもいうのだったのが、書きあげてみると、やはり理屈が多くて心配しているところなんだよ」

A「君に趣味というような文字のつくものを頼んだ出版元が、第一、確かに不明のそしりは免がれないネ。「趣味は趣味でも私の趣味は、筆やシュミには書けぬ趣味」は洒《しゃ》落《れ》にはならんかい、アハハハハハ」

B「アハハハハ」

モダーン・ガールの意味

単に趣味の点からいうと、私自身も実はあまり昆布巻の半切れは珍重しない。しかし趣味などという人間の感情的好悪だけで、人生の事を頭から決定されてしまっては、当の婦人ならずとも、甚だ以《もっ》て不服である。趣味といえば、私がアメリカにおった時に、こんな話しがある。

ピアノのキーを叩いては、天下に並ぶもののないパドルスキーがアメリカに行った時のことである。かれは群鳥の中に下りた孔雀のように皆《み》なの尊敬と人気の中に立っていた。ある時にかれはボストン近くの停車場に降りた。そこには何処《どこ》に行ってもある靴磨きのスタンドが立っていた。

「磨きましょうか」汚ない子供は、この天才音楽家に、破れ障子に風が当るときのような声で聞いた。パドルスキーはその子供を見下した。

「靴は磨かなくてもいい。が、お前が顔を洗って来れば、廿五センツあげよう！」

「オー・ライ」子供はブラッシュを、そこに投げ捨てて、近くの洗面所に飛んで行った。

暫らくすると、かれは帰って来た。汚ない墨が落ちて、生れ代ったような顔をしていた。「ではここにあるよ」パドルスキーは約束の廿五センツを渡した。

思わざる大金にありついた子供は、この特志の紳士の顔を眺めていたが、なに思ったか直ぐその金を返した。

「ミスター、あんた御自分で取っておきなさいよ、そして床屋に行って髪を刈るといいよ。」

靴磨きには靴磨きの「美」がある。靴磨きの趣味で、パドルスキーの風采を批評されては、天才音楽家も浮ばれまい。

私がこの話を引いて来たとて、いわゆるモダーン・ガールの風采がパドルスキーのそれに匹敵し、これを批難するものが靴磨きと同じレベルにあるものだなどというのではない。寧ろ日本の一部のモダーン・ガールの好みは、西洋のスターンダードからいっても、日本のそれからいっても、随分な悪趣味だと思う。しかしそれにもかかわらず、われらがこのモダーン・ガールに注意を払うのは、この出現が、いい意味でも悪い意味でも、時代の先駆であるからである。積極的の意味からいえば、それは旧来の習慣に対する反抗運動の出現であり、消極的な意味からいえば、新時代の男子の趣味に応ずるために出来あがった流行である。

ここでちょっと私の解するモダーン・ガールの意味を明《あきら》かにしておく。私はModern Girlを読んで字の如くに、平凡に「近代の女」と解釈している。近代の女というのは、時代の潮流が生んだ……時代の精神を表現する女という意味である。女を物質にたとえてはすまないが、物質は由来その時代に応ずるようなものが生れて来る。つまり環境は、自然にそれに向くような産物を造るものである。箱根には木細工が出来、五月雨《さみだれ》の後には茸《きのこ》が生えるようなものだ。すでに環境によって種々なものが出来上るとすれば、生れつき鋭敏に――物を感じ易くできあがっている女が、今の時代に生きて、その時代の精神を表現するような型にならないわけはない。だから私は前にいったように、モダーン・ガールとは、いいにしても悪いにしても、時代精神の産物だというのだ。

しかしモダーン・ガールという文字を、私が解するように解するについては、異論がなくはないと思う。英国辺《あたり》ではモダーン・ガールを、もっと簡単に、ただ「近頃の女」ぐらいにとっている者が多いようである。現に英国の有名なる教育家のフィッシャー夫人が、『マンチェスター・ガーデアン』紙に書いた「政治とモダーン・ガール」という一文でみると、モダーン・ガールを大学生という代りに使っている。即ち同夫人の説によると「近頃の若い婦人は依然として政治に興味を持たない。彼らは古い世界を改造しようとの意志はあるが、それは劇曲や文学を通《と》おしてであって、政治によろうとする意志は極めて少ない」と書いてあって、この場合は「女大学生」といってもいいところである。

モダーン・ガールあるいはモダーン・ウーマンに、もっと蠱惑的《こわくてき》な意味を持たせたものに、有名なエッチ・ジー・ウエルス君がある。同君は最近『コスモポリタン』雑誌大正十五年八月号）「モダーン・ウーマンへの挑戦」と題して一文を発表しているが、近代の婦人《モダーン・ウーメン》が徒《いたず》らに男の注意をひくことに努力するのを責め、「女が自身を買い被《かぶ》り過ぎている」と述べて

婦人というものが、男の最大の目的であり、その行動に対する刺戟であり、インスピレーションだというような考えは、速《すみ》やかに一掃する必要がある。ある男は如何《いか》にも女を欲するが故に働いた。しかしその働きは泥棒、賭博、強盗、掠奪、所有熱等に過ぎなかった。即ち女は金で買い得た、故にこれを得るためには如何なることをしても金を得ねばならぬと彼らは考える。従ってこれを自分のものとした以上は、

買物の待遇しか与えなかったのである。しかしながら男はかつて、女の故に大なる発明、大なる美術、大なる産業を起したことがあったか。

と論じ、「女が、今頃まだ自から画いたローマンチシズムに浸り、活動写真に出るような英雄的男性を追い求めていると、彼らは失望するに決っている。見よ、今や劇的女主人公の生産過剰に逢着しているではないか」と結んでいる。『モダーン・ユートピヤ』の一書を書いて、その中の「女の国」で婦人のために万丈の気焔を吐いたウェルス君も、さすがに近頃の婦人がケバケバしい風をして、男の視線をひくことばかりに苦心しているのを苦々しく思っているのが分る。ウェルス君のモダーン・ウーマンは大体そういうタイプの女のことである。

男の教育と女の教育

女性が男子の作った社会に、安住し得ざるべきは、ブース博士の説く通りである。すでに安住し得ざる以上は、これが一転して不満となり、反抗となり、協力拒絶となることも博士の論ずる如くである。しかし問題は男性と女性との心理的相違は、生理的な——人間とタイムと教育の力を以てしては、如何ともする能わざる「自然」の約束であるか、それとも長い間の因襲と教育が、今のような体力と性格を作りあげたかである。

もし男と女の相違が、虎と犬との相違のように、現代の科学と智識とを以てしては、如何にしても同じレベルの上に立たしめることが出来ないものであれば、女を、男の作った機械的文明の中に溶け込ませることは、金輪際《こんりんざい》不可能のことであるけれども、もし女の性格なり、特異性《ペキュリアリチー》が境遇によって生れ出たものとすれば、男の社会をモデファイし、譲歩し、同時に婦人を教育することによって、結構、男女共通の文明を作り得るはずである。それは丁度、野蛮人や、あるいは全く異なった生活様式を有する人種を、文明社会に持って来て生活させても、直ちに彼らをこれに宛《あ》てはめることは不可能だけれども、貸すに時日と教育を以てすれば、彼らといえども文明人になり得る資格があると同じだ。

ことに同じ男性といっても、理性の勝った男もあれば、情感に優れた男もある。無数な人間が一緒になって社会を作っているのである以上、ことごとくが満足しておらないのは、もとよりであるが、しかし科学者も、詩人も、商人も、文士も、それぞれ安住した天地を有している。婦人だけが、この社会に特に受け入れられないという理屈、婦人の反逆が産児制限を結果するという議論、そしてこれがために文明が没落しつつあるという説明は、今少し前提そのものを研究してみる必要がありはしないかと思う。

ブース博士の議論には、こうした論理上の欠陥はあるけれども、しかし男のスタンダードに、女を当て嵌《あては》めようとすることの非を説く点に問題の暗示がある。前から何回も説いたように、女は男が作った道徳と約束の下に、男と競争せねばならなかった。女が生まれる、これには赤い着物をきせて、男の子には弁慶や桃太郎模様の着物をあてがう。六つか七つになると、もう「なんです、男の癖に泣いて」と、いわゆる男性教育を施す。もし六、七歳の頃の決心なり印象なりが、その人の一生の態度を決定するものであるとすれば、生れて陸軍大将を夢むる男と、お母様の袖裏に食っついて、お勝手の隅をマゴマゴする女とは、そのスタートにおいてすでに違っているといわねばならない。

こうした境遇の中で育てられた上に、この二人が大きくなると男と女の社会はまるで違ったものであった。大きな河を隔てて住んでいる人種のように、その道徳律も、生活の様式も、この二つの集団を律する上に、全然違った内容を有していた。即ち資本主義社会においては、ブルジョアーの子とプロレタリアの子とは、その出発点において同じからず、従てブルジョアーの子が、成長して社会的に、実力的に偉くなるからといって、それは必らずしも持って生れた素質の相違とは見られないように、従来男が偉かったからといって、直ちに天分、素質について断定してしまう訳にはいかないはずである。

試みにスタートを同じところにおいてみよ。男に許される事を女にも許してみよ。そして改めて男との競争をさせてみろ。その上で、どうしても婦人が勝つことが出来なければ、それは婦人に生理的欠陥がある証拠である。……モダーン・ガールの主張はここにある。

ブース博士の語は、現代の婦人問題について、教うるところが多いけれども、しかし婦人が先天的に男子と異なったものだという議論に達する前に、まだ婦人が試みるべき階梯が残されている。現代の婦人運動は、そのステージにあるものだと私は思う。

日本のモダーン・ガール

ここまで書いて来て、改めてわれらの目の前にあるモダーン・ガールを顧みる。われらはその出現に対して、元より同情と敬意を払う。その断髪は世界の流れに合致しようとする人間自然の感情の発露である。その頬紅、厚化粧は、「柔順」「内助」といった規法から抜け出た婦人が、近代社会の刺激に訴うる姿である。よくても悪くても、それは因襲の日本、伝統の日本に、生れねばならぬ反抗力であり、約束である。

けれども、われらはそれが生れるべき約束である以上は、喜んでこれを迎えるけれども、ただわれらはその生れるものが、強いものであり、比較的に健実なものであり、新しい女性を作るのに、土台となって恥かしくないものであることを希望する。その行動が確信から出るというほど自覚的でないまでも、婦人の流れが何処に行きつくかという事ぐらいの、おぼろげながらでも智識があって欲しい。欧米のモダーン・ガールは、批難や攻撃があるのは日本と同じだが、少なくともこの点で相当な根底があるようである。

然るに日本のモダーン・ガールはどうか。移り行く時代の尖端《せんたん》に座して、旧習と闘うのは同じであるが……そしてわれらはこの点にモダーン・ガールの意義を認めるのであるが、しかし惜し気もなく緑の黒髪を切り落した断髪は、自己のため、同性のためでなくて、軽薄なるニヤケ男の愛を買わんがためではなかったのか。子供の時からつつまれて来た日本服姿を投げ出して、洋服に着代えたのは、身軽になって新しく戦線に立たんがためではなくて、男の後を追わんがための武装ではなかったか。そうであったら……もしそうであったら、諸君の出現は、こうした風采を要求する社会の事相としてこそ相当の意味もあるけれども、諸君自身に呈する讃辞は、これを他日の機会まで保留せねばならない。

そうして私の恐れるのは、日本の多くのモダーン・ガールは、そうした人々ではないかということである。断髪はデカダンのマークであり、頬紅の厚化粧は、放縦と淫堕のエキスプレションでなければ幸いである。断髪という勇猛心を振い起したにかかわらず、社会に対し、道徳的因襲に対しては何らの行動にも出で得ず、男を通してのみ、自己の社会を発見せんとするのが、依然たる彼らの心境ではないか。われらの恐れるのはこの点である。われらは日本のモダーン・ガールがまず智識階級から出なかったことを甚だ残念に思っている。

しかしモダーン・ガールの質が、甚だ感心しなくても、われらは彼らだけを責める気にはなれない。一体、日本に他の感化なくして、清水の湧くように独《ひと》りでに生れた何かがあったか。思想運動も、労働運動も、政治運動も、ことごとくが外国製である。それを真似《まね》ているうちに、いつの間にかそれが、とにもかくにも日本流のものとなり、日本人の生活そのものに溶けてしまうのである。モダーン・ガールも、婦人の運動も例外であり得るわけがない。それは他の問題が然るように、外国の真似である。拙劣な、不器用な外国の真似である。誰に教わるというのでなしに、余り教養のない若い女が、習い覚えた不細工な真似である。これが近い内に彼らの生活の中に溶け込まないとは、何人が断言し得よう。

然《しか》り、かりにモダーン・ガールのすべてが望ましくないものであるにしても、旧い扮装を断ち切って、前駆者として新しい姿で乗り出すところに社会的意義がある。

日本に於ける三段の婦人運動

　ことに日本婦人は、近頃になって、この点で三段の修養を経ている。日本の社会が青《せい》鞜《とう》社という「新しい女」の一団の出現に驚いたのは、十数年も以前である。この新らしい女たちが、如何に社会の指弾と、嘲笑を受けたかは、ここでは説かない。彼らの存在は、そう長くもなかったけれども、その出現は、「将来の婦人」の風がどう吹くかを日本の社会に示すには充分であった。しかし彼らの運動は、華々しくはあり、旧い道徳に反抗することには力強いものではあったけれども、ただ足が地に即していない憾《うら》みがあった。そこには反抗はあったけれども、生活がなかった。多分のローマンチシズムはあったけれども、リアリチーはなかった。理想はあったけれども、経済がなかった。それは如何なる最初の運動もが然るごとく、一個の同志の運動に過ぎなかった。この結果、彼らは何時の間にか姿を隠した。

　その次ぎに現われたものが社会運動家であった。男の行こうとする同じ道を走ろうという運動である。これが社会に与えた印象も決して軽視することは出来ない。しかしこの運動の欠点は、あまり先走りしたことである。「女性」という本隊を遥か後方において、自分たちばかりが、僅かの手兵を以て敵地に切り込んだ憾みがあった。その足はやはり大地を踏んでいなかった。この運動も活動写真が、筋を追うように一幕物として過ぎた。

そこへ出て来たのがモダーン・ガールである。以前の運動が、両方の手で数えるほどの人々によって、苦闘されたのに対し、モダーン・ガールは、太平洋の大波が押して来るように、前に立ちふさがる者の誰をでも、その波の中につつんで進んで来た。それはもう社会運動というような簡単な文字ではいい現わせないものである。リーダーもなく、指揮者もないのに、ヒタヒタと若い女を自分のものとして進んで来ている。その中に極めて不純な分子があるのは前にも述べた。しかし今までの婦人運動などと違うところは、思想団体やいわゆる先覚者などの限られたものではないことである。そして今までのように一幕物として過ぎ去らないであろう理由は、それが曲りなりにも生活と、経済の上に即しておることである。「新しい女」と「社会運動」とを捨て石として、国民的な婦人運動——というのは当っておらないが——になって来たことである。

こいねがうところは、この新しい婦人の傾向が、健全なる方面に向うべきことである。女性として——長い間、特異な境遇につつまれた婦人として、そして必らずも理智的に、経験的になお賢明なりということが出来ない婦人として、自からを毀《こぼ》つようなことのなからざるべきは、婦人の覚醒に同情するわれらの心から希願するところである。強く、賢こくあれ。諸君の厚化粧を目がけて、男性社会は、誘惑の伏兵を処在に伏せてある。どうせ最後においては社会は諸君のものになるけれども、しかしそれまでにはモダーン・ガールの群から、多くの犠牲者の出る一事を記憶しなければならぬ。先覚者は徒《いたず》らにモダーン・ガールを罵《のの》しり、攻め、批評する代りに、この犠牲者の一人でも少なかるべきため、彼らの行く道を示すに同情がなくてはならない。

いずれにしても、後世の歴史家は、一九二六年、モダーン・ガールの言葉が新聞雑誌に現われた時を一紀元として、その日本の男女社会を論ずる筆を新らしくするであろう。

〔一九二六年一一月二五日刊〕

軍備撤廃の期到る

一　軍備に満足の境地なし

「軍備というものは、自国が持てば正当に自身を保護するに過ぎないものであるが、他国が持てば、ことごとく自国を脅威するものである」とエドワード・グレーがいった。長年英国の外交を双肩に負って、人以上に駆引も、策略も用いた実際政治家であるかれの眼にすらも、各国人が自国の事は棚にあげて、他国の軍備だけに眼をとがらす心理状態が、こう皮肉に映ったものなのである。

一国の軍備というものは、どの点まで防禦《ぼうぎょ》的で、どの点まで攻勢的であるか。また「軍備」そのものの限界は果して何処にあるのか。ゼネバにおいてフランスの代表ボンクールが主張したように、軍備というものは結局戦時における最終的戦闘能力を意味するものであるか、それとも同じ頃、英国の代表セシルが述べたように「軍備」の意味は、平和時における兵力に制限さるべきものであるか。こうした議論を闘わせれば、その国と、その人の立場によって、到底帰一《きいつ》するところがないであろう。

しかしながら、これらの議論は何《いず》れにもあれ、ただ一つ明白なる事実は、軍備は対手《あいて》国――想定敵国なくしては、存在の理由なきものである一事である。もし一国にして絶対に襲撃される恐れのない位置にあるか、乃至《ないし》は襲撃して来る国がないというような場合には、軍備の必要は全くないといえる。これに反して、一国が目を八方に配って、何れの国に対しても恐怖を感ずるような場合においては、その国の国防はいくらあっても、これで満足という限界はないわけである。

この事は仮りに日本の例をとってみれば、もっと明らかになる。たとえば日本の海軍が米国のそれを対手にして軍備を張っておるとする。そうした場合には米国の五に対し、日本が三の比率で、とにかく最低限度の防備を保持し得る。ところがここに、もし英国が現われて、シンガポールの進出及びアングロサクソンの提携その他の関係から、日本はこれに対しても備えなければならないというならば、日本の海軍はこの二国を対手にするだけの勢力を必要とするのである。これに加えて更にもし労農ロシアをも考慮に入れ、あるいはまた擡頭《たいとう》した支那の軍隊にも備えねばならぬとするならば、その必要軍備の範囲は、止まるところなく広がらねばならぬはずである。

こうして一国には国防に関する限り満足というものがない。自国が仮りに十の勢力を有しておる場合、突然対手が二十の勢力を持つにおいては、その十の勢力は殆《ほと》んど無力同様になってしまうのである。日本の議会などでは、よく「国防の方針を確定せよ」などというけれども、元来が対手次第のものであって、対手によって当方の方針が異ならざるを得ざる以上、千古不変の国防方針などというものがあり得るはずがない。

然らばその国防方針というものは如何にして決定するかというと、それは他国に対するその国民の心の持ち方によって決定するといってもいいのである。大国と大国とが国境を接しておっても、それは必らずしも軍備の競争を惹《ひ》き起《おこ》さないことは、米国とカナダの国境には百数十年以来、全く軍備がなく、三千マイル以上の国境を無防備に露出しておいて、かつて両国とも不安を感じたことがないのに見ても明らかである。近来米国は軍国的国家の色彩が漸《ようや》く明らかになって来たけれども、カナダ国民自身はこれに対し何らの脅威を感じておらない。これはカナダは隣国の米国が、同国を侵略することのないことを確信しているからである。しかもこの隣国に不安を感じない両国は、かえって四千マイルを隔てた日本に対しては、いずれも疑心暗鬼《ぎしんあんき》の念にかられて、絶えずその国防の足らざらんことを懼《おそ》れているのは何故であるか。それは国防というものが地理的関係で生れるものであるよりは、その国民が他国民に対する信不信の心的境地から生れる警戒の念に発するが故でなければならぬ。

こうして国防が全く相対的なものである事、そしてこの国防方針は、その時の国際的事情及び対手国に対する観察の如何《いかん》によって異なって来るものであるとすれば、この国防方針の樹立は、軍人という衝突した場合における軍事的技術家――そして多くの場合それだけしか分らない人々に委《まか》すべきものでなくて、絶えず国際状態と外国の事情を研究している国際問題研究家の領分であることを知ることが出来るはずである。

わたしは日本の不幸、そして各国の不幸は、国防の事を、余りに軍事的技術家に任せすぎたことにあると思う。今こそかれらの手から経済的に、産業的に最も重要であるこれらの問題をとりあげて、改めて限られたる技術的方面のみを彼らに托すべきである。

これだけを前提として本論に入る。

二　日本を奪う国があるか

私は軍備撤廃の期が到った理由として、大まかに二つをあげる。

第一は最近の国際的輿論《よろん》の変化は、大袈裟《おおげさ》な軍事的行動を許さない。かりに軍事的行動を起すとしても、それが国家に齎《もた》らす結果は、すこぶる有害にして、かえって国家の発展を妨げるものである。第二に、もし世界が既に大袈裟な軍事的行動を許さず、これを行使する機会が少ないとすれば、日本の如き自然の富源のない国においては、産業立国の趣意からいっても、徹底的に軍備を縮小することを以て、国家の大を来たす所以《ゆえん》である。これが私の主張する二つの理由である。こう二つの理由を並べると、私は猛烈なる抗議が、第一の理由に集まるのを直感する。世界の軍備が大戦後、殆んど縮小されずに持続されておるのは、何人《なんびと》にも明白なる事実であるにかかわらず、何を以て「軍事的行動が許されない」というかと。私はこの種の論者に対して、改めて国際政治の動きを直視すべきことを希望せざるを得ない。

この事を述べる前に、私は軍備拡張論者も、軍備が領土を拡大する道具としては、すでに時代に適せざるものであることだけは同意されると思う。日本の一部の論者は近代においても、そうしたことを夢想しているものがないではなかった。サイベリヤに対して各国との諒解以上の兵力を送ったのも、こうした思想を懐《いだ》いている者の考えが、含まれておらないとは断言し得ない。また青島に軍備行政を敷いた当時は、それが結局日本の領土となるであろうことを信じた者は少なくなかったはずである。然るにこれらの計画乃至は夢想は、時の流れのために無惨にも破られた。青島《チンタオ》が日本の手から捥《も》ぎ取られて行ったのは無論として、*ニ港事件の保証として、最後まで握っていた北樺太までが、いつの間にか前の所有者であるロシアの手に帰ってしまったではないか。

なるほど北樺太には、その代りに少しの利権は残った。しかしこれはいうに足らない額であって、当時の臨時軍事費の支出九億余万円に比すれば十分の一にも足らないものである。即ち始めから出兵せずしてこれを平和的な交渉を以てコンセッションを得たとすれば、現に有する利権の数倍のものを手に入れることが出来たに相違なく、軍隊を以て領土あるいは特権を得ることは、どの道算盤珠《そろばんだま》にはのらないものなのである。

もし軍隊が侵略的な目的のためでないとするならば――ワシントン会議に英国の五に対し日本が三で満足したことが、既に日本が防禦的軍備を是認した証拠である――残る問題は、日本は軍備を撤廃すれば、何処《どこ》からか侵略される恐れがあるか否かの点に帰着する。そして私の議論がもし侵略されないという結論を生ずれば、軍備撤廃の原則だけは確立して、残るは如何《いか》にして、何時《いつ》、そして何《ど》の程度に撤廃するかという方法論のみが残る訳である。そこで私は、も一度議論の始めに帰って、一つの疑問を提出する。「もし日本が全く軍備を撤廃すれば、何処かの国が日本をとってしまうのか」と。

こうした疑問が、今から三十年以前、否《いな》十五年以前に発せられたとするならば、それは殆んど問題にもならないほどな愚問である。日本の本土は幸いにして完全であるにしても、その周囲は列強の帝国主義的野心のために捥ぎとられて、日本は浮ぶ瀬のない悲惨な状態に沈淪《ちんりん》していたであろう。故に日本が過去において、帝国主義的侵略を排するために、断然武装して立ったということは、極めて正当なことであった。この点についてバートランド・ラッセルは、さすがによく見ている。氏はその新著『教育について』

(On Education, by Bertrand Russell)において述べていう——

近代の日本は、すべての強国に顕著なる傾向、即ち国家を強大にすることを、最高の目的とする傾向を、最も明らかに示している。日本の教育の目的は、その感情を訓練することによって、国家に献身し、またかくして得たる智識を以て、国家に有用であり得る国民を製出せんとするにある。予はこの二つの目的を、極めて巧妙に実行し来った手腕を賞讃せざるを得ない。ペリー提督の米国艦隊が、日本の門を叩いてから以来、日本は自己保存が、甚《はなは》だ困難である位置におかれた。彼らが成功したことは、かれらの方法が、よかったということを証拠だてるものである、もし自己保存そのものが否認すべきものだという議論でないならば

このラッセルの議論は、われらの賛同を惜《おし》まないところであって、われらは明治初代以来の教育なり国防方針なりが、世界の傾向に応ずるために樹立せられたことに対して、その卓見に服するものである。

しかしながら人類共通の欠点は、一度樹立したる方針は、時勢の変更と共に変改し能《あた》わざることである。特にその始めの方針が国家強大の原因をなし、あるいは国民理想の中に溶け込んだような場合は、それに対する執着は益々大となるを常とする。米国民が国祖ワシントン及び憲法に対し、あるいは労農ロシアのレニンに対する法外なる尊敬執

着の如きは、その例であって、これがため当然なさるべき進歩改正も阻《はば》まれる場合が少なくない。日本の明治当初に対する執着も、いささかこれに似たるものがあると思う。しかし時代は常に進歩する。世界に大をなし得る者は、時代を直視して、これとともに移り得る国民に外ならない。

三　無産国支那の自己主張

最近の国際政局を観察するものにして、見落し難い顕著なる現象は、国際的に最も強い立場を有する国は、無防備国であるという一事である。元来、その国の外交の強弱は、その背後に有する武力によって決したのは長い間の通り相場であった。ドイツが強かったのも、英国が強かったのも、偏《ひと》えにこれがためであって、偏務的な無理な交渉も、腰間の剣をガチャつかせることにより、大概は成効したものなのである。

然るにこの傾向は近来急転回を見るようになって来た。たとえば欧洲においてドイツの立場を見ても、ドイツはベルサイユ条約の結果、国内において十万以上の兵力を有するを得ず、それも義勇兵制度によらねばならず、その上に各国の軍事委員が、ベルリンに駐在してこれを管理していた(この委員は一月末限り撤回されて、国際聯盟《れんめい》がこれに代ったが)。即ちこれを対外的に見れば、ドイツは全く無能力者といってもいいほどの無防備国である。しかもこのドイツは、この一、二年間は国際的に最も強い発言権を持つ国になっていた。国際聯盟は同国が理事国たることを拒絶し得ず、ブラジル、スペイン等の脱退の値いを支払っても、これが加入を承認せざるを得なかったのである。フランス外相ブリアンとドイツ外相ストレゼマンの会見においても、何人もフランスという強国と、ドイツという弱国が不平等的な交渉を行ったと見るものなく、寧ろ積極的な動きはドイツ側にありと見るのが、一般識者の意見である。

　この弱国擡頭の事実は英国と支那との現下の交渉を見るに及んで、もっと明瞭になる。広東政府はいわゆる被圧迫国の国民として、英国に働きかけた。香港《ホンコン》に対し汕頭《スワトウ》に対し、ボーイコットその他の方法により、積極的に逆襲したのは支那側である。この英国に対する敵対行動は、日を経るに従ってますます猛烈になり、万県において英国軍艦を猛射して、十数名の死傷者を出《い》だしたのを始めとして、一月四日に至っては漢口の英租界に乱入して、暴力を以てこれを占領したのである。

　この引き続く支那側の乱暴なる行動に対して、英国が備えんとしたのは当然である。殊に英国は東洋においては印度その他において甚大なる利益を有し、この乱暴黙認の影響が大なるのみならず、国民政府の排英行動が、上海に及ぶ如きことある場合には、数十年来礎《きず》きあげたる合理的なる経済的基礎は一朝にして崩壊するのやむを得ざるに至るは明らかである。英国は一方、北京より大使館参事官オマレーを派して、国民政府と交渉を開始せしめると同時に、英本国より約一万二千(二万ともいう)の軍隊を送ったのである。

然るにここに不思議な事は、従来支那における英国の苦境に同情したものも、その少数の軍隊を送るを見るや、俄然として英国に対し非難の声をあげ始めたのである。国民政府はこの軍隊の前に、屏息《へいそく》すると思いきや、かえって一月末に漢口事件の跡始末に関する交渉の調印を拒絶し、支那は断じて威脅に屈せざる意を声明した。この声明に対して英国は、更に譲歩して直ちに派兵を中止する旨《むね》を明らかにしたのである。われらから見れば、条約違反の当事者、即ち外交上の責任は、徹頭徹尾支那側にある。それが例えいわゆる不平等条約であっても、国際法上条約の神聖に毫《ごう》も相違なき事、ベルサイユ条約が戦敗国ドイツに課したものなるにかかわらず、その価値が疑われないと同じである。然るにこの条約を破った支那に対し、英国は譲歩また譲歩、偏《ひと》えにその意を迎うるに汲々たる有様であって、海関上の特権も、租界も、布教上の権利も、裁判権も、未だ公式に要求せられざるに、あげてこれを返還するの態度に出ておる。

これは何を語るか。今や兵力が外交上の問題を解決するのに、何らの助力にもならざることを語るものでなければならぬ。昔ならば、その一つを行っても、支那分割という形勢を馴致した事件が、今はこれに対して正当なる保護すらも遠慮せねばならぬ時代に到達したのである。この理由は種々あるであろう。国内における非戦主義を支持する労働党、自由党の主張、国際間における協調主義の発達、武力行使に対する反感等はいずれもこれが原因として挙げることが出来るであろうが、しかしそれらを検討するのはこの文の目的でない。われらはただこの事実を事実として承認すれば、この議論の関するかぎり充分である。

四　米国とメキシコの確執

国際問題を解決するに、軍事行使が許されなくなったことを示すために、ドイツや支那の例証だけでは足らないというならば、も少し的確な例として、私は米国とメキシコの対抗事件を引照することが出来る。(この事はこの春の他の場処で詳説した)

世界をわが世とぞ思うほどに強大な米国と、その隣《あ》りに在って半開国の状態を脱しないメキシコとは、今、外交上互角に引組んで、軍配団扇《うちわ》を何《いず》れにもあげられないほどな大角力《おおずもう》をとっている。話は一九一七年にさかのぼる。米国の後援によって大統領の職についたカランザは、同年メキシコの憲法を制定した。その中には外人の土地所有を制限し、また場合によっては、外人の既得権をも剥奪する条項を有しておる。

「メキシコは富んでおるが、メキシコ人は貧しい」という言葉があるが、メキシコは殆《ほと》んど世界無比の油田を有しておるにかかわらず、この採掘権は大多数は外国人、殊に米国人の手に帰している。同憲法の目指すところは、この特権を外国人の手からメキシコ人自身の手に取り戻すことにある。この憲法の制定に対し、米国政府はこれ既得の権利を侵害するものなりとて抗議し、爾来《じらい》何回となく外交文書の往復をなし来たのである。この憲法は従来実施されておらなかったが、現に大統領カイエスが就任するに及んで、これが実施を声明し、かつ新たな法律を加えて、断然たる態度に出づる旨を発表した。

この態度が米国を怒らしたのは無論であるが、この外に米国を怒らした事件が二つある。第一はカトリック教徒の圧迫迫害である。メキシコにおいては、他のラテン国において然るように、カトリック教の勢力が絶大であって、弊害も甚だ多い。カイエス大統領はこれを矯正する意味から、まず大英断を以て教会を閉鎖し、その財産を没収し、教会経営の学校を禁止し、外人宣教師を追放する等、すこぶる過激なる手段をとり、これがために軍隊と信徒との衝突が、各処に起り流血の惨事が随処に現出したのである。この状態を見て、真赤になって憤慨したのは隣国たる米国の一千万人に余る同教徒であったことは申すまでもない。盛んに大統領及び国務長官に電報を送って、これが干渉を行うべきことを要請したのである。

こうした事件があるところに持って来て、今一つの事件が重なった。それはニカラガにおけるメキシコと米国の衝突である。即ち米国は同国のデアズ政府を承認しておるのに対し、メキシコは革命政府であるサカサ政府を承認した。両国は公然の秘密として、その承認した政府を後援しておるのである。多くの消息通は、この両国の確執を以て、中米における二国の覇権を争うものだとなして重要視しているほどである。

この重ね重ねの事件に、米国が烈火の如く怒ったことは容易に想像し得る。ケロッグ国務長官は昨年の暮に、最後通牒に等しき外交文書を発した。上院の外交委員長ボラーの如きは、これを以て最後通牒なりと見なし、政府の武断政策を極力攻撃したものである。今までメキシコの態度を非難していた国論は、ケロッグ国務長官の強硬政策を見るや、突如その方向を一転して国務長官に攻撃の矢が集中されることになった。各紙は一斉にかれを攻撃し、上院にはロビンソン議員が、国務長官弾劾の決議案を提出したのであった。この輿論《よろん》の転回は、丁度《ちょうど》前述した英国の対支派兵と符節を合する如きものがあったのは、極めて注目すべき事実である。

元来米国はメキシコに何回も干渉した。大統領ウィルソンの如きは、執拗に大統領ウエルタを排斥して内政干渉を行い、タンピコを占領し、陸戦隊をあげて、結局ウエルタをして辞せざるを得ざらしめたのである。当時、米国においてはこの強硬政策に対して、殆んど何らの反対を見なかった。然るにその後十五年を経ざる今は、当時の干渉理由よりも、よほど大なる事件に対し、単に強硬なる通牒を発したるだけで、右の如き轟々《ごうごう》たる輿論起り、政府は振りあげたる拳の持って行きどころなく、結局仲裁に附するの外なき状勢に至ったのである。

われらはこの時勢の変遷に対し、心を静かにして観察する必要があると思う。

五　軍備撤廃の諸理由

支那もメキシコも対外的に殆んど無能力国家であることは同じである。しかもこの両国とも、世界稀に見る富源国であって、各国ともこれに対し垂涎《すいぜん》おかざるものあるの一事も異なるところがない。殊にメキシコに対しては米国内においても、今なお合併論者すらも少なくない状態である。しかもこれらの国に対して、甚大なる利害を有する英米二ヶ国という強大なる国家が、危態に瀕《ひん》する自国民を、軍隊を送って保護をなすことすらも出来ない事実は果して何を語るものであろうか。

第一には無論世界における国際協調心と武力排斥の思潮が勃興して、これが現われたものであることは前述の通りである。しかしながらこれよりもっと重大なる第二の理由は、国民的に自覚せる国家の前に、他国の管理乃至《ないし》領土占領の如きが、到底可能なるものに非《あら》ざるが故である。たとえばこれを支那に引例しても、支那の北方の如く未だ国民思想の発達せざる専制治下に在ってはその国民を押うることは、結局その統治者を押うることによって解決するけれども、南方支那の如く一般国民の覚醒せるところにありては、一個の統治者に対する圧迫あるいは排除は、何らの効を奏するものではない。寧ろ一の圧迫は、十の反撥を惹起し、収拾するに由なきに至るのである。

かくして対外的に全く防備なき支那、メキシコの如きは、その後寸土の土地を失わざりしのみならず、また失うの危険なきのみならず、かえってその失いしところを、易々《いい》として取り返しておる現状である。この傾向は単にこれらの小国に限られるものにあらず、かの英大帝国の如き、従来本国と自治国とは形式的になお従属的関係を持続して来たのであるが、昨秋の英帝国会議においては、全く自治国は独立して、絶対自立の関係に立ち、ただ同じ皇帝を頂く点においてのみ英聯邦を形造るに至ったのである。自由主義的な世界の傾向を見るべきではないか。

ここまで書いて来て、私は改めて始めに提出しておいた「日本が軍備を撤廃すれば、何処の国が日本を来て取ろうというのか」という疑問を繰返したいと思う。この狭小な、この富源の少ない、そしてその土地の上には国民的自負心において、世界無比に強烈なる国民六千万人を満載する日本の国土を、何者の物好きぞ、これを取ろうとするのか！

ヒリッピンの独立も、もう時機の問題である。印度が英国を離れ去るのも、決してそう遠い将来のことではあるまい。その時に日本の国土を狙う国が、地球上、何処かの隅に存在するのであろうか。私はそれを知りたいと思う。

軍隊を撤廃しても、日本は寸尺の土地をも失うことがないであろうとして、しかしながらもし巨大なる軍隊を有することが、何らか国家に有益なる貢献ありとすれば、われらはこれが現状維持乃至は拡張に毫末も異論を有するものではない。ただ私の考うるところによれば、巨大なる軍隊の存置は、国運の発展に大害がある。この点については、与えられたスペースでは到底詳述の余地はないから、単に項目だけを並べておきたいと思う。

第一に軍隊を擁することは、今のところ外交上の強みにならないことは前に述べた。二十一ヶ師団を有しても、米国の排日移民法は出来あがった。世界第三位の海軍は、日支条約改訂に何らの援助を与うるものではない。そればかりではない、日本が法外に巨大な軍隊を有すること、即ち日本に軍国的傾向ありということが、どれだけ日本の平和的発展を妨げているかは、国際関係を虚心坦懐に見る人の承認せざるを得ざるところである。各地に起る排日感情は、その一つの原因が人種的理由から発しつつあるは否定出来ないが、他の原因は日本の軍備を恐れる対手国の感情であることは明らかな事実である。この場合軍備は日本人の平和的発展を妨げている。

第二に軍隊が背後になくてかえって始めて民族的の大発展が出来る。初代米国が十三州よりたちまちあの大国となったのは、あの場合少しも兵力を背後に有さず、自由平等なる待遇を各州に与え得たからである。然るに同じ米国は兵力を持ち始めてから、かえって小国の反抗を招いて、その政策が行い難くなった。由来国民は、如何に未開の人々といえども、征服的統御に甘んずることを好まないところの本能がある。これはチベットが英国を放れて混乱の支那に走らんとし、ロシアの帝政時代に、この統治下にあるを嫌った小国が、今はかえって進んでソビエット聯邦に入りつつある事実でも説明出来る。また今や中米の小国は米国に走らずして、メキシコに傾いている。日本が武力を背後にしておる間は、朝鮮、台湾の如きが心ひそかに支那に心を寄せる如きことはないであろうか——少なくとも日本と支那の帰属に関し、一般投票を求めたら、彼らの最大多数は「日本」というだろうか。われらの恐れるのはこの点である。

第三には日本が軍備を撤去することにより、列強をして具体的に、心理的にディスアームせしむることである。各国が日本を恐れておることは予想以上である。日本の侵略を恐れて米国では閣議で、その準備を闘わしたことすらあることが明らかになっている。先頃の石油疑獄事件の証言にみても、米国海軍省の恐怖が分る。この太平洋諸国の共通する恐怖は、何時《いつ》の間にか米国とカナダ、オーストラリヤ及び、ニュージーランド等を、一つのブロックとして日本に当るような、自然の状勢を招致している。シンガポール港も英米提携の現われの一つである。日本の軍備論者の如く自国のことは全く言及せずして、対手のみ責むるの愚を捨て、まず自身軍備撤廃の意志を示して、彼らをして同行動に出でしむべきである。

第四は軍備を撤去することは、国内に於ける頑冥なる最右翼思想を除去するに最も有力なる道である。各国の現状を見ても極端なる右翼思想は、常に軍隊及びそれを中心にする団体の中から出ている。ドイツはその軍国主義の故に国家を躓《つまず》かせたのみならず、その軍隊の中にはなおこの思想が残存して、絶えず国家的政策を内部から破壊せんとしている。先頃マルクス内閣が総辞職したのもこれがためである。この人々の特長は、国内にあっては極端なる国粋主義、国外にあっては国際状態の実状を正視せずして問題を武力を以て解決せんとする点にある。日本においても同じ悩みがある。

第五は産業日本建設のためである。日本が殆んど世界一の軍費支出国(国富の比例からいって)であることはここに改めて説かない。日本の教育も産業も、ことごとくが一旦緩急《かんきゆう》を目がけている関係から、産業立国という如きは全く名ばかりである。青年教育というも、国家総動員というも、そのまたの名は軍事的準備に過ぎない。われらはこの努力が結局将来の日本を禍いすると思う。寧ろこの努力と経費はあげて、国内産業の改善及び満州、朝鮮、シベリア等の産業的開発のために使用すべきものだと思う。そして日本が未来永遠に生き得る道はこれである。

以上駆足《かけあし》のように、簡単に理由だけをあげて来た。もしこうして軍備撤廃の原則だけ認められれば残るはただ方法論のみである。外国との平和条約の締結、軍備縮小会議の提唱、内乱(朝鮮内地は無論として、満洲その他に於ける経済的利益の冒されたる如き場合も含む)に備うるための最少限度の兵力の存置等はこの中にある。ただしそれらはこの文の範囲ではない。(昭和二年春)

〔『黒潮に聴く』(一九二八年四月一五日刊)所収〕

甘粕と大杉の対話

この一篇は、大震災直後、甘粕大尉の罪状が判明すると同時に書いたものであるが機を得ないで筐底《きょうてい》に保存しておったものである。私は一字を訂正することなくしてこれをここに問う。この中に書かれた思想は、今なお毫末《ごうまつ》も変更する必要を認めないからである。

――筆者――

小菅刑務所の一室。さっき看守が見廻りに来て、足跡荒く立去った後は、四辺はまた森閑となって、薄暗い電燈のみが沈んだ空気に浮いている。甘粕正彦は両足を床に抛り出し身体を壁にもたらせながら、瞑想に耽っている。もう三日したら出獄するという日。

突然室の重い戸が開いて、目に異常に光りのある、髯を刈り込んだ洋服の男が彼の前に立った。見るとあの事件以来、頭の底にこびりついていて、ともすれば記憶に甦《よみがえ》ってならなかった大杉栄である。甘粕はギョッとした面持《おももち》で、鋭く大杉を見詰めた。

×

甘粕　貴様は大杉じゃないか。誰の許しを受けて此処《ここ》に来た。俺は貴様に用はない。帰れ！　帰らなきゃ腕力に訴えても帰すぞ。

大杉　相変らず元気がいいな、そして相手との交渉の要諦を第一に威脅に置くところは、何年経ってもやはり君らしいな。しかしおれに用がないというのは確《たし》かネ、長い間監獄にいて本を読んだり考えたりして、震災当時の君の行動、つまり俺や俺の妻子を殺したことが、いいような悪いような何だか判らなくなって、一応俺と逢って話しても見たいような気持になったことはなかったかネ。殊にあの当時は、君を志士だの国士だのと騒ぎ廻った連中も、いつの間にか君を忘れて、甘粕のあの字もいわず、君だけが暗い監獄に残されるとなると、君にある種の幻滅の悲哀が湧いて、君の名誉心と、プライドが君を裏切ろうとはしないかネ。……

甘粕　失敬なことをいうな、国家のために貴様を切ったので、自己の名誉心のためなどでは微塵《みじん》もないのだぞ。現にその当時の判決文にも……

大杉　ちょっと待ってくれ。君は公判の際も、君の部下が君の申したてのために法廷に引張り出されたといっては、「甘粕の男が廃《すた》った」などと頭の毛を掻《か》きむしるばかりに悶《もだ》えたではないか、法廷で、「何か言う事はないか」と聞かれて、士官学校で教わった国体観か何かをベラベラ喋《しゃ》べったり、第三者から見ると、歯の浮くような様子でその部下をかばって見たり、要するに君は総《す》べてが大向うを対手《あいて》の芝居だったじゃないか。俺はあの頃の君を見て、国定忠次や清水次郎長の講談を今様《いまよう》で読むような気がしてならなかったよ。もっとも君らの一派には、講談を日本のバイブルにしようという図抜けた頭の、帝大の先生などもおるから無理もないが。

甘粕　なに、俺が芝居をやる？　貴様はどうだ。貴様の友達の久米正雄でさえ、友達甲斐に「一等」だけはお負けしたが、「大杉君の存在は、善悪とも、彼の一等俳優な所にある。一芝居打つところにある。大見得を切る事そこが悪いところでもあり、いい所でもあった」などといっている。尾行をいじめたり、演説会で突然顔蔽いをはね除《の》けて弥次って見たり、貴様こそ鼻持のならぬ芝居がかりと、売名で終始したではないか。

大杉　申し遅れた。実際君の言う通りなんだよ。仮想敵国で鍛えられた君ら一流の論理は、俺が芝居がかりだったという事実を以て、君自身の芝居気を否定するのは錯誤を冒さしているが、まアそれはどうでもいい、俺は君が娑婆時代の大杉について、真直ぐに白状する機会を与えてくれたことを感謝するよ。俺は君に喉を締められて、あの井戸に投げ込まれた時から、真剣に俺というものを考えてみたネ。一生俺を動かしたものは果して世間でいうように俺の主義だったかと。俺は第一これに疑問を持ったんだ。幼年学校を飛び出したのが主義でも何でもないのは誰も知っておる。仏蘭西《フランス》でメイー・デーの日、演壇に飛び上って演説をし送還されたり、神近に刺されたりしたのも主義だとはいえぬ。俺は無産階級の自由を欲したけれども俺はその自由を欲する何倍以上に、ブルジョアーと時の権力者に対する復讐を希願しなかったか。俺は現代社会の根本的改造を祈った、けれどもこの改造に到達するのに、血を見ない経路を通《たど》って俺は満足したろうか。つまり俺を引き廻したものは主義であるよりも持って生れたファイティング・インスチンクトではなかったろうか。少なくとも俺の行動は、俺の争闘性と、君のいう芝居気の合体的産物で、主義というのは単に裸体の俺に塗った絵具ではなかったろうか……

甘粕　貴様はバートランド・ラッセルが何処《どこ》かで書いたような事をいうんだな。

大杉　君はラッセルを読んだか、それなら話し易くていい。世の中には本能的に争闘を好むものが少なくない。ニロ王だとか、徳川から分れた何処かの殿様だとかが家来の血を見て喜んだというように、ある種のバイオレンスを見なければ満足しないものがある。これらの者にとっては争闘なり混乱なりはその直接の目的で、これによって生れる結果などは殆んど考える余地がない。たとえ、これを考えるにしたところが、本能に圧せられてそのコンビクションに熱が伴わない。この種の人は国家主義を信ずれば熱烈なる愛国者となる。そして、甘粕君、君と僕とは同じ幹になった枝に過ぎないのだと僕は思うよ。

甘粕　貴様と僕と一歩の相違だ？（身体をブルブルと振わして）馬鹿なことをいうな、憚《はば》かりながら僕は日本の国体の擁護者を以て任じているのだ。貴様のような外国を鵜呑みにして国家を害そうとしていた奴とは違うぞ。

大杉　生きておった時なら君と同列に置かれるのは、こちらから御免を蒙むったんだ。けれども肉が土に帰して、俺の性格の半分を形造っていた反抗の分子が、竹の皮がむけるようにむけてしまうと、俺は如実に俺の姿が解って来たよ。そして失礼ながら君に比しては多少頭がいいだけに、君が長い間監獄で考えたことより少し徹底的になったよ。英国のスノーデン君は俺の殺された当時の議会で労働党や社会主義を悪魔の化身ぐらいに恐がっている保守党員を尻目にかけ「ボルシェビズムは社会主義ではない。それは極端なる保守党主義だ」と喝破した事がある。極端な左翼と極端な右翼との相違は何処《どこ》だ。君はレニン政府とムッソリニ政府の相違を思想的に区劃《くかく》し得るか。

甘粕　極端な左翼といっても、貴様はボルシェビクの革命を、まだ足りなかったといっていたではないか。

大杉　揚足《あげあし》を取りっこなしだ。革命が不足だったというのは、騒動が不足だったという事なのだ。君らが何時《いつ》でも戦争が不足だと主張するのと同じ理由なのサ。つまりベルグソンの哲学でも借りて理屈づければ、インスチンクトをリーズンの上に置く結果さ。

君らはこのインスチンクトを無視して外面の主義だけを恐がったじゃないか。無政府主義が恐いといっても、ウィリアム・モリスあたりにいわして見ろ。それは立派な夢想郷で、暴力などは形もないから。けれども、問題はただそれだけではなかった。当時の政治が確かにこうした主張の一原因をなしておることは否まれないネ。君は仏国にサンジカリズムが生れた経緯を知っているかネ？　名ばかりの政党政治が腐敗し切って、特権階級が政治を私し、一般国民や労働階級の利益は毫末も彼らの念頭になかった。無産階級は彼らが頼むに足らざるを知るや、そして政治的に擡頭《たいとう》することの至難を覚るや、政治を全然否認してその有する武器――プロレタリアの直接行動で自己の世界を持ち来たそうとしたのだ。露国に生れた無政府主義もその出発点に於いてこれと大して変ったものでないのは君の知る通りだ。そこでだ、日本を顧みてその状態はこれと大した相違があったかネ。政治は頼むに足りたかネ。俺が殺された時は山本内閣、その次ぎに出たものが清浦を看板に研究会内閣、それから妥協内閣の加藤の時代――大正十四年と徳川時代とタイムからいって約三百年の隔りがあっても、政治の実質からいって、当時の大名政治と何《ど》れほどの相違があったかだ。国民は戦争において、租税において「国家」の名に対して出来るだけ与えた。しかも彼らは与えたものに対して何を与えられたか。そしてこの実状に面して政治的訓練のない国民が、政治以外のフィールドに於て自己の意見を行わんとすることが、非常に不思議な現象だと思うのか。

甘粕　悪いのは政治であって国体ではない。国体は金甌無欠《きんおうむけつ》だ。僕らも政党や議会などの腐敗については、常に憤慨して已《や》まないものだが、この政治が悪いが故に貴様のように国体そのものを否定する間違ったものがあるので、国家に代って制裁せねばならんのだ。

大杉　俺は君たちの頭脳をコンパートメント式頭脳とでも呼びたいと思っておる。そんな名前があるかどうかは知らないが、君らの頭脳には戸か抽出《ひきだ》しがついていて、これは国体、これは政治、これは科学、これは産業と智識の袋を別々に入れ、これを別々に使用する、そしてかってそれを混《か》き交《ま》ぜて自分のものとすることを知らないのだ、一国の大臣になって相当外交にも財政にも明るくならねばならぬはずの君らの上官が、ただ国防だ、軍備拡張だといっておるのは、この智識の小出しをする教育と習慣に包まれて来たからだ。確か君の上官だった何とかいう大将は、君の事から依願免職になって直《じ》きに台湾に行く時、「米国と戦争するならこの一、二年の内だ」といった意味の放言をしたとか聞いた。震災直後、しかも東京の真中におったものが、こんな馬鹿気た事をいえるのはコンパートメント式頭脳の結構な標本さ。

甘粕　黙って聞いていると何処まで脱線するのだ。僕の頭脳が仮りにそれであるとしても、それが国体の尊貴と何の関係がある、いわんや貴様自身の頭脳が翻訳的な、停まって周囲を見ることを知らぬ猪突的な、方向は違うがやはりコンパートメントではないか。

大杉　俺に対する攻撃なら、俺は躊躇《ちゅうちょ》なく降参するよ。俺は如何にも単なるpolitical theoristだ。これに争闘性と反抗を加えたものが、生前の大杉全部さ。俺は破壊のラッパは吹いたが、建設に就いては少しも考えていなかったのは、俺の著書を見ても解る通りだ。殊《こと》にその破壊とインダストリアリズムとの関係などはちっとも考えていなかった。俺は露国や支那のようなインダストリアリズムのないところと、とにかくその形だけは備えて来た日本とを一律に見ようとした点に於て、やはり俺の頭脳もコンパートメントたるには相違なかったかも知れない。今の俺は生前の大杉の非を何時でも是認するよ。けれどもそれはそれとして、君の先刻いった政治は政治、国体は国体という考え方は君ら軍人一流の論法で、それだから政治を中から改良しないで外から乗取りたがるのだ。左翼の連中も同じだがね。我らといっても今の大杉から見ると政治を外にして国体が何処に存在し得るかといいたい。君の金甌無欠の国体とは、結局君が想像して見て最も君の思想なりに叶った国体という意味で今の政治はそれに添わないというのだろう。しかし君は君の国体観がかつて客観的に批判攻究した事のない空虚な迷信でないかに就て考えた事があるかネ。それは丁度俺が生前破壊さえすれば建設というものがその奥にチャンと立っておると考えておったと同じように。

甘粕　またしても俺を無政府主義者などと比較するのか。日本の国体は君臣父子の関係があり、この尊貴なる国家を守るための愛国心は日本独特なものではないか。

大杉　死んだって俺に対する誤解は解けない。俺が無宗教家だったからとて、鉄舟寺の和尚は俺の骨の埋葬を拒絶したんだからネ。もっとも骨を拒絶されたのは俺ばかりじゃない。先のジョージ・メレディスは生前、キリスト教の「神の合せたるもの人これをはなつべからず」という結婚観に反対し、ある時離婚の可を唱えたものだ。ところが坊主がこれを覚えていて彼れが死んでからその骨をウエストミンスター・アベーに埋葬するを拒絶したというのだから、東西のヤソ教も仏教も坊主根性は同じものとして、俺は一向驚きもしなかった。しかしこの一事からでも骨になっても俺に対する世人の憎悪と誤解が、つき纏《まと》っておるのは明らかだ。従って俺は善悪とも国体論に触れたくないが、その親類であり君らの守り本尊であるところの愛国心については一言いってもいいと思う。君らは愛国心が日本人——詳しくいうと君ら軍人の専売のようにいうネ。専売なら日本人の専売でなくて、高等動物全部の専売さ。門の前に蟠踞《ばんきょ》していて外から来た人間や犬に対しては、ガンガン吠えて、その家を守る犬は諸君軍人に比して「愛国心」に於いて劣るところがあるかネ？　自分の群の女王を守って、他の群に属するものは間違って来ても嚙み殺す蟻は、君らから見て「愛国心」に見えないかネ？　ラッセルなどは、「愛国心は人間の天性の不合理なる本能的基礎の一部であって、かの敏感なる人々の行動を論理的に刺戟するところの合理的なる幸福を要求する事の一部をなすものではない」といっておる。

甘粕　国家を形成する以上、外敵の侮《あなど》りを禦《ふせ》ぐのは当然ではないか。われらはユートピヤに生きていない、もしわれらが武装しなければ我らは併呑されるのみだ。そして国家を護るには愛国心が要《い》る。動物がそうした本能を有するということは、国家がこれを要らないという事、またはこれが不合理的なものだという事とは違う。寧ろこの本能を誘導して、国家を強大にし、国民を幸福にした方がいいではないか。

大杉　人類のために有用であると、有害であるとにかかわらず、愛国心が動物につき纏う本能である以上、決してそう易々《やすやす》と取り去られるものではない。愛国心の最も大なる教師は戦争だ。日本の日清、日露の大戦がなかったら、今のような愛国心が日本人に生れたか。自分の藩主にだけしか忠義を尽すことを知らなかった日本人が、今のように日本国家というものを対象とする熱烈な愛国心の所有者になったことは、いわゆる外患に対して極力 herd instinct ——集団本能を煽《あお》った結果ではないか。もしそうだとすれば、この戦争の中心になってしかも一般社会と隔離している軍人が、愛国心の濃い結果となることに不思議はなかろう。

甘粕　愛国心の説明が、貴様のいうところに多少真理がありとしても、それが如何《どう》して悪いのか。

大杉　誤解しちゃいかん。君と今話しているのは無政府主義者の大杉ではない。否寧《いなむし》ろ、あるがままの国家の存在を前提として語っているのだよ。僕は愛国心は動物誰もが持っておる感情的本能で君らが威張るほど特種なものでも何でもないといったまでで、俺の善悪をいってはいはしないよ。だがしかし「君らの愛国心」――反省と理論と科学のない愛国心が、世界人類のためは勿論、君の愛するという国家と、また君の血肉の上に何らの幸福を齎《もた》らさないことだけはいえると思うネ。今後日本の国家に、永遠に瘤《こぶ》の如くに煩《わずら》いするのは君らの国民に強《し》いんとする愛国心だと思う。

甘粕　なに？　聞捨てならぬことをいう。僕らの愛国心が国家を煩わす？　だから貴様は国家を呪う虚無主義だ、貴様には国家がなければ一番いいのだろう。

大杉　国家がなくていいのはお互様さ。君だって日本国家が地球の上全部に延長されて「日本国」などという代りに、「地球国」にでもなり、君らがその手綱を取れば不満足はないだろう。まアそれはどうでもいい、第一君らの愛国心が今のままで羽をのせば、地球の上から自由も人権も姿を消すネ。米国が自由の土地《ランドオブリバチー》などといったのは、まだ十三州が旗あげして、英国に獅子のように楯ついてから暫らくの間だった。戦争が米国に結束の必要を教えて、一〇〇《ハンドレッド》パーセント・アメリカニズムなどという君らから習った新忠君愛国心を唱え出す頃になると、この名によって如何《いか》なる無理も、圧迫も通っておるのだ。俺はまだ少しは残っておる米国のトラジションと、同じ国のこの新しい道徳的独裁者が、どういう葛藤《かっとう》を惹起《じゃっき》するかは、長い目で見ていたいと思う。

甘粕　自由の人権のといっても、国家があっての事じゃないか。米国人は今頃になって始めて自覚したのだ。

大杉　監獄で長く考えても、やはりその程度までしか解らないか。子供の時から詰め込んだ教育の恐ろしい根生えだナ。その根生えが困るというのだ。君は君の愛国心から——詳しくいえば君の愛国心が、単純な君の名誉心や義侠心を刺戟して俺を殺させた。君は俺を殺すことによって危険思想を撲滅し得ないまでも、その幼芽を摘み得ると思った。あに図らんや、虎の門外の出来事は、君が俺を殺して何ヶ月後だったと思う？　それから引続き不安の日本——暴力の日本を見よ。君は今に於いて君の行動をどう思う。

甘粕　（ちょっと狼狽《ろうばい》の風を示して）それはその点で僕にも多少思い違いはあった。けれども主義者連の蠢動《しゅんどう》はあっても、今のように当局がチャント押えつけておられるのは、俺も一部の功績に座することは出来る。殊に思想界の険悪な際貴様のような奴がいたら、それこそ煽動《せんどう》して、どんな大事を惹起したかも判らなかったのだ。貴様は殺されたのが口惜しさに今頃になって、出て来てぐずぐずいうのだろう。

大杉　後で説明する機会はあると思うが、俺は殺されたことに就いては、今は何とも思っておらないよ。当時誰かもいったように暴力を是認した俺が、同じ主義の君に殺されたのだ。決闘をして後まで泣き事をいう男があるかネ。俺は君と決闘をしたと心得ておる。そして君に同情する見物は君の後方からワァーッと歓声と同情の声をあげ、俺に同情した者は口惜しがって泣きっ面をしていたのだ。無論従来君らの流儀で教育された者が多いから君を喝采《かっさい》した者が最大多数であったのは無理はないが、その見物の中に両方に対して顔を背《そむ》けて、長大息した少数の者のあったことを君は注意したかネ。

甘粕　何だか貴様は謎のようなことをいうな。

大杉　君らの狭い流儀の教育では、君に同情しないものはことごとく君の敵ぐらいに考えておるのだろう。いや他人事ではない。俺も正反対の立場からそうだった。しかし大正十三年後の日本の状勢を監獄から見て、思い思いに直接行動に出たがる左右両翼の争いを、日本の将来のために、君は感心するかネ？　骨が土になって、燃えるような反抗の分子がなくなった俺は、少なくとも以前とは大分考えが変って来た事を白状するよ。

甘粕　日本の将来のため？　貴様にも国家というような考えがあるのか。

大杉　君は俺の『日本脱出記』を読んだかネ、支那人と名乗っていて、日本人と分った時には、俺は「困った」と思った中にも嬉しかったよ。日本におる時にこそ、圧迫や迫害から、いつでも国家という奴を呪っていたが、さて遠く妻子の国を離れて異郷に赴く場合、どこかに隠れていた「日本人」という感じがアット頭を擡《もた》げるのは外国にでも行った人なら分るはずだ。前から幾度もいった通り死んでからは、俺のこの「復讐心」がなくなって、親から引きついだ「日本人」という意識だけがやや明らかに残ったのだ。だから君と出発点に於て似通った立場から話しが出来るのだ。

甘粕　そうか、どうも生前の大杉とは調子が違うと思った。それならそれで何故もっと国家の事を思わないのだ。

大杉　だから思っているじゃないか、自分らの思う通りに思わなければ売国奴だと思うようだから、君らの愛国心は迷信だというのだ。けれども、それは君らの罪ではない。いやしくも愛国心という奴は世界どこに行ってもその内容に於いて少しも違わない。人間の最もプリミチヴな本能に訴える結果は、その本能そのままが現われて、総《す》べての自由と進歩を排斥する。しかもまた不思議に治者階級がこれを取り入れて自己を守る道具にしているのだ。だからこの勢力範囲は軍人、警官、裁判官、行政官などが重なものだ。

もし自己を守る道具にするというのが不穏なら人間の原始的な本能が、自然に一国の最も守旧的な階級と結びつくのだと解してもいい。この例は何処《どこ》にでもあるが、最も顕著なのはドイツだ。ドイツでは政体が変った一九一九年一月から、俺が君に殺される少し前、即ち大正十二年七、八月までに、政治的殺人で、その証拠が歴然たるものが、三百七十六件あった。(政治的暗殺だという証拠が明らかでないものを数えればその二、三倍にも上るが)。この内右翼の冒したものは三百五十四件で君らが危険がる左翼によって為された犯罪は、僅かに二十二件なのだ。しかも公式に発表された統計から調査すると、左翼の暴行はその頃殆んど全く終熄《しゅうそく》したが、右翼の殺人はますます増加しつつある事だ。

甘粕　それはドイツが仏蘭西《フランス》に圧迫され、しかも政府当局が無気力だから、志士が座視するに忍びないからではないか。

大杉　然らば彼らを殺して、ドイツの政策はどれだけその志士の希望に添うるようになったかだがまアそれは別として暫らく俺のいうことを聞いてくれ。不思議な事にはこの犯罪者の内、左翼に属する者はことごとく重い処刑を受けたが、右翼に属する殺人者は殆んど処罰を受けない。数字をあげていうと右翼の三百五十四名の加害者で終身懲役が一人と、刑期が総計九十年なのに対し、左翼は二十二名で、死刑が十名、終身懲役が三名、刑期総計が二百八十四年を数えておる。この原因はいわずと知れた警官や裁判官が右翼の思想――愛国主義や国粋主義に同情を有するからなのだ。どうだ日本では先進国ドイツと少しは違うかネ?

甘粕　俺が十年、三名の上等兵が無罪なのが軽いというのか。

大杉　同じ国を憂える動機で一人を殺した中岡艮一《こんいち》の終身懲役は、三人を殺しても十年で済む君と比較して、軍人でないだけに損をしたものさネ。ドイツではそればかりではない。当時歴史家がこの政治的暗殺を科学的に研究していたが、それによるとこの暗殺はその方法に於て断えず進化しておってこれを三つに分つことが出来る。即ち第一は非組織的、第二は半組織的、第三は全組織的殺人としておるのだ。第一の階程は感情が最高調に達した時に、革命を阻止せんとして行われた殺人で、第二は革命的暴動は沈圧したが、この際軍閥の巧妙なる命令により案出された殺人、第三は殺人結社その他の秘密結社により予《あらか》じめ注意深く計画されて実行されていた殺人だ。日本はこの三つの内、何《いず》れの部に属するネ?

甘粕　日本は国体が違う、ドイツはドイツ日本は日本だ。そんなものとは全然違うんだ。第一動機から雲泥の差がある。

大杉　自然の理法、科学の鉄則が日本だけには働かないように思う君らの頭脳と、それを鋳込《いこ》む教育から変えねば日本は動きが取れまい。前にいったドイツの第一殺人階程は一九一九年一月のベルリン騒動の時に起った。革命派の連中七名はベルリンのフォルバルツ新聞社を占領したのを、軍隊が包囲した。彼らは銃器を捨てて外に出て、降意を示したが、軍隊は許さなかった。彼らを近くのバラックへ連れて行って銃殺してしまったのだ。右殺された一人は同社の記者で革命員でも何でもなかったが、同じ運命に際会した。その後調査の結果「上官はこの私刑を止めるべく努力したが不可能だった」という申し立ては事実でないことが証拠だてられたが、軍人も士官も何らの刑罰も受けなかった。それから二、三日して例のリエプクネヒット*とルクセンブルグが拘引中に暴徒のために殺された。官憲は願ったり叶《かな》ったりだと思った。裁判所も無論感を同じゅうして、賛成的態度をとった。

甘粕　軍隊が極端な革命を未然に防いだ好個の例証だ。確か陸軍が生んだ新人河野少将だったが当時このリエプクネヒットの事件を引用して、俺の行為の一部を是認したではないか。

大杉　然り、これらの事件は見る人によって内乱が生んだ残虐なる行為としておいて差支えない。けれども越えて二月二十一日にババリア共和国首相アイスネルが学生アルコ・バレーに殺されるに至って殺人は明白に政治的意味を帯びて来た。当時アイスネルはスイツランドの社会主義大会に列席したが、その席上で種々の書類を並べ大戦に対するドイツの有罪を承認し、ドイツがその実力の許す限り賠償を支払う義務あるを述べ、更に自分の手により、もっと必要書類を世界に公開すべきを約束した。これに加うるに同人が猶太人《ユダヤ》で、ボルシェビキの連中と霊犀《れいさい》相通ずるものがあるように見えたから堪らない。彼がムニッヒ〔ミュンヘン〕に帰るや、愛国学生は彼を道に擁して射殺してしまったのだ。この学生は何人からも金銭的補助は受けておらなかったが、彼の放ったこの一発はこの種の行動のシグナルの用を勤めて、同じような事件が珠子《じゅず》のよう続いたのだ。――そして甘粕君、君が愛国的動機から俺を殺したその私刑が結局虎の門の不敬事件を生まなかったと君は断言し得るか。即ち後世の歴史家をして、虎の門の悲しむべき大不敬事件を生んだのは、甘粕正彦その人だという春秋の筆法を振わさないことを、君は保証し得るか。

甘粕　(真青になり、身を振わして)いう事に事を欠いて不埒《ふらち》な事をいうな。馬鹿!失敬な事をいうとそのままにはおかぬぞ。

大杉　俺はドイツの歴史を説いているのだ。アイスネルが殺されて暫らくして、彼の政治的友人で肉屋を業とするリンドネルなる者が、彼の政治的反対者三名に発砲して、その二人を殺した。これからムニッヒは立った。この極左的共和国を仆《たお》し、プルシャの軍隊が入って秩序は回復したのだ。秩序は回復したが、一度政治をその手に収めるや、軍人が自己の流儀で国政を運用しようとするのは無理がない。ババリヤはたちまち国粋連の本場になって、殺人倶楽部も暴力団も、その名に「愛国」をさえ冠すれば、極めて安全に保護される場処となった。グンベル君の著書によると、こうした秘密結社の数が当時五十九個あったそうだ。

話しは少し外れたが、アイスネルを殺したアルコ・バレーは、その当時負傷したというので、手厚い保護を受け法廷へ出されたのは約一年後だった。彼は始め死刑の宣告を受けたが、直《す》ぐ終身懲役に変更された。彼が裁判所から引き出されるや喝采の声が四辺を圧し、帽子やハンカチーフが空中に舞ったものだ。そして今や要塞に於て刑務に服しているが、すこぶる優待され、かつ彼にして希望し、軍閥に何分かの理由さえ発見出来れば何時《いつ》でも逃げ出し得るとは、その辺の事情に通ずるものの伝うるところだ。俺を殺したというので一万円貰ったり、公判廷へ陸軍の自動車で通ったり、法廷で傍聴が「国士！」などと熱狂するあたり、海は隔っていても、どこか君の場合と似ているではないか。

甘粕　徳は孤ならず必ず隣りありサ、自己の利益のために非《あら》ずして、国家の害になる者を除いた以上、同感者の同情を贏《か》ち得《う》るのは当然ではないか、それを貴様が僕を攻撃する材料に使うなら、テンデ見当が違うぞ。

大杉　似たところはまだある。講和直後にドイツにフリー・コンパニースというのがあった。この団体の目的は第一には軍隊から除隊されて、手に特別の職業なき者に仕事を与うる事、第二にはベルサイユ会議でドイツが兵力を制限されたので、一朝有事の際に在郷軍人の代りをさせるためであった。この団体の活動については、くどく述べまいが、要するにその後援をルーデンドルフ将軍*辺から得て、左翼を圧迫する事を任務としたと諒解《りょうかい》すればいい。ルールで労働者のストライキがあった際などは、その頭領株をドシドシ殺した事は、当時の内務大臣シベリングも議会で承認したところだ。そしてこれらの殺人は殆ど罰せられていない。この外種々の場合軍隊の手で殺された者も多かったが、加害者が軍法会議に廻されると、決って、「上官の命令を誤解した」とか、「上官の命なりと信じて、善意を以て行動した」とかいって、直ちに放免されたのは、甘粕事件と軌を一にした。この頃の殺人は前に述べた歴史家の第二期、即ち半組織的の階程に属するもので、軍人や国粋連が「こんな奴は生かしておいては国家のためにならない」といった考えから、機に応じて殺したものなんだ。第三期の全組織的殺人というのは、このフリー・コンパニースが聯合国《れんごう》の圧迫で解散され、新たにコンスル団、あるいはその頭文字を取って、単にC団というもの(その他オバーランド・フリーコンパニーという大団体もある)を組織した頃から始まるのだ。このコンスル団の起源は、守衛隊の騎兵部隊内にあった秘密結社に端を発して軍人がその中心になっておるのは申すまでもない。彼らは予め軍人の主義や理想と合致せないところの「国家を害する者」のブラック・リストを作って、組織的にこれらの人物を殺害除去せんとするのだ。かの*エルツベルゲルやラテナウを暗殺したのはこの団体の組織的行動で、殺害の方法も上手になり、中々尻尾をつかまれないまでになった。……

甘粕　オイ貴様は僕の所にドイツの殺人団の講釈をしに来たのか。

大杉　ドイツの例が鼻につけば、スペインの例を取ってもいい。今のスペイン全国の警視総監といった役目を帯びているのは、マーチネッツ・アイドという将軍だが、彼が一九二〇年頃バルセロナの知事に任命された頃は、その地方に盛んに共産党の活躍があって、暗殺が続いた。彼は一つの方法を案出した。彼はその部下に殺人団を造って、共産党員が誰かを殺した場合には、共産党の頭株二人を殺させた。更に共産党員が二名を殺害した場合には、彼の部下はその倍数たる四名の共産党の頭株を殺さした。この比率は厳格に維持されて一、二年を経たが、これがため如何にも殺人はなくなった。そして右翼は大勝利を占めたが、これが犠牲となって死んだ著名の士が多かったのは申すまでもない。

甘粕　ドイツやスペインが、それだとしてもそれが我が国と何の関係があるのか。

大杉　その精神と形式をドイツから採った日本の軍隊と軍人精神が、どういう方面に向うか、それは俺は知らない。けれども愛国主義を高調する君らの道しるべに、これだけの事を話しておいてもいいと思ったのだ。殊に左右両翼の衝突から起る暴動は、何処の国でも奇《あや》しいまでに似ている。君は一八七一年のパリーを知っているか。始めに赤色恐怖時代があり、続いて白色恐怖があった。そうして何万の人間が虐殺されたと思う？

甘粕　貴様は日本にそんな事があり得ると思うのか。乃至は貴様自身のいわゆる争闘本能がそういう事を希望するのか。

大杉　俺の目を見てくれ、俺の口調を聞いてくれ。君と相対している俺が、そんな事を夢にでも希望していると思うなら、君こそ感情に目がくらんで、公平な言説が耳に入らんのだ。俺はただ、君たち軍人が思う通りに左翼を圧迫して、政治をその手に収めても、ババリアの現状以上に出《い》でないかを恐れるのだ。そして君は俺が殺された頃のババリアの騒動と、これに関聯するルーデンドルフやヒットラーの醜い敗北を知っているかネ。国家の権力を背後に負うている者が、国民とともに進むことを知らず、その狭い主観に立て籠ることは、ただに国民全体の不幸でなくて、結局はその階級自身の不幸を意味することが分らないか。

甘粕　貴様は日本やドイツの軍人ばかり責めるけれども、その当時の世界は殆んど独裁者の手によって統治されておったではないか。そしてイタリーのファシストの機関紙も論じたように、イタリーを壊《こぼ》ったものは自由主義者であって、これを救ったものは実にファシスト即ち愛国党ではなかったか、それはスペインでもトルコでも軍人が危機を救った点に於て同一だ。

大杉　俺は世界の思潮は、大きな振子のようなものだと思う。その振子が右によった時には、海の潮が満ちて来るように、世界の隅々まで右翼、独裁に圧せらるるを常とする。俺が君に殺された当時は如何にも君のいう通り欧羅巴《ヨーロッパ》の人口四億万人の内、二億五千万人までは独裁専制政治家の統治の下にあった。ドイツ、ロシア、トルコ、ハンガリー、ギリシャ、ブルガリア、スペインなど皆なそうだった。この大きな右翼の潮流が東洋の日本の岸をも洗って、小さい俺という左翼の一員が、君に殺されたと思えば、俺はチッとも誰をも恨むことはない。俺が殺されて井戸の中にあった頃は、スペインの独裁者はムッソリニを訪れて、お互に剣の音をガチャつかせながら、天下の事君と我あるのみといった調子で快談したものだった。……けれども独裁者が、それらの国を救ったという君の断言は事実かネ？　右によった振子が、同じ速力で左に寄らないことを何人《なんびと》が保証し得るか！

甘粕　事実は最上の雄弁家だ、その国の以前の状態に比べて、天下が彼らの手に帰してから、確かに改善されたではないか。

大杉　君の教育と思想的傾向から考えれば、そう思うも無理がなかろう。しかし君といえども独裁政治そのものがいいというのではあるまい。独裁政治によって現われる傾向が多くの場合君らの思想なり理想なりに似たものなので、「善政さえ敷けばいい」というような結論に到着するのに違いない。その証拠には同じ独裁政治でも露国のソビエットの如きは君が極端に排斥するところで、かかる政府は他国の事ながら暴力を以ても仆さねばならぬというのが、西比利亜《シベリア》出兵の一部の原因ではないか。既に独裁者の方がいいという理由が、単に自己の理想に叶い実際上の仕事をするからというにありとすれば君と反対の主義理想を持ったものは、君がボルシェビキ政府に反対すると同様な熱心さで暴力を以てもその転覆を計るに違いない。そうすれば国家の安定は何処にある。

甘粕　革命家の貴様は、政府の変化まで革命的に見ねば承知出来ないのか。貴様が述べた国は政府は変ったけれど革命によって政権を奪ったのではない。それが軍人とボルシェビキと違うところなのだ。

大杉　君は左翼が天下を取る時のみが革命で、右翼がクーデターによって政権を握るのは革命ではないというのだな。……しかし止《よ》そう、革命という字義の詮索などに俺はわざわざ今夜来たのではない。俺はただ物平らかならざれば鳴るというように、そして剣を持って立った者は剣に仆れるというように、右なり左なりが、「力」を以て取った天下は、結局「力」を以て取り返されはしないかを思うのだ。こういうと俺は至極平凡なオルソドックスのデモクラッシーに落ちるようで、生きておった時の大杉とは似ても似つかぬ者が出来あがる訳だが、右翼の専横が憎い憎いと思った感情を、よく突きつめて見ると、結局左翼の同じ傾向を憎いという事に落ちたのだ。始めに俺はいったネ、極左と極右と何《ど》れだけの相違があると。見給え、極端なる社会主義者であったムッソリニがどんなに訳なく極端なる国家主義者になったかを、また日本の高畠*某君という社会主義者が、至極容易に心気一転して上杉*博士などと合したかを。驚く世間が愚だ、左右に動く振子は、普通に振れば道程は長いが、円を劃する上の方は一分か二分しかの隔たりしかないのだ。彼らはこのショート・カットの道を取ったまでサ。

甘粕　先刻貴様は世界の思潮は振子のようなものだといったろう。そう必ず動くものだとすれば、一度地獄に行った貴様が、わざわざ出て来て、僕を口説くほどの熱心を示してもこの大勢をどうも出来なかろうじゃないか。

大杉　それはそうだ。欧羅巴の歴史を直観しても、この振子は常に右から左に振っている。一八四八年にリベラルだったものが、幾変遷を経て、大正十三年には反動の最高調に達していた、しかも英国の労働党が選挙で大勝利を占めたのを先達として、その後また著じるしく変更して来つつあるのは出獄間近く世事に遠ざかった君でも分るだろう。

甘粕 日本でも、君のいう振子とやらが左に寄ったというのか。

大杉 それは君が今見る通りサ。日本で君ら一流の教育が、どれだけ深く国民の頭に食い込んでいるかは、問題の起るごとに、ただもう驚くばかりだネ。左翼連の一歩の蠢動は、君ら右翼連の十歩の前進だ。そして君らの地盤はここ当分決して動きっこなしだよ。今のままで行って政治が腐敗し、国民がこれに頼る事が出来ず、右翼か左翼かの何れかを選ばねばならぬような場合が現われても、その独裁者は左翼でなくて明白に右翼だネ。そして日本にムッソリニが出現しても、国民の思想なり感情なりは、この統治に甘んずる用意が充分にあるネ。ムッソリニは大正十二年の終りに、ロンドンの『デーリー・テレグラッフ』の記者に「議会！ 必要の時には俺が召集する、不要な長講談をして、何も分らぬ連中がベチャベチャ喋べる機関などは今の俺には不必要だ。もし俺が何かの問題について知りたいことがあれば、俺は新聞を読むよ、そこには専門家や、教授の説や主張があって、議会の演説などより数倍有益だ」と語ったが、どうだ、君らから見れば、涎《よだ》れでも出そうな態度だろう。もっとも日本の新聞については、君らに大不満があるように見受けるが、しかしそれは慾目だ。彼らは官僚や警察のマウスピースで、君らの大なる味方なんだ。更に同じ独裁者の西班牙《スペイン》のド・リベラ将軍は彼を訪問した有力な新聞記者が、彼の政策を質問したのに対し「そんな下らぬことで、忙がしい俺を邪魔するより、もっと何か有益なことがありそうなものじゃないか」と一喝したそうだ。これらも君らには羨ましい豪放振りだろう。

甘粕　軍隊思想が日本に漲《みなぎ》り、国民皆兵主義になって、日本の国威を発揚するようになれば、日本のためにそれほどいい事はない。僕はそういう時期の来るのを待っている。

大杉　同じ理由で俺はそれに反対する。今の俺は世界の思想を別けるに、右と左に区別しないで右と左を一緒にした極端派《エキストリーミスト》と、これに対する自由派《リベラル》とにする。そしてこの極端派の中には君ら軍人だの警官だのと一緒に生前の大杉やいわゆる戦闘的主義者とを編入する。この事実の特長は、持って生れた争闘性乃至は争闘を主とした教育の影響から、自分が闘うと同時に、他人をも闘わしたい点にある。よくムッソリニが引合いに出るが、彼は国内の左翼を圧迫し尽して、その争闘性を満足せしむる能わざるに至るや、ちょっとした事からギリシャに最後通牒を突きつけて、コルフ島を占領してしまったのは丁度俺が殺された頃だ。日本の軍人もこの例に洩れるかネ？　支那に手がのばされなくなると、西比利亜《シベリア》に出兵したくなる。これを引込まねばならなくなると、今度は米国に対する宣伝だ。もっとも震災を機会に丁度いわゆる主義者や鮮人の騒ぎがあったから、その争闘本能は当分これらを対手にして満足されていたが、これも済むと、またまた米国辺に対し宙返りするに決っている。既に争闘本能に出発しているのだ。勝とうが敗けようが――当人どもは無論勝つ事に合点しているが――顧みるところでないのは当然だ。いわんや戦争後どうなるかなどに就いては、テンで考えたこともないのだ。またその必要もないのだ。

甘粕 素人《しろうと》の貴様が戦争のことを論ずるのは臆面がましい。日本が敗けでもするというのか。

大杉 怒ったネ。君ら軍人はその専門以外の思想問題や政治問題には盛んに口を出すにかかわらず軍事や戦争の事になると、他の者をして一歩も踏みこましめないのは見上げた態度だ。陸軍大臣が議員の質問に逢うと、「秘密会議」というからどんな大事件が湧き出るかと思うと、テンで屁のような事だったりするのと同じ手さ。一体戦争が君たちの専門だなどと思っておるのが、近頃以て笑止千万で、日本から三井と三菱の大将が出かけ、米国からモルガンとロックフェラーでも来て、「支那については……」などと話し合って見ろ。君らの何インチかの大砲の何倍の偉力があると思う。またこの連中が話しが纏まらないで、引きあげ「国権のため、国家の存立のため」などと口を切ると君らはワーッと来るじゃないか。まア、そんな事はどうでもいいとして、ラッセルなどもThe prospects of Industrial Civilization で、日米戦争の起る可能性ある事を幾度も述べ、無造作に日本の敗北を予言し、また英国といえども米国と協調して行かなければ、一撃の下に打ち敗られる事を論じているが、こんな不人気な問題を今話すのは止そう。

甘粕　止してくれ、貴様の非国家的議論を聞いて俺は頭が病めて来た。俺は二、三日してこの刑務所を出て、また国家のために働かなければならんのだ。そしてこれからどういう方面に向うかも考えなければならん。

大杉　君の心は大分動揺している。君はこの刑務所に這入ったばかりに、士官学校の同期生にあて、「いわゆる人間のきたなさを更に切実に見せられて、ますます人間がいやになりました。そしてそれがため国の将来を恐れます……真実に私を知られたら実際軍隊教育上注意しなければならぬことがあると思います」という手紙を書いた事があるかネ？　俺は君が、軍隊の内部から種々の意見を持ておる事を推察する。今夜来たのはその意見を聞きたいためでもあった。けれども長く鍛えられた階級精神——君らはこれを軍隊精神といっておるが——はやはり俺という外部の者に対して、一言もそれを言い得ないで、出て来るものは依然型にはまった軍隊手帳の序言見たようなものなのだネ。しかし無理もない事だ。俺は、二、三十年たって、も一度君のところに来るよ。さようなら……

何処かでガタンとしたので甘粕は目を開いた。彼は壁に倚《よ》りかかったまま居眠りしている自分を発見した。「オヤ」と言って戸をなでて見たが、手に当ったものは固い鉄錠であった。無論誰も這入った形勢はなかった。彼は据り直して指を折って見て、出獄の日の近づいたのを、嬉しいような、しかしまた淋しいような表情をした。外は雨が降り出したらしい。(完)

附記　甘粕氏はもう自由の身になっている。同氏の名前を借用したのは極めて軽い意味で、この場合単に仮想人物にすぎないと思っていただきたい。(筆者)

〔『自由日本を漁る』(一九二九年五月五日刊)所収〕

愛国心の悲劇

一　算盤にのらぬ愛国心

愛国心というものは、すべての美と真をふくむものであろう。われらの教科書とわれらの道徳は、ことごとくそう教えているのであるから、これに間違いはないであろう。が、それは確かに算盤《そろばん》にのらないものではある。

たとえば田中内閣は済南《さいなん》に在住する二千人の財産――田中首相のいわゆる重大な利害は約五十七万円にすぎないが、これに対して日本が出兵に支出した額は後《あと》でも説くように精確に三千七百四十万円である。かりに日本の国内で、五十七万円の財産が何かの理由で危機に瀕《ひん》したりとするか、日本政府はこれを保護するために三千七百万円を支出して出兵する意志があるであろうか。

更に支那における邦人の事業が不振だからというので、これがため貸出《かしだ》した低利資金、そして恐らくはもう返済されぬであろう低利資金が青島方面と長江方面だけで四百二十万円ある。この内訳《うちわけ》は青島方面が三百万円、長江方面が百二十万円だが、然らばその青島方面に邦人が幾らいるかというと約一万七千人である。この中には日本の大会社から送られたものであって、補助を必要としないものもあるが、かりに全部に頭割りに金をやったとしても二百円近くになる。もし国内で商売がうまくゆかなくて困っているものがあった場合に、日本政府は一人頭二百円の低利を貸せるか。

漢口《かんこう》には日本人の人口が約一千人である。これに対してこれを保護するために、現に日本から陸戦隊五百五十人、軍艦五隻《せき》(乗組員五百三十六名)が現に常置されており、少し多い時には在留同胞一人に軍人四人あてと機関銃二台、軽機関銃四十台を以て守備したとのことである。国内においても随分不安な場合もあるが、日本政府は一人の同胞を四人の軍人で警護する準備があるか。

満蒙の利権については日本は国運を賭しても、これを擁護すべきことは、政友会政府は勿論《もちろん》、民政党政府といえどもこれを揚言している。然《しか》らばその満蒙の利権というものは何かというと田中首相によると静謐《せいひつ》それ自身……何という珍答弁だ?……だが、算盤ではじき出してみると、最も重要なものは満鉄に外ならない。その満鉄の財産は払込額が三億五千五百万円で、三菱銀行の預金に少し輪をかけたほどのものである。これを擁護するのに一個師団の兵隊と特別守備隊を以てしている。政府に聞くが国内の同じくらいな大会社に対し、日本国家は「国運を賭《と》しても」、また毎年これだけ人力と金力を消費して、これを擁護する用意があるか。

これらはただ目の前に転がっている二、三の事実をあげたにすぎない。愛国心というものに何のいいところがあっても、少なくともそれが算盤にのらないものであることを示すためには、シベリア出兵に八億円以上を使った例をあげてもよければ、一ヶ年百四十五人の移民を拒絶されて日米戦争を開けと叫んだ輿論《よろん》を指摘してもいい。このことを、も少し詳しく論ずるのがこの文の目的である。

二　愛国心と国策

田中内閣の外交政策を検して、われらが特に感ずることは、それが熱烈なる愛国心を基調としていることである。その内閣ほど「国策《こくさく》」をいうものなく、この内閣ほど「国威発揚」を説くものはない。貴族院でこそ何かというと、直《す》ぐ対手《あいて》の「誠忠」を疑いたがるのが癖で、地租委譲でも、優諚問題でも、不戦条約でも、きっとこの言葉を持ち出して一文句《ひともんく》をつけることを常とするが、これは恐らく将来貴族院自身をも禍《わざわ》いするであろう貴族院病の一つであって、軍人出身の、しかも栄位栄爵を辱《かたじけの》うしている田中首相に、誠忠の志しの欠乏をいうのは、いう者の方が滑稽である。この点だけはわれらは無条件に田中首相を信用していいと思う。

元来、軍人は古往今来愛国心と離れて存在するものではない。愛国心(Patriotism)及び愛国者(Patriot)はその語原を、Patria 即ち国家《カンツリー》という文字から発し、しかしてこの文字はまた Pater 即ち父《ファザー》という言葉から出ているのだそうで、自分の国を祖国とか、父国(Fatherland)とか、母国とかいうのはこれがためである。そしてこの祖国を護《まも》るのが軍人の任務である以上、これと感情的にも一致しておらぬのは当然である。故にホルムス博士の如きは愛国心の人格化《パーソニーフイケーション》が軍人だといっているほどである。(“Patriotism is not Enough,” by John H. Holmes, p. 27)

この愛国心から出た国策というものが必然的に絶対的自国第一主義の形《かた》ちをとるのは当然であろう。ボルテアーは「われらの国の強大ならんとする心は、即ち他国に対する害悪を望む心である」といっているが、これほどの明らかな意識はなくとも、極端に自国の意志を主張する心は、やがて他国の意志と自由を圧迫しても顧《かえり》みざる心となるのは、自然の勢いである。

故にストックスは国策なるものの正体を論じてこういっている――

「ある樹立された国家の「国策」というものは国家的自我及び膨脹の政策であって、民族的感情によって神聖化する「神聖なる自我《セクレット・イゴイズム》」に外《ほか》ならない。国家的にはそれは総《あら》ゆる権力を以《もっ》て国民的結合を強く緊切《きんせつ》にすることに努力し、また対外的にはその充実したる軍力を背景にし、大胆かつ強硬なる外交政策を以て、その国が懼《おそ》れられ、尊敬され、かくして地球上の未開発の富源に分け前を得ることを努力する。それは原始的なる愛国心に訴える。その国家に対する愛情はややもすれば外国人憎悪の念となり、また国民の義務は政府の決定したる如何《いか》なる国策に対しても無条件で一致して保持せねばならぬと解釈するに至る。」("Patriotism and the Super-State," by J. L. Stocks, p. 71)

そしてこの国策を遂行するものが軍隊なのである。故に「軍国主義はその実行の行使、武力の威脅によって、世界における勝利的国家主義の永久の特色である。軍隊は国家の名誉、国家の権利、国家の利益——即ち国家主義の三特色のために存在するものである」("Essays on Nationalism," by Charlton Hays, p. 159)と断じうる。

この国家主義が一転して如何《いか》にして帝国主義になるか。即ち国家自衛のために起った日本の軍国主義が何故《なにゆえ》帝国主義に転化したか、これを産業革命と結びつけて論ずることは興味ある論題であるが、これをここで説くいとまはない。ここではただ以上の記述によって、軍人として育った田中首相が、政治を実行しうる位置にたつや、総《す》べての反対を押し切って外務大臣となり、その国策を遂行せんとしたこと、そして国民に対しては是《ぜ》が非《ひ》でも自己の政策を挙国一致で後援せんことを要請した思想背景を知るだけで充分としよう。

三　経済的に観た山東出兵

田中内閣がその位置につくや、始めに敢行したことは誰も知るように山東出兵であった。

山東出兵の目的が、その後何回も政府から発表されたように、邦人の権益を擁護するにあったことは繰り返すまでもない。然らばこの擁護すべき権益は何なりやといえば、それは二つに分けることが出来る。一つは済南在住の二千の邦人と、他は膠済《こうさい》鉄道に有する日本の権益である(青島にも日本の権益は無論あるが何人も青島に相当の派兵をし、ここで邦人を保護するの必要を反対したものはない、故に田中内閣の出兵は前記の二つが最大の眼目だといっていい)。

済南在住の邦人が約二千人であって、この投下資本が約五十七万円であることは前に述べた。この外に山東鉄道から受取るべき金が当時約三百万円近くあった。即ち同鉄道は例の山東懸案鉄道細目協定の第二章により、「日本国政府に対し償却《しょうきゃく》すべき鉄道財産の価格を日本金四千万円とし、」その国庫証券の利率を六分と規定し、半年ごとに日本政府に支払うべきものとした。この利子が当時三回ばかり滞《とどこお》っていたのである。

われらの確聞するところによれば、蔣介石は始め日本軍と衝突すべきことを恐れ、済南在住の邦人の引きあげを希望し、これに対しては支那側からその費用の補償を申出でた事実があるというから、当時引きあげたとしたら外交交渉によってこの費用は非常に少なくなったであろうけれども、そうしたことを少しも考慮に入れなくとも、その「権益」の内容は三百五十万円を越すことはなかったであろう。

これに対して田中内閣はいくら使ったか。そこで失《な》くなった人命と損害は一切いわない。ただ出兵費だけで四千万円近くある、即ち

昭和三年度	三千五百万円
昭和四年度	二百四十万円
行賞費	四百万円
総　計	四千百四十万円

である。ただしこれは総費用であって、軍隊は日本においても経常費を必要とするから、これが費用四百万円を差引いても三千七百四十万円となるのである。しかもこの中には海軍費が含まれず、また山東鉄道補償金の内、まだ一期分滞納しているのも見逃がしてある。

こうして田中内閣の国威外交、愛国外交は日本の権益を護るのに当の権益の価格の約

十倍の金を費消したことになるのである。しかしこうした努力をしても実質的に権益が護れたかは疑問であって、日本兵の撤兵と同時に、在留邦人の四分の三は引きあげて来つつあることは最近の電報が報ずる通りである。出兵して引きあげ、しなくても引きあげるとすれば、田中内閣の目がけたのは何なのか？

これに対して田中首相は昂然《こうぜん》として済南出兵が成功であったことを総《あら》ゆる場合に揚言《ようげん》している。これを一個のいい逃れだと見てはいけない。田中首相の如き軍人政治家にとっては、尊いものは「国威」であって「金銭」ではない。かれは例え一億円を費消しても、国威を伸張しえたことに甚大なる満足を感ずるであろう。われらはこの人々の平生の心理状態から押して、かれの言を額面通りに信用するものである。

四　貿易の激減と首相

済南出兵による失費は無論その直接の費用にすぎずして、その間接の失費は排日貨による貿易の減少をその最大なるものとする。

田中首相は議会において日支貿易について反対党の詰問を受けるや、昨年度は一昨年度に比し三百五十万円増加したことをあげて、その影響のないことを述べている。しかしながらこれは支那が漸次国内平穏に帰し、購買力が増加したことを無視する議論であって、支那の貿易は昨年は二億万両《テール》も増加している。各国が増したのに、日本が殆《ほと》んど旧態を維持していることは、結局その減少を語るものでなくて何であろう。

殊《こと》に排日貨は昨年の十月頃から組織的に擡頭《たいとう》して来たものである。その頃からの貿易が減少した以外に貿易表には現われておりながら、埠頭《ふとう》に滞貨しているものが山積している状態で、日支貿易に従事しているものが頻々《ひんぴん》として倒産した事実でも打撃の甚《はなは》だしかったことを知りえよう。この事は昭和四年になって明らかになった。即ち一月以降三月末までの対支貿易は輸出超過二千六百三十七万円であって、昨年に比し五百十九万二千円の激減である。済南問題の交渉は三月に解決したが、この月の出超額は、昨年同期に比し六百万円という減退を示したのである。

こうして貿易においては、前後恐らくは二億円以上の減退を見ながら、そしてその閣員である三土《みつち》蔵相をして金解禁の不可能も、不景気の恢復《かいふく》も、日支関係によるところ多き点に悲鳴をあげしめながらも、田中首相はこうした点には殆んど顧みるところがなかった。かれは「支那の排日については、わが国の実業家も辛いであろうが、国家のために我慢してもらいたい」と新聞記者に語り、また政友会でも幹部会を開いて「こうなると我慢比べだから、わが党は現内閣の対支政策を極力援助する」と無条件でこれを承認していた。

考えても見給《みたま》え、平時間《へいじかん》における両国の交渉が経済的利害を度外視し、「国家のために我慢して」何が得られるのだ。両国対立し「我慢比べをして」われらの目あてとするものは何なのだ。かれらは明らかに戦争と外交を間違えている。果然、田中首相の交渉の中心は経済的利害でも、大局の利益でも何でもなかった。それは謝罪をするとかしないとか、始めの要求が通ったとか通らないとか全く面目の問題——軍人流のエキスプレッションでいうと「国威」の問題にすぎなかった。グルグル廻って、出て見たところは前と同じ出発点だったのだ。

これが愛国心の悲劇でなくて何であろう。しかしながらわれらの解するところによれば、田中首相がこれをしも悔いていると思うのは困難である。何となればかれから見れば貿易の如きは国内の問題であって、国威の発揚とは大して関係がないからである。もし自から不満な点がありとすれば、それは思うように支那側をして謝罪、責任者の罷免、賠償等をなさしめなかった点にあろう。失った貿易の一割もあれば、在支邦人を救ってお釣《つ》りが来るというような考えは、御用商人流の考え方で、軍人政治家には元より歯牙にかくるに足らぬ問題だからである！

五　満蒙の利権の価値

田中内閣の対外政策の重点は満蒙にある。満蒙に対しては田中内閣は成立以来、口うるさいほどこれを繰り返している。議会においても首相は、

「もしそれ満洲に関しては同地方が我と接壌地態《せつじようちたい》なるがため国防上政治上極めて重大なる関係あるのみならず、かつて帝政露国の侵略に対し国運を賭して同地方の自由を回復したる歴史的関係あり……この地の静謐を乱しもしくは我《わが》重大なる権益を害する如き事態の発生に対しましては、これを排除する覚悟を有するものであります」

と述べて、満蒙のためには如何《いか》なる犠牲をも払うことを声明している。

満蒙と一口にいっても、田中首相自身も認めるように、何も全体が日本のものでない以上は、これを評価するためには満鉄を引用するのが最も便利である。大連も大きな投資地たるには相違ないが、その港湾等は満鉄の投資によるものが多く、また都市はそれ自身発達し得るのは上海《シャンハイ》、天津等の例によっても知られるからである。

満鉄の財産がいくらあるかは、三井三菱の財産がいくらあるか分らぬと同じように分りにくい。公称資本が四億四千万であることは誰も知るところだが、総財産に至っては七億万円内外といわれている。これは山本〔条太郎〕社長が先頃《さきごろ》財産整理をして、監督官庁の諒解《りようかい》を得たもので、これには鉄道は勿論《もちろん》、鉱山、船舶、製鉄所、土地等をもふくむ

ものなのである。(これについて『東京朝日』は七億二千万円と報じ、『東京日日』は八億八千万円と報じている)。

この財産評価額は何《いず》れであっても、この満鉄から日本本国が受ける金は、相当に大まかに見積って五千万円近くだといわれる。この中には政府に対する奉納金、株主に対する配当金の外《ほか》に材料購入費等も見つもられている。即ち日本の満鉄によって受ける直接の利益は年額約五千万円であって、無論これ近くの金は株式会社である以上、誰が持っていても受けうる額なのである。

日本の朝野が、そのためには国運を賭すことも辞せないとする満蒙の利権というものは、極めて大雑把《おおざっぱ》にいう時に、一ヶ年五千万円の問題なのである。これを擁護するために日本は一個師団の兵力と、守備隊を常置し、本年から更に二個大隊の兵員数千七百人を増設し、右は昭和四年度から年割額四十五万円を支出することに先頃の議会で確定した。無論これらの軍隊の任務は在留邦人全体を保護するにあることは当然であるが、しかし在留邦人が多いからといって必ずしも軍隊を常置しないことから見て、その主たる目的が政治的にいえば「特殊権益」、経済的にいえば四億四千万円の会社を保護するにあるは明瞭である。

日本はかつてこの事が算盤珠にのるや否やを考えたことはない。満蒙の特殊利権というと何にも聞かない前から、もう眼《め》が眩《くら》んでしまうのが常である。そればかりではない、今や日支交渉の最も重大なる暗礁となっているのは満洲に借款鉄道を敷設するか否《いな》かの問題である。田中内閣は殆《ほと》んどその全力をこれに傾倒し、しかもその交渉は前途はますます困難になっている。

われらは問題を根本から考え直す必要がある。一体借款鉄道敷設がそれほど無条件に是認せらるべきものであるか。世界を通して借款鉄道を敷設するために懸命になっている国などは、もうどこにもありはしない。英国すら印度に対するあの鉄道から、着々手をぬきつつある。然るに日本だけが強制的に、無理押しに満洲に鉄道をしかんとするは何故であるか。それが経済的に大した問題でないことは、同じ種類の＊洮昂《ちょうこう》鉄道が大した好成績でないことによっても明らかである。

何故日本は、十九世紀の夢を繰り返して、これがためには日支の関係をも犠牲にして顧《かえり》みざらんとするのであろうか。

六　愛国心と将来の国策

要約すると愛国心の悲劇は四つの方面から来る。

第一は支那人に愛国心を教えたものが誰よりも日本人であって、今の排日はおのれに出《い》でたるものが己《おの》れに帰っているのである。

支那の事情に注意を払っている者は、その排日の中心人物がかえって日本留学生に多いことを知るであろう。彼らは日本に留学し、殊《こと》に士官学校などに入学するに及んで強烈なる愛国心を教わるのである。先頃済南事件の故に帰国した支那留学者を前にして、その日本人教官は「諸君と戦場にまみえん」と豪語したそうだが、こうした教育によって支那人がその自国に対し強い愛国心を持つのは当然である。

日本留学生の何人《なんぴと》をあげても――蔣介石《しょうかいせき》を始め、死んだ楊宇霆《ようう　てい》、許崇智《きよすうち》、賀耀祖《がようそ》、周龍光《しゅうりゅうこう》、崔士傑《さいし　けつ》等、その一人《ひとり》だに日支親善のチャンピオンをあげうるか。これを日米国交が危険に瀕した時に、米国帰りの日本人がその親交のために努力し、また同じことが支那でも米国留学生間に見られるに比し、その相違は大なりといわねばならぬ。

第二に愛国心の悲劇は対手《あいて》の立場と心理状態が判らないことをあげうる。

始めに述べたように愛国心はその性質上必然的に排他的である。故に自己の目的を遂行するに急であって周囲を顧みる暇がないのである。支那に澎湃《ほうはい》たる国民主義が起り、自国建設の意志が盛んになって来た時に、これによって利益をうるためにはこの潮流にのって政策を定むることであるが、愛国心にはこの余裕がない。そして排他的なる日本の愛国心と支那のそれとが相会すれば衝突するのは当然である。元来、満洲には鉄道を必要とする、それをあくまで峻拒しようとするのは日本の極端なる愛国心を、自国のために拒絶しようとするまでである。

第三に愛国心というものは高価なるものである。海外発展のためだというと、全く打算を超越した低利資金その他を貸出し便宜を講ずることは前述した。邦人数約一千人の漢口に三十万円、百名の南京に三十五万円、二千人の済南に百万円と数えて来ても、それが並々ならぬ援助であり、いわんやこれに加えて二、三人に一人ずつぐらいの軍人が保護しているにおいてをやだ。しかも在支那人などは何かというと「第一線に立って奮闘するわれら同胞」などとまるで国家のために異郷で苦役にでも従事しているかのように恩に着せて、その援助の薄きことをかこっている。こうして彼らは成功しつつあるか。……この愛国心の延長が支那でも米国でも南洋でも、日本移民の惨めな失敗の原因になっていることは、ここで書くにはあまりに平凡な事実である。

最後に、しかしながら最も大なることは、愛国心は地図の色と「国威」にのみ血眼《ちまなこ》になって、その根柢《こんてい》に算盤がないことである。

たとえば満蒙の問題にしても、その重要性はさることながら、これを守るために一切他を排して顧みないという態度が日本将来の国策としてとるべきであろうか。「特殊権益」から来る利益が前述したように仮りに五千万円あるとして、その額は日本の対支貿易の約十億円の五分《ぶ》にしか当らない。特殊利益が満蒙にだけあると思うのが、その錯覚であって、貿易をしなければ国家経済が持てない日本にとっては、特殊権益は揚子江にあるのは勿論《もちろん》、山西にも広東《カントン》にも何処《どこ》にでもある。そしてこの額は支那の統一がなり、購買力が進むに従って、急速にかつ無尽蔵に増加するのである。

こういったからとて何も満鉄を直《ただ》ちに還《かえ》せというのではない、返還しても投資額だけは現金か株かでとるのだから一部で思っているほど大問題ではないが、支那が未《いま》だ秩序を維持しえず、かつその運転も覚束《おぼつか》ない以上は進んで*宋襄《そうじょう》の仁《じん》を敢てする必要はない。われらが指摘せんとするのは日本の国運と天秤《てんびん》にかけるほど大事がっている満蒙の利権などというものが、経済的にみて決していうがほどのものでなく、約四億円の資本を二十ヶ年も運転して、それに軍事費、警備費その他総《あら》ゆる国家の援助を与えれば、大概の事業はあれぐらいになるであろう点である。即ち利益を得ているのは支那であって、日本の利益は実質であるより想像的、経済的であるよりも地図的満足にすぎないのである。

愛国心を算盤珠にのるものにせよ。それが対支問題、朝鮮問題、台湾問題を解決しうる唯一の方法であり、また不景気打開策でもある。

〔『転換期の日本』(一九二九年一〇月一八日刊)所収〕

Ⅲ　恐慌から戦争へ　一九二九―一九四〇

『アメリカは日本と戦わず』〔抄〕

序

アメリカから横浜に船が着くと、一つの気忙《きぜ》わしない注文が私を待っていた。注文の主は千倉書房主、題まで私のために決めてあるという。聞いてみると「アメリカは日本《にほん》と戦《たたか》うか」。

私はお汁粉会の後で、餅菓子を強《し》いられるような気がした。いくら流行を追う世の中でも、この日米戦ものの多い出版界に、も一つを加える必要があるのか。健全なものを寝しておいて、来る人ごとに「君は病気だよ」といわすると、大概ほんとの病気になってしまうそうだ。太平洋の波が、かりにどんなに静かであろうとも、こう繰り返し暗示をかけられれば、そのためだけからでも、大事に至らないと誰が保証し得ようぞ。

しかし出版者の意志は外《ほか》にあった。浜の真砂のほど多い類書の中で、アメリカが何を考えているか、アメリカの意志は何処《いずこ》にあるか、それを論じたものは殆《ほと》んどない。恋愛ゴッコと論争事は、片方だけ聞いては間違うことが多い。暫《しば》らく米国におって、満洲事件と、上海事件と、戦争論とに米国輿論《よろん》の空気を吸っていた私が、その印象の醒《さ》めない内に、これを書くのは、わが国民が時局を正視するのに役立ちはしないかというのが、出版者の狙いどころだったのだ。

そういわれてみると、外国から故国を望んで、私にも感慨が山のようにあった。一方、東洋から来る諸種の電報と、他方、周囲に渦まく対日感情の間に介在して、私は母国がその行く道を謬《あや》まらざらんことに、朝夜の祈願をかけた。舞台裏から遠ざかっていたので、種々な消息に通じない憾《うら》みは元よりあったけれども、しかし遠くの観覧席に置かれた関係から、舞台の全面が見える利益だけはあった。

それと同時に私は今まで接して来た在米邦人の不安をも想出《おもいだ》していた。米国における邦人の総数は約三十万、わが二千五百年の日本の歴史において、外国の治権の下《もと》にこれだけの発展と基礎を植えつけた先例はない。その在米邦人は、今や日米戦争の声に脅《おび》えて、安き心地《ここち》もなく、五十年苦闘の歴史を捨てて帰国者相継ぐ状態である。国内においては、それはただ一個の「日米戦争」論である。しかしその波紋の影響は甚大にして、すこぶる真剣だ。

私は追われるような気持になって、トルコ風呂のように蒸し暑い故国の夏に苦しめられながら、暫《しば》らくではあったが遠ざかっていたペンをとり始めた。

私は米国にある間、甚《はなは》だ微力ではあるけれども、日本の立場を米人に知らしめることに全力をあげた。満洲における日本の行動と、上海のそれとに対して無論極力説明弁護した。当時発表した論文の一部は収めて本書にある。私はまた当時の排日的記事に対しては、新聞社、通信社を訪問して反省を求めた。と同時に私の一つの不満は何故《なにゆえ》に日本が、米国の輿論、殊《こと》にスチムソン*などの言葉に法外の重要性を払うかという点であった。世界の輿論を尊重するという以上に、日本の神経はあまりに米国に尖っていはしないか。米国の東洋に対する決意をあまりに重大視していはしないか。そしてそこから日本はその国策を行うに無用な遠慮と決心をしていはしないか。なぜ寧ろ日本がその正なりと信ずるところを断行する場合に、米国の役人の言説の如きは、これを無視しつくさないか。

書いている間に、私は不思議な注意を友人から受けた。われらが卒直にその感想を書くと、予期しない危害と圧迫が、われらの上を見舞うだろうというのである。

かくの如《ごと》きことが昭和の照代に可能であろうか。一国が外国殊《こと》に一等国と兵を構うることは、いかなる意味からいっても、その国家にとり絶大無比の大事件である。もし祖国が仮りに、かかる危険に当面しているとすれば、国内各方面の意見を総動員し取るべき手段方法は総《す》べてこれを尽し、いやしくも野《や》に異論なからしめることは、万機《ばんき》公論《こうろん》によるべきことを仰せ出《い》だされた　明治天皇の御遺訓ではないか。

殊に私は、国家の非常時に際会しながら、自己の危険の故を以て、国家のために述ぶべきを述べずというが如き――あるいはまた赤誠より迸《ほと》ばしる他人の言語に傾聴し得ないというが如き日本国民の存在を、愛国心の名において信じえない。われらの知る日本国民は、国家のために自我を捨て、いつでも敢然と一身を投げ出しうる国民ではないか。愛する祖国の大事の前に、元より一身の危険と利害はなかるべきはずである。

こうして私の立場はすこぶる真剣ではあるけれども、しかしこの書において、それほど突き詰めたことを書いているのではない。私の目的はアメリカが東洋問題について日本と対戦する如き意志のないことを、各方面から説明せんとするにあった。ただ大衆的ならんがために筆を弄《ろう》した傾《かたむ》きあるは、読者の諒恕《りょうじょ》を乞うところである。

私の考うるところでは、アメリカに対する日本の政策は二つしかない。一つは米国と戦争をするかである。他は米国において今のところ戦争論者よりも、もっと強力である平和論者と結びついて、逆に対戦論者を圧迫し、太平洋の平和を持ち来たすかである。この何《いず》れをとらるるかは、本書を一読された読者自身の結論にまつの外《ほか》はない。

この書は出版を急いだ関係から、随って書けば随って持ち去られ、一貫して原稿を整理する暇《いとま》がなかった。内容不備の責任を全部、出版者に持って行っても、大度《たいど》の千倉君、笑って引き受けてくれると思う。

昭和七年十月

リットン卿の報告書発表で日本の輿論が鼎《かなえ》のように沸いている時

結論　日米戦争なし

上、戦争なしとする理由

一　予断は非科学的

「アメリカは日本と戦うか」の命題を前にして、私は種々《いろいろ》な問題で道草をくって来た。が、戦争というものが野辺の火のように理由なく燃えあがるものでない以上は、これだけの予備的事実を並べたことについて、私は私自身を咎《とが》めえない。

日本と米国との間には、経済的に、政治的に、地理的に衝突すべき多くの理由と原因がある。また実際、過去において何回も危機を逃れたことがあるのは前述の通りである。然らば現在の状勢から観《み》て、アメリカと日本は戦うであろうか。

私は日本とアメリカとの間に戦争はないと思う。

なぜそう考えるかを述べる前に、私は「予断」というものの非科学性を認めざるをえない。ある事実が必らず将来勃発するということを予定するためには、現在の状勢が少しも変化、進歩せず、また特殊の事情も起らないことを条件とせねばならぬ。またかりに大きな経済的原則が動いて、小さい諸種の事情は到底これを遮《さえ》ぎる力がないとしても、その起るべき事件の形《かた》ちと内容は果して原則通りに現われるであろうか。

たとえば資本主義経済の続く間、一国と他国との経済的な競争は免がれることはできぬ。競争があるところ衝突があるのは当然である。だから資本主義国家が対立している間、そこに必らず衝突があるというのは正しい。しかしながらこの衝突は必然に海軍と陸軍とを内容とする戦争なりと断ずるのは、明らかに独断ではないか。衝突があって戦争に結果した場合は山ほどあるけれども、しかし衝突しても戦争に行かず、仲裁裁判、平和協定などによって解決した例も、それに劣らないだけ多数にある。

故に戦争がないと予想することが、一個の独断だというならば、同じ理由で戦争ありと断ずるのは、少なくとも同じだけの独断でなくてはならぬ。そして不思議なことには、この独断的迷信に陥《おちい》るものが、ただに大言壮語のいわゆる愛国家だけでなくて、感情と空想を排して科学に立つという左翼論者に多いことである。いな、かれらは始めから一個の確定したイデオロギーと公式とを有しているが故に、その結論に対しては常に気早く、独断的であり、従って非科学的でありやすい。かれらは人類の経験から生れた進歩と諸種の機関と事情に対しては、一顧をも与えないのである。

予言というものの非科学的であることを知る私は、この書において「日米戦争なし」といっても、元より除外例を設けて日米戦争のありうる場合をも想像している。私は始めに何故《なにゆえ》に日本とアメリカの間に戦争がないと信ずるかを述べ、つぎに戦争の起りうる場合、最後に日米間に如何《いか》なる方法をとるべきかの私見を書いてみたいと思う。

二　満洲問題に戦意なし

アメリカが日本と戦争せないであろうと思う第一の理由は、アメリカは満洲問題について、日本と戦争をするような意志はまったくないと信ぜられることである。

*石井菊次郎子《し》は先頃米国駐日大使グリー*氏の歓迎会の席上「日米戦争は二つの場合にのみ想像し得られる。第一には日本が不当に西半球の問題に干渉する如き愚を敢てする

場合である。第二は米国が亜細亜《アジア》大陸を支配せんとし、かつ米国が日本の平和的かつ自然的なる発展を防止せんとする場合である。そしてこれは両方とも想像が出来ないから日米戦争はない」といった。外交家として多分に駆引的な言辞もあるがこの二つが日米戦争の直接の原因をなすであろう事は疑われない。

ところで米国が満洲問題について差出口《さしでぐち》を利《き》くことは事実であるけれども、しかしこれは門戸開放主義の本尊、九ヶ国条約、＊ケロッグ平和協定の主唱者として、一応は義理にもせねばならぬ処置であって、米国はかつて日本がいわゆる二十一ヶ条の要求を支那につきつけた時もこれに抗議し、北樺太《きたからふと》占領をふくむ西比利亜《シベリア》出兵の時も日本に釘を打った。米国の国務長官が誰になっても、まずこれだけの定石は国務省の伝統的方針からやむを得ないところである。

ただスチムソン氏の法律家的態度と――法律家は条文を破られることを、とても重大視するものだ――その正直な一本気から、無暗《むやみ》に手紙を書いて、日本の気持を刺激したが、しかしかれの大体の方針は少しも昔《むか》し流の手を脱してはおらぬ。否《いな》、かれは正直だけに、日本の感情の昂奮を見ては、あわてて足を引っ込めたという状態で、断然たる決心などがあったとは思われぬ。殊《こと》に始めにジェネバあたりから起って来た対日経済封鎖、大公使《たいこうし》の東京引きあげ等の声を消したのもかれであった。もっとも上海問題の際は例によってカッとなったがフーヴァ大統領になだめられ、またペチャンコになった。対日抗議には国務省として「輿論を動員する」以上に出《い》でないであろうことは、米国の東洋政策に注目するものの疑えないところだ。

これを国民全体から見れば、満洲問題に対する興味は殆《ほと》んどないといってもいい。この最もいい例は米国における長老記者アーサー・ブリスベンの言だ。かれは毎日全米に最大の発行部数を有するハースト系の時事評論を書いて、並ぶもののないほどの有名人だが、昭和七年八月二十八日の論評にいう――

「日本で知名の士である森恪《もりかく》はアジアに帰れの論をなし、日本が独自の立場から孤立主義の下《もと》にその運命を開拓し、国際聯盟《れんめい》の干渉を拒絶すべしと論じ、同時に何故《なぜ》か知らぬが日本とアメリカとが相衝突《あいしょうとつ》すべきを暗示した。然しアメリカは断じて日本に向ってその行かんとするところを命令するものではない。上海事件や満洲事変でかれこれいったあのうるさい役人たちは決してアメリカ国民の代表者ではないのである。日本はその過剰人口の為に土地を必要とする。またその土地をよく開拓し、その住民を保護する能力を持っている。そうするのは日本の勝手だ。日本がアメリカの土地を取って行こうというのでない限り我々は日本の行動に対して全く無関心である。日本が支那から満洲何万平方マイルの土地をとり、三千万の人口を我物としようともアメリカの関するところではない。我々は黙って見ている。否寧《いなむし》ろ喝采《かっさい》したいくらいだ――我《わが》アメリカ国民、少くともその九割は日本と同様国際聯盟のことなんか少しも考えていない。政府の要路にいる僅な人間が欧米から賞《ほ》められたいばかりにこの国を聯盟に売渡そうとしているがそんなことが出来るものじゃない。」

これは学者の議論ではない、しかしこれはアメリカ人の声である。アメリカ大陸にあって、満洲の処在さえ知らぬ大衆が、満洲問題に大きな関心を持つであろうと考えるのはアメリカの事情を知らない人である。アメリカ人にはそれほどな国際心はない。そしてアメリカは国民の輿論が動かなければ何らの行動に出《い》でられない国柄である。

もしアメリカ人の内で、何人《なんぴと》かが「満洲問題の故に、米国は日本と戦うべし」という議論をなした事実があったら、乞《こ》う与《あず》かり聞こう。われらは寡聞にして未《いま》だかつてかかる議論に逢着しないのである。

三　米国民衆の無関心

日米戦争がないと考える第二の理由として、私はアメリカ人の最大多数が、ただに満洲問題についてでなく一般的に日本に対して戦意を有しておらない事実をあげる。私の考えるところでは「日米戦争」は今のところはまだ大衆の興味をすら惹《ひ》きえない題目である。

この観方《みかた》に対しては、われらは特に日本内地において、各方面からの反駁《はんばく》を予期する。太平洋に米国艦隊を集中した如き、米国輿論の日本攻撃の如き、ことごとく日本に対し戦意を有する証拠ではないかと。私は日本に帰って来て、かかる意見のあまりに多いのに実は一驚《いっきょう》を喫している。そしてそれはただに日本内地のもののみではない。現に私が先頃同船帰朝した一海軍将校の如きは、ドイツにおって暫らく火薬を研究し、二、三週間米国を通過して帰朝の途にありとのことだったが、ある公開の席上で「米国において は日米親善などという文字を信ずるものは一人もあるまい」とて、米国人が日本に対して備えていることを語っていた。雨後の筍《たけのこ》のように出る日米戦争に関する出版物がまた、米国の戦意について語るものであるのは無論である。

しかし私はさように信じ得ない。米国における日米戦争論は、多く日本における対米戦争論の反映にすぎず、これを利用してハーストの如き軍備拡張論者が自己の道具に使っているのであると思う。この点において私は米国における殆《ほと》んど唯一の日本代弁者であり、日本の立場を米国人に知らしむるために努力している有名なる英文家河上清氏の*説と見《けん》を同うする。即ち同氏は最近帰朝して『報知新聞』紙上にその意見を発表して曰く、(一)

「米国を旅行して公私各方面の米人に接触し、かつ新聞、雑誌などを通じて米国の輿論を知りたる日本人は、異口同音に余輩に語って曰く「米国に来て最も驚いたのは、対日感情及び態度の案外冷静なことである。故国におった時は、米国は今にも宣戦を布告するのではないかと思われた時もあった。少くとも米国の各方面に排日気分が漲《みな》ぎって新聞、雑誌などは挑戦的態度をあおっているものと思った。ところが米国に来て見ると、そんな様子は少しも見えぬ。米人は個人として我々に親切であるのみならず、輿論の趨勢《すうせい》を見ても挑戦的気分などはどこにもない。これは我々の最も意外にかつ愉快に感ずるところである」と。右の観察は一般旅行者の観察である。皮相といえば皮相かも知れぬが少くとも米国に好戦的気分の絶無なことだけは事実である。」

といって「余輩は米国に挑戦的気分なしと断言す」と述べた。*出淵《でぶち》大使も同じ意見を述べている。

戦意あり、戦意なしという如きは、要するに認識の問題である。ある米国銀行の支店がビルヂングの写真をとったことを以て、米国を間諜視《かんちょうし》するのは、われらから見れば一等国としては気恥かしいような神経過敏さであると思うが、しかしわれらはかく信ずるものの認識を如何《いかん》ともすることが出来ず、またこの人々に取ってはそれが米国の戦意を語る有力な証拠となるのである。

しかしわれらはそれと見《けん》を異《こと》にする。われらは米国という雑多的な人種が住む大陸国を、日本流の国家主義的眼光で見ることすらが、結論に狂いを来《き》たすものだと心得ている。この事については米国の国民性と事情に通ずるものならば、殆《ほと》んど例外なく同感するだろうと思う。そして日本外務省は従来卑怯にして、こうしたことについて何ら国交改善の手段も方法もとらないけれども、しかしこの事を心得ていると思うのは、現に『東京日日新聞』(昭和七年九月二十八日)は「駐米大使後任の人選外交畑に限定せず」との大標題《おおみだし》の下《もと》に外務省の意見を伝えて

「即ち外務当局の観察によれば米国政府首脳部の最近における有力意見を綜合すると下の如きものがある。(一)米国は極東方面において特にその生存上緊要なる重大利益を有するものでない。従って自から挑発して日本と事を構えんとする如き意図は毫《ごう》も有しない(中略)(二)日米国交を最悪の事態に導くが如きことは米国の努めて避けんと心掛つつあるところであり、日米開戦の如きは米国のかつて予想せぬところである」(下略)

といっている。常にジンゴイスチック*であり、対外的に国民の感情を刺激することなら何でも大々的に取あげる『東京日日』紙の記事なるが故に一層興味がある。

四　米国海軍と戦争

もしアメリカの国民が、日本に対して戦意がないならば、なぜ五月のハワイ演習に集めた大西洋艦隊をそのまま、太平洋においているかという疑問が当然起るであろう。しかしここで注意したいのは米国民が全体として対日戦意がないというのは、米国海軍が日本に対して備えないということではない。米国海軍が日本に備えた例は、前章「日米関係の回顧」でも指摘した通りである。海軍はその職業上、全然異なった対日意識を有している。

この問題については、私は再び河上清氏の説を引照したいと思う。同氏はいう——「余輩の見るところでは、この暫行《ざんこう》的施設(大西洋艦隊を太平洋におく事)は日本における対米言論の反映であるまいかと思われる。「宿命の日米戦争」「日米戦争避け得べきや」「米国怖るるに足らず」などの文句は近頃日本の文壇並びに言論界を賑《にぎ》わしている。一葉落ちて天下の秋を知るものならば、米国の海軍としては如上《じょじょう》の事実を無視する訳《わけ》にゆかぬと考えたであろう、軍人心理は何《いず》れの国でも同様である。戦争はやらぬ、戦争はないと信じていても最悪の場合を想像して最も安全なる予防策を講ずるのは、軍人として当然とるべき道であろう。米国大西洋艦隊がしばらく

太平洋に遺っているのは、軍人通有性の働きかけであると解釈する」(二)

この河上氏の解釈は、原則として米国を知る公平なる論者の同感を惜《おし》みえないところだと思う。米国海軍の太平洋に止まっていることを呼号するわれらは、それ以前に日本に沸き立っている日米戦争論の声を顧《かえり》みることを忘れてはならぬ。世界如何《いか》なる国において、現在日本におけるような戦争論が流行を極めているところがあろうか。国家を賭《と》し、何十万の生命を犠牲にするところの真剣なる戦争を、まるでスポーツのような気持で論じ、叫び、興味を以て見ているではないか。

これに対して外国が備えないわけはない。特に最近日本を訪問した米人はことごとく恐日論者になって帰るのが常である。かのハースト系の出身なる記者フロイド・ギボンスの如きも、満洲、上海及び日本から帰って直ちに日本の恐るべき事、ハワイの防備をなさざるべからざる事を叫び、遂に上院委員会を開会して、これを研究調査するまでに到らしめたのは前にも述べた通りだ。日本の著書と新聞記事は直ちに米国の新聞によって反訳される。それが米国民の警戒心を起す。そうするとそれがまた日本に響く。

こうした因果の関係が、国交に害を及ぼし、相互的である軍備及び軍部の行動に影響を及ぼすのはあまりに当然である。私は河上氏の如くに米国海軍が「戦争はやらぬ、戦争はないと思っている」と思わない。米国海軍の軍人心理からは戦争はあると考えているであろう。ただしかしこれはやや受身の感があり、また米国海軍が大統領という文官を総司令官にいただいている関係から、海軍自から大事を起すことはあり得まいと信ずるまでである。

五　不戦条約と米国

第三に私が日米戦争なしと信ずる理由は、アメリカが不戦条約の主唱者であり、重要な会員だからである。普通、ケロッグ・パリ協定で知られているところのこの不戦条約は左の通りの内容を有している。

第一条　締約国は国際紛争解決のため戦争に訴うることを非とし、かつその相互関係において国家の政策の手段としての戦争を放棄することをその各自の人民の名において厳粛に宣言す。

第二条　締約国は相互間に起ることあるべき一切《いっさい》の紛争または紛議はその性質または起因の如何《いかん》を問わず平和的手段に依るの外《ほか》、これが処理または解決を求めざることを約す。

アメリカが現在日本に対して、種々なる干渉を試みているのは、主に日本がこの条項に違反しているのではないかという点からである。即ち米国はこの条約の締結責任者として異常な熱意をこれに対して持っていると見て差支えない。

しかも米国が、もし日米間に横たわる問題に対して「平和的手段による」以外の何らかの手段に出《い》でたとすれば、それは自からこの条約を破ったことになるわけである。もっとも不戦条約の締約国といえども、「自衛権」は認められる。敵から攻撃された場合に、これを防禦することは元より条約内の行動である。しかし自衛行動が終った後の行動については「平和的手段によるの外これが処理または解決を求めざることを約」している。

アメリカが東洋の問題に対して「平和的手段」以外の行動に出るような自衛権があるわけはない。もし第一の場合に自衛的行動に出ねばならぬような事態が起ったとしても、また再び不戦条約の埒内《らちない》に戻らざるを得ない。そして私はアメリカの国民はこの条約に対して、少なくともこれだけの熱意と冷静さがあると信ずるのである。

第四にアメリカが戦わざる理由として、宣戦の権が議会にある事実と、海軍の総司令官が大統領にある事実をあげねばならぬ。これについては本書の他の項に詳しく論じてある。即ち米国においては一等国との戦争が議会の承認なくして絶対に行われざる事実と、そして自由論議を特徴とする米国議会が、これににわかに賛意を与うることなかるべき事実は世界大戦当時の事情によっても明白だ。議会の討論に日を経《ふ》れば戦争熱はまますます冷却する。これに加えて米国海軍が大統領の命令なくして出動するを得ないことは、米国の戦争熱を冷やし、中止せしめるに効果がある。

この頃になると米国の新聞が、自由評論をなすのは明らかだ。国論一致の標語のもとに全く同一筆法を振い、国民もまたこれを要求するのはソヴェト・ロシアかイタリーのような国柄であって、米国において種々な論調のあるのは満洲問題、対日経済封鎖論等《とう》の際に起った帰一なき輿論に見ても分る。これがまた戦争を避けしめる働きをなすであろう。

六　不決戦の日米戦

第六に私が日米戦争がないであろうことを信ずる理由は、日米戦争の勝敗について、両国の当局者ともに断然たる自信なく、また戦争は必然に持久戦になると信じているからである。

フォッシュ将軍は世界大戦の際に「不知が戦争における支配的状態である」(Unknown is the governing condition in war)といったが、日米戦争を論ずるもので、その結果について断言するものは全くないといってもいい。日本海軍は無論始めにヒリッピンとグアムは奪取するであろうがそれ以後はどうなるかを明言するものはない。

る。これを世界の海軍的権威者に聞いてみても、その結果は何《いず》れも不決定戦だといっている。たとえば“Pacific: Forecast,” by Tiltmann & Etherton でも“Naval Strategy,” by Richimond でも“The Real Navy,” by Kenworthy でも、また“Sea Power on the Pacific,” by Bywater でもことごとく、然《しか》りであって、いずれもが武力による太平洋戦争の決不決を結論しないのである。

すでに米国の十割艦隊は日本に近づくことが出来ず、さらばとて日本の六割艦隊がまた米国のホーム・ウォーターにおいて米艦隊を撃破しうる保証なく、従って多くの専門家が一致するように、日米戦争に大会戦が行わるる機会がないとすれば、それは必然に持久戦とならざるを得ない。

この場合、クラウゼウィッチ*がいうように「全面的戦争が長ければ長いほど、すべては正常なる順序に戦われ、すべての種類の卓越と完成が発揮されねばならぬ」こととなるのである。即ち奇勝と、奇計と、戦略は到底その妙味を発揮しえないこととなる。

持久戦は経済戦を意味する。経済的能力のある方が、戦争にたえる力がある。日本も米国も太平洋を全く遮断されても、国民はどうにか食《く》って行くであろう。米国は貿易額の一割五分を失ない(支那、比島等へのものも含む)、日本は五割近くを失なうが、しかしいずれもなお生存に差し支えないであろう。ただ困ることは、いつまでたっても勝敗の決が明らかにならぬことである。

かりに日本が米国艦隊を撃破して、ヒリッピンと布哇《ハワイ》とグアムとアラスカとアリュシァン島を手に入れたとしよう。しかしこれだけで米国を屈せしむるにはたらぬ。更にパナマ運河を占領し米国の太平洋沿岸を奪い、あるいは進んでワシントン及び紐育《ニューヨーク》を占領して城下の盟《ちかい》をなさしむるの外《ほか》はない。これがためには日本は実に強大な海軍力を準備せねばならね。なぜなら米国はその艦隊が全滅しても直ちにその建直しに準備すべく、世界大戦の際、約一千億弗《ドル》の戦費を費やし、八千トン、一万トンの船舶を僅かに三十日で完成しまた陸軍は一九一四年六月二十五日、その先発としてサンナゼールに送ってから、一ヶ年半を出《い》でざるに兵力総計四百二十七万二千五百名を欧洲戦場に送った経験に顧《かえり》みて、新たに大規模の軍備を整うると見ねばならぬからである。この場合、日本はこれに対抗するためには米国の二倍の海軍力と少なくとも五百万の陸軍を用意してかからねばならず、この遠征軍に伴う輸送船隊、特務機関等も備えねばならぬ。談、あに容易ならんやである。かくて日本の力が、未《いま》だ以て米国を徹底的に屈せしめることは困難だというのが専門家の意見である。

一方また米国とても同じである。日本の制海権の及ぶところ、米国はこれを如何《いかん》ともすることが出来ぬ。自然は日本という島国に無二の天険を与えている。しかしかりに米国が日本のホーム・ウォーターにおいて日本艦隊を全滅させたと想像するか。米国はその後でどうすることが出来るか、アメリカが日本を屈せしむるためには同じく何百万の陸兵を日本に上陸せしめねばならぬ。それには船舶と特務機関が要《い》るのは日本の遠征の場合と同じである。さてかりにこれに巨大な人命の犠牲を払って上陸せしめたとしても、二百五十万の強力なる日本陸兵を紛砕することが可能であるか。かかることを知るのに小学生を待たないのである。

更にこの戦争が、かりに即戦即決主義で戦われるにしても――そして日本が無論この主義をとるであろうことは疑われないが、それでも戦争は一部で想像するように短期に済《ま》まないのは極めて明白だ。敗けた方が和を乞わない以上は、戦争状態は嫌が応でも継続するのである。即ち決戦後でも、戦争を惹起した原因と、対峙した理由とは少しも失なわれず、問題は少しも解決されない。いわんや世界大戦の実例によるも戦争は拡大される傾きあるをや。

日米両国の陸軍専門家にして、この事実を諒解しないものはない。故に私の諒解するところでは、海軍の幹部では対手《あいて》が攻撃する場合には、元よりこれに応ずるが、しかし進んで自己の責任において戦わんとするものはない。現に私がワシントンで関知したところでは米国海軍の軍令部長プラット将軍の如きは、スチムソンの対日政策をすらも危険なりとして反対しているとのことで、政治家肌の同将軍として肯《うなず》かるる節《ふし》がある。(昭和七年九月三十日付夕刊『東京朝日』がこれを伝えている)。海軍の末梢及び一部の好戦論者が騒いでいるにかかわらず、結局戦争なしと観ずる一つの理由はここにある。

第七に日米両国の距離が遠くて、衝突の機会が比較的に少ないことが、戦争のない理由になりうる。これが国境を接していれば、かく悪化した国民の感情が勃発する危険はフンダンにありうるけれども、四千マイルの海洋が最後的衝突を避ける効用を有すると思う。

七　両国民を信ず

しかし以上より、もっと大きな日本とアメリカの間に戦争がないと信ずる理由は、日本とアメリカの国民は――少なくともその中堅は、両国の間の問題を干戈《かんか》に訴えるほど愚かでないと信ずるからである。

現在、日米間に介在する問題で戦争によって解決する問題は一つもない。いいかえれば戦争の手段によらねば解決しないような問題は一つもないといってもいい。たとえば今のところ、日米両国間に癌《がん》として横たわるものは、移民問題と支那問題である。移民問題についても、米国の態度は甚だ不可であって、無用に日本の神経を刺激し、日本の敵愾心《てきがいしん》を煽《あお》ったのは全く米国の罪である。しかしながらこれが、どれだけ遺憾《いかん》なる事実であっても、戦争によって解決すると思うものはあるまい。日本が戦争に勝っても、既に組織された社会の反対を冒して個々の労働者を送ることは困難であり、これはまた日本の好まざるところであろう。故に戦争の結果、たとえばアラスカのような領土をとることは別として、戦争を以て移民問題を解決することは不可能である。

いな、戦争は移民問題を破壊する。現在日本において諸種の出版物によって日米戦争が唱導される結果はアメリカ在住三十万(布哇もふくむ)の邦人は、不安の念に駆られ、極めて浮足になっており、今や帰国者続々相つぎまた事業に身が入らず、折角《せっかく》の土台が崩壊せんとしつつある。もし日米戦争まででなくとも、一小衝突でも起ることあらば、在米邦人の基礎は徹底的な動揺を見るであろう。

支那問題については、前述したように米国がこのために戦うような意志は見られない。また日米の経済的衝突といったところで、満洲において米国の投資、貿易の如きは、殆《ほと》んど数うるにたらず、衝突するような権益はないのである。(三) かのフォードやゼネラル・モーター、石油会社の進出をいって「資本主義の衝突」を説くものは、何としてもここに結びつけねば議論の出来ない公式論者のことである。

しかし、仮《か》りにこれによって戦争がありとするか。戦争は何を解決するであろうか。

日米戦争は米国の経済的機関を全部破壊するわけにはゆかない。米国に資本と機関があらばその経済的進出は必須である。日本の兵力は資本と商品の流出を防止することは不可能である。従って戦争の終った翌日から、次ぎの戦争の準備は継続されるのであって、戦争の目的はついに達する機会はない。

戦争によって解決される問題は全くないに対して、これから起る危険は非常に多い。戦争の悲惨である事――例えば日本が飛行機爆弾の標的となって、日本の如き木造家屋を有する国が最も危険に曝《さら》されること、貿易の大部分的杜絶《とぜつ》により、衣食住の欠乏から来る窮迫、生産者の出征による生産の減少、等については、暫《しば》らくこれを不問に附するとしよう。国内的に予見しうる危険は社会不安から起る○○〔革命〕である。

戦争が長びけば如何《いか》なることが勃発しうるか。ニヤリング氏はいう――

「かれら(国民)は一時は、かれらがいわれる通りに行動する。もし戦争が長びけば、そしてもしかれらの生活と戦争の状態が悪ければ、かれらは反乱的、反抗的になるのである。一八七一年のパリ・コンミュンからの総べての重要な○○〔結末〕は直接に敗戦か、然らざれば戦争による異常の損害に原因している。この意味で戦争は○○〔革命〕状態の最も有力な原因である(四)」

左翼主義者は恐らくは戦争に対し両端の間に迷っているであろう。戦争によって最も犠牲と惨禍を蒙《こうむ》るものはプロレタリア階級である。故に同じクラスのためにこれに反対せねばならぬ。しかしながら支配階級が滅亡し、〇〇〇〇〇〔社会を変革〕して自己の社会を齎《もた》らすための早道としては〇〇〇〇〇〔革命を実現さ〕せねばならぬ。

それは何《いず》れにしても、戦争という勝敗が不知(Unknown)のもののために、国力を消費しつくし、国内の〇〇〇〇〇〔混乱を来し〕、しかも何ら問題が解決しないというのである以上は、これが戦争論者の目がけるものでないことは明らかである。そして日米両国の中堅が、この底なき深淵に盲進するであろうとは、私の信じ得ざる——少なくとも信ずるを欲せざるところである。〔〇〇は伏字につき、推定文字を付した——編者〕

八　私の立場

ここまで書いて来て、私は私の立場を明らかにする必要のあるのを感ずる。

私の文に従われるの忍耐を有した読者が容易に発見されたであろうように、私はその哲学において宿命論者《デターミニスト》ではない。私は戦争というものが太陽の廻るが如く廻って、人力を以て避け得ざる自然法の一つだとは信じない。資本主義が戦争の危機を齎《もた》らすことは疑いもない事実だけれども戦争は世の始まるとともに始まり、資本主義などが跡かたもない頃から頻々と、そして恐らくは今よりも遥かに頻繁に行われた現象である。故に戦争を資本主義とのみ結びつけることは正当でない。

私はまた戦争は人間本来の天性——即ち人間は生れながら闘争的性質あり、これが必然に戦争に導くのだという説を信じない。人間はなるほど争闘的性質を有する。しかしそれは戦わんがために戦うに非《あら》ずして、かれが戦う場合には何らかの目的がある。たとえばそれは家族乃至《ないし》は財産に対する保護とか、侮辱あるいは損害に対する返報を目的にするものであって、それは本能的慾望もしくは人生の必要に対する希願の現われである。それ自身が目的ではない。

あるいはまた戦争は、一国の国民が他国の不正不義の行動に怒り、現在の危険乃至は侮辱を逃れるためにとる手段であって、終局的の目的は平和であるにしても、現在戦わんとする力は、平和の希望よりも、強いと説く者がある。しかし戦争は必ずしも目前の危険を取り去るために起るものばかりではない。そこには侵略的な戦争もあれば、また日米戦争のような場合には、一国が他国に対し実害を与えたというよりも、寧ろ将来実害を与うるであろうことの恐怖から戦争行為に訴うると見るべきである。そして国民をしてこの行動に出でしめるためには、相方とも、宣伝によって他方の邪悪なることを国民の頭に注入するのである。従って国民が戦争の声に応ずるのは敵に対してでなくて、寧ろ国内の宣伝の唱導するところに応ずることが歴史的事実である。

私は戦争が制度の産物だという議論は正しいと思う。個人は平和を欲するけれども、社会は競争的国民団体の基礎の上に立ち、それが相争わしめるのである。即ちわれらは、戦争のインスチチューションの犠牲になっていると見るべきである。それはニアリングが近著『戦争』で論じたように(五)にまたモリソンがその著でいったように(六)「戦争機関は戦時と平和とにおいて、一つの根本的な社会制度として働いている」のだ。

しかしここまで来て、われらの立場は、唯物史観論者から分れる。われらはこの制度と作用が人力の如何ともすべからざるものであって、外部から働きかける一種の自然法だという風に解さない。われらはまた社会に最高の力があって、それが国民をして戦わざるを得ざらしめるものだとは考えない。近代の軍国国家は、要するに国際的係争を解決するのに、武力を以て具とせんとする個人の意志の現われにすぎない。従って個人の心の持ち方が変る時に、この制度も直ちに変更されるものだと私は考えている。

換言すれば戦争は人力の如何ともすべからざる外的自然力でなくて、現代の組織においても国民の意志と、心の持ち方によって避けうるものだというのである。種々の衝突はあるけれども、それが必然的に武力による戦争に結果するというのは論理の飛躍であって、すでに戦争に到るまでの種々なる事件が人智に明らかなる以上は、これに対して解決、予防、あるいは流れを他に変更することは元より可能でなくてはならぬ。もし戦争が避け得るものでないというならば、それは現代の資本主義制度の下《もと》に避け得ないばかりでなく、共産主義制度の下においても、なお国際心なき各国民の心理状態を以てしては至難である。（七）この点について、今詳しく説く暇はないが、ただ私はバートランド・ラッセルの流れを汲むものである一事をいっておこう。（ソヴェト・ロシアがジョージアにとった態度その他については今述べる余裕を有しない。）

私は前記のような――すでに本書のページ数も大分超過して簡単ならざるを得ないが――立場から、戦争の宿命と不可避を説く左右両翼の議論に同じない。研究論議する前から、すでに一個の目的を有し、途中の道程《プロセス》を簡単に片づけて、気早く結論に急ぐ人々の戦争宿命論については、その立場は諒解するが、それは極めて非科学的な空想ですらもあると私は考えている。現代の社会科学は「かかる事は必らず起るべし」と断言しうるほど進歩しておらない。私は日米両国間に戦争が宿命であるほどな事態の存在を考うることが出来ないのである。

九　戦争が起り得る場合

アメリカは日本と戦わず、日米戦争はないと思うけれども、しかし始めに断ったようにこれには元より除外例がありうる。然らば如何《いか》なる時に戦争がありうるか。

第一には両国の国民の感情が、非常に尖っている時に、何か大きな事件が勃発する場合である。たとえば米西戦争《べいせいせんそう》はハヴァナ港で、米国軍艦メーン号が爆破したのを動機に起った。原因は全く不明であった。(八)しかも米国の感情は新聞の煽動《せんどう》によって熟しておったが故に、ここに開戦の宣告を見たのである。

最近、日米間にこの危機が一回あったと思う。それは本年二、三月に亘《わた》る上海事件の際である。前に書いたように米国全土の対日感情は、その時最悪に達し、日本大使館、日本総領事館、日本字新聞等《など》に手紙、電話が雨のように降って来たのである。われらは当時紐育《ニューヨーク》にあって、地下鉄道その他で、憎々しげにわれらを睨《にら》むいくつもの眼《め》に打突《ぶっ》かったのを、今でも忘れないでいる。

もしこの時に上海において、日米の軍人でも衝突するか、あるいは両者の衝突により軍艦でも撃沈するような事件が突発した場合には――あるいは紐育と東京のいずれかで暴動でも起って甚大の被害を一国が受けた場合には、果して戦争なくしてやむであろうかを私は心ひそかに憂えていた。両国の神経が極度に昂奮している時、なにかの小さい事件が戦争に導くのはあまりに明らかな歴史的事実である。米国国務長官スチムソンが、その時、日米戦争の勃発を覚悟したというではないか。(九)

しかし私は現在、かりに何らか飛び離れた事件が起っても、日米両国が戦争に赴《おもむ》くと思わない。満洲問題、上海問題で行き過ぎを感じた米国の輿論には、今、その反動を見つつある。最近の『カレント・ヒストリー』誌(九月号)にはヒースという貿易商が「放置すれば黒焦《くろこ》げとなって役に立たぬ支那を、日本がやけども厭《いと》わず、膺懲《ようちょう》した事に対して列国は感謝こそすれ、つべこべいう筋《すじ》ではない。(中略)昨年の――戦雲が集積するよりも数ヶ月前、私は支那を旅行中だったが、上海にある英国軍隊情報部附の一大尉が私に語って満洲に事変が間もなく起り、日本は「財産保護」を名《な》として行動するだろうといった。これを以て見れば英国政府及び疑いもなく我が政府も日本の意図を前以て知っていたことになる。当時何らの抗議も出なかった所を見ると英米両国政府は、来らんとする事態を黙認し日本の行動によって来る利益を喜んで受ける積《つ》もりであった事は憶測に難《かた》くない」と論じ、日本人自身でもいえないほどの日本弁護を試み、また『紐育イヴニング・ポスト』の如きも「日本と米国とが商議なり会議なりによって相互の理解に到達するということはますます重要になって来る」といい、(本年〔昭和七年〕八月三十一日づけ同紙社説)その他あげれば数限りもない。自省のあるところに戦争はない。

第二に日米戦争の起りうる場合は、アメリカと日本のもしくはその内の一国の行政、立法の機関が、完全に戦争を欲するグルップの手に落ちた場合である。戦争は国民の心理状態であるから政府機関を手に入れたこのグループは、必らず宣伝をして、大々的に敵愾心を煽《あお》るであろう。新聞と、学校と、団体と、公共機関は無論戦争を国民に売る役目を引き受くるであろう。

　この場合このグループは、国民の感情的怒濤にのって、容易にその平素抱懐する主義によって戦争に赴くことが出来るわけで、事ここに至れば、開戦の理由の如きは、海辺に小石を拾う如くに容易である。石井子《し》が「日米戦争は米国が東洋を攻めるか、日本が米大陸をせめるかの場合にのみ起る」という意味の可能性が、この場合に起りうるであろう。

下、日米関係を如何にするか

一　戦争は宿命にあらず

如何《いか》なる戦争論者でも、今のところ戦争そのものを喜び、歓迎し、弁護するものはない。戦争論をけしかけながらも「日米両国の戦争はひとり日米両国の蒙《こうむ》る災厄《さいやく》を意味するばかりでなく、まかりまちがえば世界全体の蒙る災厄を意味するのだ」(一〇)とだけはいわねばならぬ義理合となっている。つまりそれは、必要なる罪悪《イブイル》だというのである。戦争が本質的に賞讃すべきものだというならば根本的の見解の相違で、議論は根源に遡《さか》のぼらねばならぬが、戦争は災厄で避けた方がいいものだというならば、話しはよほどしよくなる。問題は、どうして避けるか、また果して避けられるかに帰するのである。

私は前項に戦争は自然力ではなく、従って人智によってこれを避けうるものであると信ずる旨《むね》を書いた。こう信ずる理由は、私は「国家」というものが、超個人の存在として外国と交渉し、打当り、行動するものでないと信ずることから出発している。即ち「国家」自身が外国と条約を署名したり、外交政策を決めたり、債権を取りたてたり、戦争をしたり、平和にしたりするものでない。国家を一つの人格的存在とみるのは単に法律的な観方で、実際としては一個人が「国家の名において」なすのである。国家は個人の上に働き、その態度を絶対的に決定する秘密の力ではない。

同じ「国家」だがザー〔ツァー〕の国家とソヴェト国家とは雲泥の相違がある。保守党政府の時代の「英国家」は仏国との国交が危険であったのが、労働党内閣になって相緩和するのである。同じ「国家」の発動ながら、田中外交の山東出兵と、幣原《しではら》外交とは天地の相違がある。「米国」と一口にいったところが、ローズベルトとウィルソンとスチムソンとヒューズとは決して同じではない。

つまり一国のリーダーシップが、その政策を変更しうるのである。それはまた現代の政体においては、国民がこれを変えうることを意味する。これを宿命視するのは、自分が持っている櫂《かい》を使用せずして、ボートの流れを宿命と観ずると同じだ。

二　アラスカを日本に譲れ

そこで日米戦争についてはどうするかだが、第一には無論米国の対日態度の変更を希望せざるをえない。

アメリカは過去において、無用に日本の神経を刺戟して来た。前から述べたように、日本の発展の前に立ちふさがっているのは米国だという印象は、日本の朝野が深くいだくところである。しかもこれらの政策を行うのに、米国は毫末《ごうまつ》も他国の感情を顧慮しなかったのである。日本が移民問題において、いつでも米国と協力する用意があったにかかわらず、米国は一方意志によって他国の面目と感情を蹂躙《じゅうりん》した。

この日本の面目を蹂躙した時は、同じ米国はまた一方において支那に対する日本の行動に対して、口やかましく抗議を唱え、またワシントン会議において日本の海軍主力艦を六割にした時である。かくの如くして日本が、米国に対して深甚《しんじん》な不満を感ずるのはあまりに当然ではないか。

日本の対外的膨脹に対し総《あら》ゆる制肘《せいちゅう》を加えた米国は、日本が有する問題について何らか解決策を考えたことがあるか。元より日本はその有する自国の問題について、他国を煩《わずら》わすほど他力的ではない。しかしながら日本の悩む人口問題、原料問題、産業問題を知りながら、しかもその流れ出《い》ずる河口を止めんとする以上は、当然、これに代わる解決策を提示するのはその義務ではないか。

もし米国が真に世界の平和を想い、支那の安寧を念じ、これがため日本の進出を押えんとするならば、米国はいささか自からを犠牲にすることによって世界の平和を持ち来たすことが出来るのである。それは自国の領土アラスカを日本に与うることである。日本本土の四倍あるこの米国の領土は、人口五万八千七百人にたらず、この内米人は二万八千しかなく十ヶ年の増加は六分八厘にしか当らない。日本は米国がこれをロシアから買いとった時の値《ね》と——米国は金《きん》の発掘によって、それ以上よほど儲けているけれども、日本の寛大はこれをなすであろう——それからこの米人の有する財産と処分に対しては、望みに応じて交渉して支払うであろう。

米国はその国内の土地を持て余している。今度の経済恐慌によって、その耕作し得べき土地の何百分の一の利用すらが、生産過剰に陥るのを発見したはずである。いわんや米国は前に移民の流入を禁止する政策をとり、出産率も日本ほど甚《はなは》だしからず、原料もアラスカに頼るものがないというのであれば、米国がアラスカを保有せねばならぬ理由は全くないといっていい。

世界の平和と、人類の幸福を念とするというアメリカは何故《なぜ》、日本にアラスカを譲渡することが出来ないか。もしまた仮りにアラスカを譲渡することは不可能だというわれらには到底諒解することの出来ない理由がありとすれば、まだ他にも方法はある。アメリカの一部の学者が提唱しているように南太平洋における島嶼《とうしょ》(一二)――たとえば、ボルネオ島、ニューギニア島あたりを日本に譲渡するように斡旋《あっせん》し、アレーンジする如きがそれである。これは決して不可能なことではないのである。

誤解してはいけない。われらは今、アメリカに哀《あわれみ》を乞うているのではない。国内の私有財産制度も、行詰りを感じて転換期にある時に、国際的にも不用なる領土を擁して死蔵する国家は、その国内政治にヴァイタルな関係を有さないものは、まず世界に投げ出してこれを処分するのが当然である。そしてこれは米国には可能なのである。世界の平和を説き、その指導者を以て任ずる米国は、これだけの義務がある。

かく解決法を講じて、日本がなお侵略――かれらの解釈によるところの――を捨てないならばその場合始めて米国は日本を鞭うつ権利があるのである。いずれにしても日本の神経を徒《いたず》らに刺激した罪は、米国これを負わざるべからず、特に一本気の正直さからとはいえ、スチムソン氏の手紙書き外交の如きは、甚だ拙なる刺激外交である。われらは米国が根本的にはその対日政策を変更すると同時に、技術的には日本国民の神経をいらだたしむる如き外交の中止を、世界平和の名において要望するのである。

三　日本のとるべき政策

一方、日本に対する希望は何か。

日本は元より生存する権利がある。日本は生きるために何人《なんぴと》に対しても弁解する必要はない。若い木の芽《こめ》が陽《ひ》の光《ひか》りと、空隙《くうげき》に向うように、若い日本は延び得る方面にのびて少しも差支えないはずである。

ただここに一応注意すべきことは、日本はその行動について自己の利益において善処せねばならぬことである。世界が、認識不足と錯誤との上に、現状維持論をきずいて、この要塞から日本を圧迫せんとする場合に、日本が敢然と戦うことは、元より毫末も非議を加うべきではない。しかし百パセントこれを認めて、しかもなお問題になることは、日本の行動が最終的に日本の利益になるや如何《いかん》の考慮である。

日本の行動が経済的に利益であるか。日本の行動はまた政治的に、社会的に、国際的に利益であるか。それは国利民福を招致するか。日本の孤立は最終的に日本に利益を齎《もたら》すか、それとも損害であるか。日本は如何《いか》にすることが、百年の将来のために幸福であるか——即ち日本の行動の自由を認めた後で、これらのことは絶対に念頭を去るべからざるものである。

われらは今、満洲問題を前にしている。満洲問題は fait accompli〔既定事実〕である。リアリストにとっては、それは生るべき充分な理由があって生れたのであって、昔しに遡《さか》のぼる必要はない。この事実を前にして、今後如何《いか》にするかが重大な問題である。満洲問題の故に、支那が一層日本に離れたのは事実であるし、国際関係において日本が孤立したのも隠すにはあまりに顕著な事実である。そして如何なる論者といえども、なろうことなら国際関係も、支那関係も円満にすることに異議はないであろう。

そこでここに二つの策がある。

一つは日本は南支那において、出来るだけ支那と列国とに協調を計るべきである。すでに日本の生命線といわれる満洲国を承認した以上は、今後は内部的に健全な生長を待つばかりであって一応外部関係の問題は落着したはずである。故に今後は、前の療治をした際、各方面に影響した瘡《きず》の跡始末《あとしまつ》をする段取《だんどり》となった。このためには充分支那に譲るべきは譲って、協調するがいいと思う。機を見て治外法権を支那に返すのもいいだろうし、専管居留地を明け渡すのも差し支えない。日本は出来るだけ支那に対する誠意を示すべきである。

一方、日本国民も支那に対して皮肉に嘲《あざわら》うような態度をやめたいと思う。南京《ナンキン》に要人がいなくなると「支那正体を暴露す」といい、あるいはまた何か議論をすると直ちに「生意気なり――」というような新聞の調子が常に現れていると、日支の心からの提携は到底困難である。なぜ嘲う代りに同情を示さないか。なぜ叱咤《しった》する代りに、抱いてやるような兄弟の情が起きないか。それは極めて少数の人々が注意することにより容易に実現し、しかも効果の多いことである。

第二には満洲において、将来、外国人に対して出来るだけ寛量なる態度をとることである。満洲は産業的に開発されねばならぬ途上にあるから、ソヴェト・ロシアがその技術家を米国、英国、ドイツ、日本から招いたように、外国、殊《こと》に米国辺から招くべく(早速の事に大農組織のため農業技術家などは必要ではなかろうか)、また一方、投資を歓迎すべきである。日本内地の産業が膨脹を欲している時に、これには困難も伴うが、計画経済の下において、可能でありうる。

かくする時には、満洲国承認論はこの人々から母国である米国において起りうるのである。そしてこれは何よりも有力である。

最近の新京の電報は、満洲国は新外交政策として、各国に対し通牒を発し、五、六ヶ月の期限を附して、もしその間に満洲国を認めなければ、その国が満洲国に興味と好意を有せざるものと認めて権利を認めないとの方策に出るとあった。しかし私は、こうした強硬政策に与《くみ》しない。私有財産の没収などは出来るものでもなし、それが国家の権益を意味するのなら、影響のあるのはソヴェト・ロシアだけである。米国の如きは全然といってもいいほど影響はない。

満洲国は日本の承認を得た立派な国家である。今後は実績を以て世界にその存在を示すのみであって、性急である必要はない。また一等国としては強硬外交にはおびえないであろう。

かくの如く南方において支那と融和し、北方において列国中特に米国と融和すれば——いずれも非常な忍耐を要するが——国際関係が漸次復旧すべきは明らかである。

四　日米間に常設機関

最後に日米関係はどうするか。

私は日米戦争はないだろうといった。またないと信じている。しかし遠い将来のことは、それまでに日米両国の中堅の輿論が、相諒解し、何らかの機関によって係争を解決するであろうことを信じての話しである。

私はロンドン会議の時に、日米両国間に不戦条約乃至《ないし》は不侵協定のようなものを作るべしと主張し、全権にも説き、当時雑誌にも発表した。（一二）私の意はかくすることにより、安全感なき両国の国民に道徳的な安心を与うることが出来ると考えたのである。

詳しいことは項を改めるより外はないが、私は現在なおそうしたものの必要を感じている。そしてそれに附属して常設的な機関を造るべきだと思う。日本と米国との間には、黴《かび》の生《は》えた仲裁条約より外《ほか》は何もない。四ヶ国条約は太平洋島嶼《とうしょ》に関すること、九ヶ国条約は支那に関することである。両国の間において重大なる問題が起きた場合に、これを隔意なく討議する機関は今のところまだない。

それと同時に、日米両国政府はその機関なり、あるいは新設さるべき機関なりによって対手国《あいてこく》の事情を紹介することに努力すべきである。たとえば日本の外務省は、ただ外交事務に没頭して、外交をなすに必須である国際心——外交及び対手国に関する知識を少しも国民に知らすことにつとめない。これらのことは他の省に委《まか》しておくのである。かくの如くにして如何にして大衆を率いることが出来ようか。もし近来、外務省がその為《な》さんとすることをなし得ず、形影相弔《けいえい》うところの惨《みじ》めな存在であるとすれば、それは外務省自身の怠慢の罪に外《ほか》ならないのである。

故に予は日米両国の間に会議制度による会議体を条件とする平和条約を締結せんことを望まざるを得ない。その会議体は四ヶ国条約を拡張することによって設けてもいいけれども、しかし特別なる新条約を両国の間に結ぶか、乃至は両国の名によって共同宣言が発せられねばならぬ。なぜなら多数国を締約国とする条約は、その国民の安全感を起す効果が比較的に稀薄になるからである。かくして純粋の法律問題はヘーグの裁判所に委ね、政治問題はこの機関——共同会議の方法によって急速に協議研究をなす機関を設け、一面、その政治的妥協の一部門として健全なる輿論の開拓につとむる必要があると信ずる。元よりこれは即効薬ではないけれども、七千万の国民と、一億二千万の国民の間の諒解は一日にしてなるものではない。いわんや説くところの戦争はこの解決を更に無限に延引せしめるものなるをや。

日本とアメリカは好むと好まざるとにかかわらず、海を隔てて端坐《たんざ》している。日本から見ればアメリカは不愉快な存在であるし、アメリカから見れば日本は気味悪い存在であろう。しかしそれにもかかわらず、両国は地の始めから終りまでそれを如何《いかん》とも出来ぬ運命におかれている。かりに戦争をしても、大砲の弾丸が対手の陸地を陥没せしめない間は、砲煙の消えた後《のち》そこに同じ陸地を散見するのである。

商売の対手としてなら、対手が繁栄していればいるほどいい。それがため生糸の値段があがって農村も潤うのである。しかし戦争的競争者なら対手が貧しく、惨めであることが祈願である。いずれをとるか。それは国民自身の心構えのみが決すべき問題である。

ただ何《いず》れの場合においても、米国の輿論、殊《こと》に国務省の文書の如きは、日本が国策を行う上に、ただ一個の参考書と見るべきであって、これにあまりに重要性をおいて昂奮することは、徒《いたず》らに精力の浪費であり、またかえって自からを動きのとれぬ深みに陥いれることである。

註

(一)『報知新聞』昭和七年八月二十七日
(二)同　上
(三)本書第一章「争う日本と米国」の第二の内(六)米国の対東洋貿易を見よ。
(四)Scott Nearing: War, p. 51
(五)同　上　二六ページ
(六)Morrison: Outlawry of War, p. 92
(七)Bertrand Russel: The Prospects of Industrial Civilization, p. 85及び同氏の近著 "Why men fight" 参照
(八)『東京朝日新聞』昭和七年九月三十日夕刊紐育特電参照
(九)本書第一章第三「比律賓を足場に東洋へ」の項参照
(一〇)『宿命の日米戦争』一一四ページ
(一一)Japan's way out by Guy Burch in New Republic, August 24, 1932

（一二）　収めて予の著書『不安世界の大通り』にあり、『中央公論』に載せたもの。

〔一九三二年一〇月八日刊〕

『非常日本への直言』〔抄〕

序に代えて　わが児に与う

お前はまだ何《な》にもわからない。が、お前の今朝の質問がお父さんを驚かした。

この書の校正が出来あがって、序文を書こうとしている朝である。お前は「お父さん、あれは支那人じゃないの？」と、壁にかけてある写真を指して聞いた。「ウン、支那人ですよ」と答えると、「じゃ、あの人と戦争するんですね」というのだ。

「お父さんのお友達ですから戦争するんでなくて、仲よくするんです」

「だって支那人でしょう。あすこの道からタンクを持って来て、このお家《うち》を打ってしまいますよ」

お前のいうことを聞いていて、お父さんは思わず憂鬱になったんだ。お前は晩生《おそうま》れの七歳で、まだ学校に行ってはおらぬ。母親か女中かに教わって、片仮名でどうやら苗字だけは書くが、ワとアが混線して、行衛《ゆくえ》が不明になっている程度だ。不便なところに住んでいる関係で、お友達のないことが気の毒なほどだから、外部からの影響のあるわけはない。

それだのにお前は、いつの間に、そしてどうして支那人は日本人と戦争をする人間であることを知り、そうした恐ろしい人をお友達に持っているお父さんを不思議に思うようになったのだろう。

「どこから支那人は日本人をタンクで打つと教わったの?」と、お父さんが聞くと、お前は得意そうに肱《ひじ》を張って「教わらなくたって知っていらア、チャンと雑誌《ほん》で読むんですもの」と答えたのだった。

なるほど読めた。雑誌社の好意で寄贈して来る少年雑誌などの絵を見て、お前は自然に時代の空気を感受してしまったのであるらしい。

×

親父がジャーナリストだから、この子も時代の空気を嗅《か》ぐことは早い、と笑ってしまうのには、お前の疑問はあまりにお父さんの神経を刺激したんだ。

「この空気と教育の中に、真白なお前の頭脳を突き出さねばならんのか」

お父さんは、お前の教育について始めて真剣に考えたよ。それと同時に、思わずバートランド・ラッセルのことを想い出したんだ。かれの教育に関する著書の中に、かれの息子が教育期に達して、その教育問題に直面するようになってから、始めて真剣に教育のことを考え、その思索の結果がその著だという意味のことを書いてあった。そしてその後、かれは夫人とともに少年のための学校を経営するようになったはずだ。

ラッセルとお前のお父さんに、天分の相違がどれだけあったところが、子供に対する責任を感ずる点において相違があるものじゃない。お父さんも、今朝、今更ながら人間を偏《ひと》えに敵と味方に分ける現代の教育に、お前を托《たく》さねばならぬことにいい知れぬ不安を覚えたのだ。壁にかかっている写真は、みんなお父さんの先輩や友達なんだ。比較的に世界を旅行したから、欧洲の人の写真もあれば、アメリカの人の写真もあり、またお前が見つけ出したように、支那人の写真もある。しかしこれは皆《み》なお父さんのお友達なんだよ。お父さんのお友達が、たまたま支那人であったり、アメリカ人であるが故に、お前の家《うち》をタンクで撃《う》つということがあるもんですか。

×

お前はまだ子供だから分らないけれども、お前が大きくなっても、一つのお願いは人種が異《ちが》ったり、国家が違うからといって、それで善悪可否の絶対標準を決めないようにしてくれ。お前のお父さんはアメリカに行っておった時に、人種の相違で虐《いじ》められたこともあった。その時には

「なに、こいつらが……」と燃《も》えるような憤怒を感じたものだが、しかし年齢《とし》をとって静かに考えるようになってからは、地球の上から、一人でもそういう狭い考えを持つものが少なくなることを念ずるようになったんだ。

前にもいったようにお前のお父さんは、世界を旅しない方ではない。それから感じたことは、文明というものは国を縦《たて》にした国境で決るものであるよりは、世界を横にした文化層で決るということだった。つまり一国の智識階級は、その国内の不智識階級よりも、寧《むし》ろ外国の同じ層と、かえってよく手が握られ、世界文化の発達のためにつくせる場合がある。世界を縦に区切ることは、決して悪いことじゃない。けれども、しかしこれから広い世界に育たねばならぬお前に対して、お父さんは囚えられぬ心構えを望むんだ。

×

お前はお父さんが理想主義だと笑うかも知れない。しかしお前が、ものを考える時代になったら、その笑われた理想主義が果して遠道であったかどうかを見てくれ。

こちらからワンといって、先方がただ黙って引込むなら現実主義は一番実益主義だ。しかしこちらがワンというと、先方がそのまま引きさがる保証があるかね。こちらが関税の保障を高くして、先方だけに負わせる仕組が永遠に出来れば結構だが、先方も自己防衛から円の下落と、こちらの関税に対抗しないという保証が何処《どこ》かにあるかネ。先方も困るということは、こちらが困らないということではないよ。近頃の日本のインフレ経済学者の中にも、時代の影響を受けて、こうした一本道の人が多いのは喜ぶべきことだろうか。

お前を対手《あいて》にして、こんな小難《こむず》かしい理屈でもあるまいが、永遠から永遠に生きねばならぬわれらの国家にとって、いうところの理想主義者は結果において現実主義者であることをいおうがためなのだ。お前がこの文章が分る頃になったら、昭和七、八年の頃のことを歴史的立場から顧《かえり》みてくれ。

×

お前が大きくなって、どういう思想を持とうとも、お前のお父さんは決して干渉もせねば、悔《く》いもせぬ。赤でも白でも、それは全然お前の智的傾向の行くままだ。

しかしお前にただ一つの希望がある。それはお前が対手の立場に対して寛大であろうことだ。そして一つの学理なり、思想なりを入れる場合に、決して頭から断定してしまわない心構を持つことだ。

お前のお父さんは、一部から非愛国者のようにいわれたことがある。しかし一家に育ったお前として、これほど滑稽な批難はないことが大きくなったら分るはずだ。「九千万という多い国民の中《うち》で、自分だけが国家の前途を憂えなければならぬような義務を誰に負わされたか」お前のお父さんは、時々、こんな自問を胸に画《えが》いて自嘲したい気持になるほど、真剣にこの国の前途を憂えているんだ。

お前もこの国に生れた以上は、国家を愛するに決っている。が、お前の考えるように考えなくても、この国を愛する者が沢山いることだけは認めるようになってくれ。お前のお父さんも、全然反対な立場に立つ人に対しても、真剣でさえあれば、常に敬意を払って来たんだ。

×

お前はお前だ、お父さんはお父さんだ。お前を教育するのに、お父さんの型に入れようというような気持は微塵《みじん》もない。お前はお前の持っているものを、煩《わずら》わされることなく発揮すればそれでいい。

お前は一生の事業として真理と道理の味方になってくれ。道理と感情が衝突した場合には、躊躇《ちゅうちょ》なく道理につくことの気持を養ってくれ。これは個人の場合にもそうだし、国家の場合でもそうだ。日本が国を立って以来道理の国として、立って来ている以上は、道理に服することが日本に忠実でないというようなことがあるものか。

西洋の誰かは「私は自分が生れた時より、自分の死ぬ時の方が、少し世の中をよくしたと信ずることが願いだ」といった。お前は世の中を救うの何のという夢のような考えを持たないでいい。一生道理のあるところに従った――そういう確信を持ったようになれば、それでお前のお父さんの願いはたりるのだ。

ただ始めに書いたように現代の教育にお前を托するには、お父さんには相当に不安がある。それが少し心配だが、しかしさらばとてラッセルを真似《まね》て学校をたてるだけの甲斐性《かいしょう》はあるまい。この現在の空気の下《もと》で、出来るだけお前を、道理を把持《はじ》して動かない人間に導いて行くの外《ほか》はない。

折も折、今朝の食卓でお前の頑是《がんぜ》ない質問があったばかりに、お前に与える手紙がこの著の序文の代りになった。これも何かの想出になろう。

昭和八年三月十四日

リットン報告から大詰まで

一　委員会の由来

リットン報告書が出た時の日本の新聞の憤慨というものは大《たい》したものであった。全身の血が一度に頭に上ってしまったように、どの新聞も逆上した。

われらは新聞の逆上には馴れきっているから、大して驚きもしなかったが、一番驚いたのは恐らくリットン卿一行の委員たちだったと思う。かれらから見れば、自分たちが東洋くんだりまで来たのは日本自身の提案によってである。自分の提案で大袈裟《おおげさ》な調査委員を旅行させせながら、その報告が自分の気に入らないとて、悪罵《あくば》呪咀《じゅそ》し、あまつさえ張学良から収賄したとまで個人攻撃するに至っては、東洋道徳というものは、そんなものかと思ったに違いない。

ここで繰り返すまでもないことだが、昭和六年の十一月十六日から十二月十日まで、パリに開かれた聯盟《れんめい》理事会で、聯盟側は日本軍の期限附撤兵論を出し、日本側は日支直接交渉論を主張して、ここに事態は行き詰まり、またまた十三対一の演出と見られていた時である。日本から出した助け船が「国際聯盟並に満洲研究委員会」の案——略して「聯盟調査団」の設置案だ。これが十二月十日の理事会で正式に決定し、正面衝突は漸《ようや》く免れて、調査員派遣となったのである。

さてこの調査委員の人選になると、帯には短し、襷《たすき》には長しでなかなか人がない。第一、帯になるような連中は大概逃げて、さらばとて襷で間に合わせることになると聯盟の権威を如何《いかん》せんやだ。当時、ジェネバの電報では、この調査団は人選難のために流産に終るだろうと頻々と伝えられたものである。

が、ドラモンドあたりの努力で結局、この五人男は決った。当時、私は紐育《ニューヨーク》におったが、新聞でこの委員に任命されたと伝えられる人のところに、電話をかけると「交渉はありましたが、お断りしました」と、剣もホロロの挨拶をされたもので、誰もかれもこの貧乏籤《びんぼうくじ》を進んでひくものがなかったことだけは明らかだ。それもそうだろう。この調査員の権限というものは全くないし、それに日本の態度は始めから決っていて、調査の報告によって動くなどとは誰も期待していないのだから。

こうしてかれらは自分が進んで、この大役を買って出たわけではない。いわば行き詰り打開の人身御供《ひとみごくう》に上《のぼ》ったわけで、日本からは感謝さるべき理由こそあれ、恨まれる理由は毛頭ないと考えておったに違いない。無論、その報告には日本に不利なところもあろう。しかし喧嘩事に一方だけ理窟があるというような馬鹿なことがあるものではない。下世話《げせわ》にも喧嘩両成敗というではないか。

調査というからには両方の欠点をあげるのは当然で、もし誰かがこれ以上を期待していたら、よほど間《ま》ぬけであることを証明する――かれらは日本の新聞を見て、そういうに違いない。

二　日本の新聞の調子

かれらはまた言うだろう、もし日本がそれほどわれらに不満なのなら、何故《なぜ》始めに一応の抗議を申し立ててくれないかと。東洋に来てまず足を踏んだのは横浜で、それから始めて会見したのは日本の要人だ。

調査員の面構えに不平があったら、まずジェネバで抗議すべきであり、まだその頃様子が分らなかったというならば、日本に一行が来た時でも遅くなかったはずである。

その時には、まるで黙りこくっていたばかりでなく、いろいろお世辞を並べて、名所旧蹟まで引っ張り廻しながら、さていよいよ、その報告が生れると、まるで糞味噌だ。これでは親子親類、よく承知の上でお嫁を貰っておきながら、生んだ子供が気に入らないとあって里方の悪口雑言まで言うようなものだ。

殊《こと》に、日本が、この調査員の報告に満足しないのなら、――少くともそれほど怒るのなら、一体誰の報告が、日本の満足するように出来あがると思うのだろう。いくら「認識不足」だの「東洋の旅行記」だのといったところで、眼前に十三対一、五十三対一の例もある。かりにその「一」は十三より、また五十三より正しいにしたところが、世界が如何《どう》見ているかの目安にはなろうじゃないか。始めから世界を相手にしないのなら知らぬこと、国際外交をやろうというのなら、一から十まで排撃しないで、利用すべきものは利用してそれから出発したらどうだろう。

リットン報告が、馬鹿に日本に不利のようにいうけれども、必らずしもそうではない。同報告には満洲における日本の特殊地位を立派に認めている。今まで世界に発表された公式文書のもので、これだけ明確に日本の地位を認めたものは他にない。日本でよく引用する石井ランシング協定などはワシントン会議で公然取消されている。新聞はリットン報告に対して無茶苦茶に憤慨したが、こんな点まで抹殺しようとするのではなかろうね――かれらはこうも言うであろう。

少し道草を食うようだが、近頃の日本の新聞はよほど、強度の神経衰弱症にかかっている。新聞が民衆を指導するなどという昔流のことを今更誰も考えているものはないが、しかしこう衆に先んじて昂奮してしまうと、後の始末が悪くなる。

もっともこんな事を言っていることが、時代遅れであるのを証明するかも知れない。誰かがハーストを評して「かれは一つの信用の上にその新聞王国を築いている。その信用というのは世人の健忘症だ」といったが、この信用を土台にしないのが、当世の新聞人ではないのかも知れぬ。

その証拠にはリットン報告が発表されて、一週間ばかりの間、熱病人のように騒いだ新聞は、今度、政府の方針が決って大局からリットン報告、従って国際聯盟に対する対策を講じ、排撃的な態度に出ないことが分ると、前の慷慨悲憤はケロリと忘れてしまった。日本の新聞は、まるで当局者というデパートの引《ひ》き札《ふだ》のようなものだ。御主人の顔色を見ては怒ったり、宣伝したりする役目《やくめ》をつとめている。

三　ジェネバにおける全権

このリットン報告を中心にする国際聯盟理事会は、十一月十四日にジェネバに開かれるはずで、日本からは例によって大名行列業々しく乗り込んでいる。開会は大体十四日だが、都合によって一週間ぐらいの延期は議長の見計いで出来ることになっている。

さてここで聯盟がどう出るかだ。第一に明らかなことは日本に対する空気が悪いことである。九月二十四日―聯盟理事会が開かれて、日本の開会延期の要求を審議した時に、この感情は露出していた。日本が十一月二十一日に延期せよといったのを、十四日と決定して話はついたが、この際スペイン全権マダリアガの演説などは随分皮肉なものだった。それに会場の空気は極めてよくない。日本の新聞の記事には出ておらないが『紐育タイムス』のジェネバ特電によると、

「日本全権長岡春一氏が、会期を延期するために戦ったが、同氏はあらゆる点で妨害せんとし、その時々に群衆の哄笑を買った」(同紙九月二十五日第一面)

などとある。

この空気は今度も必らず出る。日本はこの敵視的空気の中で相手と戦わねばならぬところに第一の不利がある。もっとも今度は、その陣容においてはこの前よりも整っている。この前は適処に適材を用いず、ところ天を押し出すように年限順に大使公使を用いている外務省の弊害が、鏡に映すようにジェネバで反映した。その時、日本を代表した立役者は芳沢謙吉氏であった。われらはこの人の個人としての性格は、百パーセント保証する。しかしどう贔負目《ひいきめ》にみても、この人が口と掛引が絶対の要件である国際聯盟の議場に適任者だとは思えない。

昨年の理事会の時も、全員が揃って芳沢代表の出席を待っていた。英国代表のレジング氏の如きは堪《たま》らなくなって、座を立って様子を見に行った。そこへ開会時間を甚《はなは》だしく遅れて、芳沢氏はあの無表情な、キョトンとした顔をしてやって来た。待たせて済まなかったというような様子は微塵《みじん》もなく、例の葉巻を口にして悠然と着席した。そして、少し大仰にいえば「アイ・スィンク」といった後で五分ぐらいしなければ、話が続かないところの演説をした。

平生《へいぜい》懇意なものからいえば、これがかれの特長で同情を惹《ひ》くところだが多くはこれを知らないから、当時の英米新聞記者などは「日本、聯盟に対し逆襲す」と題して、この大胆沈着な様子を、日本が尻を捲《まく》ったことと誤解したのである。内容をいうとこの時、日本からの訓電が遅れて、それを待っていたのだそうだ。その時、英国代表セシル卿は日本に対し基本五原則なるものの発表を迫り、芳沢〔謙吉〕氏は政府の訓電がなければ提示することが出来ないと頑張り、世界をして如何《いか》にも日本が野心を包蔵しているかの如《ごと》き感をいだかせ大味噌をつけたのだ。ところがその内容が実は屁のようなもので、それは二、三日してから東京で発表された。

こんなことを挙げたら切りがない。これは日本の内部の統一が全然なかったからでもあるし、また世界代表者の人選がなっていないからでもある。今度は随分ねって——恐らくはあまり練りすぎたから、大丈夫だろう。

四　米国とロシアの出方

聯盟の空気は、この通り悪いが、さて聯盟諸国はどうするかである。

これについて一応頭に入れておかねばならぬことは、満洲問題について真剣になった国がかえって聯盟の外部にあることである。満洲問題について実際に兵を動かした国が二つある。一つは海軍を太平洋に集めた米国であり、他は陸軍を国境に集めたソヴェト・ロシアだ。この二国は地理的に、また従来の行きがかりから満洲問題については、真剣な関心を持っていると見ねばならぬ。

ところが誰も知る通り、米露は聯盟の中におらず、今度の理事会にも出ない。もっとも米国は調査団の中にマコイ将軍を出してはいる。今度、聯盟がリットン報告の中に不明な点が出るであろうから、委員を理事会に出席せしめようといったのは、その実の目的は、かくして米国をこれによって引き入れようという魂胆なのであろう。それと同時に日本がこの委員出席を拒絶しようというのは――今日の新聞に出ていることで、詳しいことは分らぬが――米国の容喙《ようかい》を排しようというのが一部の目的でなかろうか。

われらから見れば、来るものは拒まない方針をとった方がいいと思う。日本が絶対に正義であること、日本政府及び国民のいう如くであれば、誰が来ようと少しも差支《さしつか》えないではないか。調査委員の列席を拒むということが、既に日本に弱い尻があるようで世界の聞えも悪く、立場が弱くなる。寧ろ堂々と説破してやればいいではないか。

それは何《いず》れにしても、この二国が聯盟におらないということが、日本反対にほんとに身《み》が入《い》らないことを語るものである。誰も日本の正面の敵になりたくない。聯盟は米国がどうかしてくれればいいと思って、その方に頼りかかるし、米国は米国でまたリットン報告発表まで何にもせず聯盟の行動を待ち、日本の満洲国承認に対してすら黙り臭っているという状態である。

この間に立って騒ぎたてるのは小国で、スペインを始め、ハイチとかキュバとかいう生存の不明の国が無論騒ぎ廻るであろう。しかしいくら聯盟がデモクラシーで、大国も小国も一票ずつであるにしても、大国が動き出さなくてはどうにもなるものではない。英国としては日本と支那と喧嘩をしていれば、それだけ商売の注文も自分の方に来て儲かるわけだし、仏国としても、その内に、満洲が落ちつけば日本を保証人にして、満洲に投資する機会もある。そこで長くなるのは構わぬが、出来るなら切迫《せっぱ》つまったところまで持って行きたくない気持がある。

いわんやかれらは日本が最後の腹は、やむなければ聯盟脱退の決意があるのを知っているをや。ドイツやイタリーが、それでなくても聯盟をおどかしている際、聯盟を元も子もなくしてしまうのは何としても避けたいに違いない。

五　国際聯盟はどう出る

今後の国際聯盟の成行きを想像して三つの場合がありうる。

第一は無論、日本が脱退するかである。しかしこれは日本としても極力避けたい腹があり、聯盟側もここまで持って行きたくないのは前述の通りだ。殊《こと》に日本としても、そう簡単に脱退出来まいと思われるのは、聯盟規約はその第一条において、

「聯盟国は二年の予告を以て聯盟を脱退することを得《う》。ただし脱退の時までにその一切の国際上及本規約上の義務は履行せられたることを要す」

とあって、そう脱退も簡単でない。規約にある経済封鎖などは中々出来ないが、日本にとっては南洋諸島の委任統治の問題が引っかかり、それに聯盟常任理事の席も投げ捨てねばならぬ。将来孤立でやって行けるものでない以上は、これは出来るだけ避けたいのは当然で、現在の日本の方針は、表面は強いが、腹の中は遍通自在だと信ずべき理由がある。

第二は前項と関係があるが、聯盟は第十六条を適用し「総ての聯盟国はこれに対し直に一切の通商上または金融上の関係を断絶し、自国民と違約国国民との一切の交通を禁止し」、即ち日本を侵略国として制裁を加えるかである。論理的に押しつめれば、リットン報告をそのまま採択すれば、ここまで来る以外に道はない。

しかし現在の世界で、ここまで考えている国はない。小国が強硬説を吐くのは、そうなっても自分は少しも責任がないからで、その実際の尻は大国がぬぐわなければならぬ。これを励行するとなると日本を相手に戦争をする覚悟がなければならぬが、そんな覚悟は誰にもありはしない。

そこで第三の妥協となるのである。これは中々難しいけれども、出来ないことはない。

たとえば聯盟側(リットン報告書)は満洲国は満洲国民の意志によるものでなく、×××が押したてたものだというに対し、日本はあくまで満洲三千万人の意志によると主張して譲らない。どちらが正しいか、これを今一度調査する方法もある。

あるいはまた、リットン報告において、「原状回復の如きは理論に走り、現実を無視するものにて紛糾を繰返す結果を招くべく、問題解決の所以《ゆえん》にあらず」といって、自己の解決案を提案しているのだから、そしてリットン自身がその解決案に執着していないといっているのだから、この解決案に主点をおき、今一度討議してみてもいい。そうすると半年や一ヶ年は直ぐ経ってしまう。

与えられた枚数が超過したから、この辺の詳しい検討は出来ないが、意志のあるところ、手段方法は必らず発見出来る。そして今度の会議は、私の予想する限りにおいては、委員会によって来春に持ち越され、結局は暫らく満洲の結果を見るというようなところに落ちつくのではないかと思う。この妥協の仲介をとるものは英国、フランスなどであろう。英国は日本内地で考えるより、この問題で妥協的である。

以上、私の私見を述べた。編輯者の注文は「エピソードなども入れて」とあり、実はハルピンでリットン報告の草案が盗まれ、北京《ペーピン》で書直したことなどを書くと、探偵物語よりもよほど面白いが、「秘話」というものは歴史の舞台が一巡して出るものだ。今はこれぐらいにしておく。

（註） これは昭和七年十月の初旬に書いたものである。これによって見るように、私は聯盟の結果について楽観していた。然るに事実は予期に反して、日本の主張はついに入れられなかった。私はここにこれをそのまま一字の訂正をなさず採用する所以は一つは私の不明に対する懺悔のためではあるが、今一は当時こうした観察もあった事、それが可能であったことを記録のためにに記しておかんがためである。

〔一九三三年三月二五日刊〕

『激動期に生く』〔抄〕

序

良心は罪悪であろうか。良心をそのままに表現することは、罪を国家と社会に犯すことであろうか。

この疑問を単なる好奇的エピグラムと心得てはならぬ。良心に忠実であることが、そして良心に忠実であればあるほど、罪を社会と人にうる例は、近頃、われらの周囲にはあまりに多くはないか。近来のインテリの憂鬱は、かれの良心が多くの場合に罪悪であることから来ていると思う。

インテリ階級は、今、最も大きな悩みに面している。

かれはとにかく、教育を受けている。教育というものの著しい特長は、それが日本のような詰込み主義のものでさえも、人間を良心的にすることだ。それによってかれには判断が与えられるし、護るべき立場が自然に生れて来る。アダムとイヴが智慧《ちえ》の果実を食って、自己の姿に羞じた時から、人間は良心によって他の動物社会との境界を持つことになった。

ところが、こうして良心を持つかれは、その良心を自由に現わしえない社会におかれている。かれがもしかれの考えていることを、そのまま書いたり、発表したりしたらどうだろうか。更にまたかれがその良心の命ずる通りに行動したらどうだろうか。

言葉をかえていえば、近頃の社会では良心というものは恐ろしく贅沢品になってしまったのである。それは極めて限られたる特殊人のみが持ちうる高価品だ。生きんがためには、あるいはまた身の安全を保たんがためには、多くの人間の辞書の中には「イエス」という文字以外はないというのが現在の社会状勢だ。

良心的にする教育を受けさせておいて、しかも良心を出してはならぬ社会で生きさせようというのだ。小学校の時から、叩き込まれ主義に鍛えられて、いわゆるYes-manになりきったかれではあるけれども、時々考え出して煩悶と憂鬱の種になるのに無理があろうか。

現代の社会では「否《ノー》」という文字は、殆んど行衛《ゆくえ》不明になっている。殊に世が非常時相に入ってからは、社会の中心勢力から出る音頭に調子を合さないものは、国家と社会を毒するもののように考えられている。非常時というのは無理なことが、何らの反対なく行われる時のことで、平常時というのは無理が無理として批難される時のことであるといってもいいほど、現在、無理に対する批判がない。

これがわれらの住む社会を明るくする所以《ゆえん》であろうか。この文の著者はそうは信じない。東から陽があがるように伸びて行く日本には、今ほど親切なる忠言と批判が必要であることはない。道理と正義を以て世界に拡がって行こうとする日本に、良心の発表の自由が制限されて、それが国家のためになるということを信じえない。

明朗日本への道は、良心を殺さずに住める社会をつくることだ。みんなで造っている社会だから、大きな良心を生かすために、小さい良心を殺す場合はある。また小さな自由を殺すことが、大きな自由を獲得する所以である場合もある。しかしどんな場合でも標的だけは高く掲げられねばならぬ。恐怖と失望を高調して、目かくしして従わせるのでは少なくとも住みよい社会は来ない。

この書は自由に良心を現わすことによってのみ、国家も社会も進歩すると信ずる著者の現代思想に対する批判と感想だ。時に皮肉や、冷笑に見える文章の中にも、わが日本に対する限りない愛着と希望を有していることを、慧眼《けいがん》なる読者は見落してくれまいと思う。

昭和九年七月三日

東では斎藤内閣の辞職あり、西にはドイツのナチス大騒動のある日

松岡全権に与う

一　小村寿太郎と松岡

松岡全権足下。

なによりもまず貴下《あなた》が大任を果して無事に帰朝されたことをお祝い申上げます。

この文を書いている時に、あなたはまだ米国におられましたが、あなたが横浜、東京に入り込む時の光景が、今から想像されて胸の踊るのを禁じえません。上《かみ》は廟堂《びょうどう》の顕官から、下《しも》は都下数万の小学生までが、沿道人牆《ひとがき》を造って、いかに感激と誠意を以てこの時代の英雄を迎えるでありましょうか。あなたの古い友人として、われらは自分事のように誇りと喜びを感じます。

私は今、あなたを迎えて、計《はか》らずも二十七ヶ年以前に、同じ米国から帰った日本全権小村寿太郎男《だん》を想起します。あなたに対して、ラジオと、歓迎の渦巻と、国民の喝采が

待っているのに対比して、日露戦争を纏《まと》めて帰った小村全権の祖国には、氷のような冷遇と、非難と、憤怒が立ちふさがっていました。時の官憲の好意で、長男の小村欣一氏が横浜の沖合まで父を出迎えに行くと、寿太郎男は一目みて、

「ア、お前はまだ生きていたのか……。」

と暗然として、わが子の手をとったとのことであります。

小村全権が、こういったのも無理はなかった。講和会議を通じて、終始かれに達した報道は驚くべき強硬なる故国の輿論《よろん》でした。いよいよロシア代表ウィッテと講和条約が出来あがって、これに調印せんとする九月五日には、帝都の不満は××〔暴発〕して、ために×××〔戒厳令〕はしかれ、×××××〔日比谷焼打〕の××××〔罪で拘束〕されたもの百六十九、××〔検挙〕一千三十名に達したのであった。そればかりではない。昂奮した一部の群衆が外務大臣官邸に押しよせて、講和会議とは縁の遠いかれの留守家族に××〔危害〕を加えんとした事実をかれが知ったのは、実に会議の最後であったのです。〔××は伏字――編者〕

この国民の不満と憤慨を知りながら、かれはその不人気なる外交交渉を纏めたのでした。かれから見れば、かれの家族が生き残っていたのは寧《むし》ろ不思議で、恐らくは国民憤怨の犠牲になっていたと考えたでありましょう。欣一氏は父親に「お前はまだ生きていたのか」といわれ、挨拶する言葉もなく、ただ涙が下ったと、生前、親しい友達に当時

を顧りみて述懐したと聞きます。

小村全権の淋しい都入りに比して、あなたはまた何という華々しさでありましょう。

二　日露戦争当時との比較

松岡全権足下。

小村全権が行われたポーツマス会議と、今回あなたによって代表されたジュネバ会議とは、何とよく似ていることか。日本の歴史において最も重要な劃期的《かっき》会議たる点において同じであります。世界の檜舞台《ひのきぶたい》において全人類の注意を集め得た点において似ています。大学教授というものが出て、貝加爾《バイカル》以東の割譲を説き、露都《ろと》進撃論を唱えて、強硬論の先頭をなしたことも、今回、数は更に多いが、学者の聯盟《れんめい》が出来て衆論をひきいたことに似ているではありませんか。

しかし当時と現在と比較して異なった点が少なくとも三つあります。一つは日露戦争当時にあっては、総理大臣桂太郎と、外務大臣小村寿太郎は一体となって、いかに民論の迫害があろうとも断乎《だんこ》として講和会議を纏《まと》める意志のあったのに対し、ジュネバ会議の場合には、総理大臣斎藤実、外務大臣内田康哉は民論の赴くままに動くというよりも、寧ろ民論に責任を転嫁して「輿論の趨向《すうこう》」とか「国民の総意」とかと、この蔭に隠れんとしたことであります。

あなたも知られる通り、当時の首相、外相は国家のためにまことに決死の覚悟をしていました。かれらの頭には国家百年の計あって、自己と家族の安否《あんぴ》は元よりなかった。講和条約に調印してポーツマス談判の大幕を閉ずべき明治三十九年九月五日のことである。小村全権は嵐のような故国からの抗議を前にして、海軍工廠《かいぐんこうしょう》の会議に赴《おもむ》きました。署名が終って記念にシャンペンの杯《はい》をあげることになりましたが、接待の係員が盃を持って来ることを忘れた。ホテルに行ってこれを持って来る間、今まで会議で睨《にら》みあった日露全権は始めて歓談した。ウィッテと仏語で話した後、コロストヴェッツが進んで小村に平和の克復を賀すと、小村男は、

「自分は本国の多数者より非難を受くべきを確信する。けれども何人《なんぴと》も総《す》べての人を満足させることは不可能だ。露国にもまた幾多《いくた》の不満足な者がおろう。さりながら群衆心理は時局の難関を解するものではない。吾々の業《わざ》は縁の下の力業《ちからわざ》に類する。われらはただその義務を果したことを以て満足すべきだ。(二)」

といった。かれが自己の義務を行うのに愚痴《ぐち》をこぼしたことをわれらはかつて知らない。しかし大任が終って、同じような立場にある対手《あいて》と握手した時に、思わずこうした独語にも似た感慨が湧いたことでありましょう。

これを三十年を経た今日と比すると何という相違でありましょうか。「何人も総べての人を満足させることは不可能である」といったかれの言葉は、事実によって裏切られています。聯盟と断《た》った内田外相は「総べての人を満足させて」いますし、あなたを歓迎する国民の熱意も、国民挙げてあなたの行動を裏書きしていることを示します。

第二に当時と現在と異なる点は、桂と小村が絶対に、わが国の国際的孤立を避けんとしたに対して、斎藤と、内田は寧ろわれから進んで孤立を選んだ傾きあったことである。小村は講和談判において、血の出るような争闘をしている間にあっても、かれの眼はこの時局の終末と同時に、露国と手を握るべき政治工作を目がけていた。故にかれは、最後に「予は露国全権両閣下に証言する、この条約を日露両国間の恒久的平和善隣の一条約たらしむるについて、能《あた》う限りの力を尽すを以て、予の義務たり将《は》た快楽たりとすることを」と述べたのであります。これを単なる外交的辞令なりとなすなかれ、その後、日英同盟に加えて日露提携が具体化したればこそ、米国の満洲干渉を一蹴できたのである事は、外交史を読むものの何人も知る所である。

第三に当時と現在と異なるところは、日清戦争の時も、日露戦争の時も、必らず衆論に抗して毅然として立つ少数有力者があった。たとえば国権主義者の巨擘《きょへき》として知られていた＊谷干城《たにたてき》の如きすらも「野夫《やふ》は……恐露病なり秦檜之徒《しんかいのと》なりなど悪口せられ、已《すで》に一昨年は身に危険を感じたることさえあり」しにかかわらず、敢然として平和論を主張したのであった。しかるに昭和八年、同じ国家の危険に面して、説の当否は問わず、×××〔国際連盟〕のために説をなすものは何処《どこ》にありますか。

この時に、あなたは大任を果して堂々と帰朝せられたのである。あなたの無事なる顔を見てわれら友人の幸慶、何ものかこれにすぎましょうや。

三　松岡氏は適任なりしや

松岡全権足下。

あなたが重任を負うて東都を出発された時に、私は東京駅にあった。あなたの知遇を受けたものの一人として、せめてはその鹿島立《かしまだ》ちを見送らんがためであったのです。しかし東京駅に行って、あなたと言葉をかわすことなど到底出来ない相談であることは、直《す》ぐ分った。なにしろ、広場一面に身動きも出来ない人浪《ひとなみ》である。マグネシウムの音、万歳のどよめき。そこへあなたの青白い顔が、かかえられるように現われました。

私はあなたを乗せた汽車を見送りながら、二つばかりの想像が頭の中に浮び出るを禁じ得なかった。

第一にはその晩にジェネバに使いするあなたが「幣原喜重郎《しではらきじゅうろう》」であって、満洲問題が起った当時の外相が「松岡洋右《ようすけ》」であったとしたら、日本はどんなにか適所に適材を得たろうかという夢のような想像でした。満洲問題が起った際、日本が切った啖呵《たんか》は、あまりにその声が細きにすぎた。それは国内に対してもそうであったし、国外に対してもそうであった。日本は異常な決心を以て、これに対していたのであるから、そしてドラモンドさえもいうように強い立場《ケース》と理由を持っていたのであるから、これに対してはもっと強い声で世界に見栄《みえ》を切るべきであった。これには松岡洋右の地声は、日本の誰の声よりも適当であったと思うのです。

しかし現在あなたが赴《おもむ》きつつあるジェネバの舞台では、あなたの声は果して適当であるであろうか。そこは啖呵を切った後で、まとめる場所である。世界の大国として元より自屈である必要はないけれども、善後策には常に妥協と譲歩を必至とします。あなたがこの方面の特長に多少不得手であるということは、毫末《ごうまつ》もあなたの価値を下げることになりません。吉右衛門と菊五郎には各々《おのおの》得意の舞台があります。ジェネバの舞台に、もし肌ざわりの柔かい、理窟ずくめの、そして小さいところに気《き》のつく幣原男でも持って行ったらどうであろうか……。

松岡全権足下。

どうぞ言の率直なるを許して下さい。私はあなたの汽車を見送りながら考えたその時の空想が、今なお頭の中を去らないのです。ジェネバにおけるあなたの善戦を何人が疑いましょう。これを国民として感謝することにおいて、私は何人にも劣りません。しかしあなたを、この舞台に踊らした内田外相の人事行政については、私はなお多少の疑いを持っている者なのです。

あなたの特長は直情径行にあります。今後、この特長が恐らくは日本の社会で貴方《あなた》をして大をなさしめると思う。が、ジェネバで必要としたのはそれだったろうか。

ジェネバにおいてあなたの個性は光りました。日本に極めて同情ある一米人が「日本はワシントン会議においてはあまりに少なく喋《しゃべ》った。しかしジェネバにおいてはあまりに多く喋った」といったのは、あなたとしては寧ろ誇りかに感ぜられるところでありましょう。またジェネバ雀の囁《ささや》きとして、ドラモンドと貴方との間柄について、杉村陽太郎君などが徒《いたず》らに気をもんだという噂も、廻りくどい英人外交官と、正義と率直を一本槍とする貴方との関係が目に見えるようであります。更にあなたの個性を現わしたのは、あなたの米国に対する声明である。あなたはジェネバにいる時から、大西洋艦隊を太平洋から引っこますべしと声明して来た。この事は両国の識者が一様に考えて来たことではありますが、一国の重要なる地位にいるものが、これほどあけすけにいった例は恐らくは他に例がないでありましょう。故に『東京朝日』の特派員は「アメリカ国民の対日感情が決して良好といえないこの際にあって反省のいとまなくして寧ろ反感をそそった感がある。国民的諒解の欠如している際におけるこの種の言廻しが、とかく反対の結果をもたらすことは、かの排日移民法通過の経緯《いきさつ》でも知られる(二)」といい、また日本に悪くない『紐育《ニユーヨーク》イヴニング・ポスト』が、

「松岡氏は日本が満洲を経済的よりも、寧ろ軍略的に必要とする所以《ゆえん》を説明するに多少成功したが、一方事実上日本海軍の増加となるべき満洲国の海軍力建設については白《しら》を切り、また日本の聯盟脱退後における南洋諸島把持《はじ》の主張及び太平洋の米国艦隊引揚の勧告をなしたのは、敬意と好感を以《もっ》て迎えることが出来ぬ。結局有名なこの来客は、説明的であるよりも、寧ろ挑発的たらんとしているのではないかと疑われる(三)。」

といっているのは、あなたの大胆なる言説を一部で、いかに感じているかを示すものです。

私がここでこれを引用したのは、その事の当否ではありません。フランクネスを好む米国人にこの種の言廻しが、案外に効果的であるかも知れません。ただ私は事務的人物を要するジェネバに大胆率直なる貴方が行ったことに多少の惑いを感じた想い出を語ら

んがためなのです。

四　輿論を懼《おそ》るる政治家

松岡全権足下。

あなたの汽車を見送りながら、今一つ感じたことは、怒濤《どとう》のような民衆の熱意に送られた生一本気《き》の貴方があまりにこれに感激しすぎはしないかということであった。貴方は政治家であります。その眼《め》が常に民衆の動きを離れない政治家であります。民衆政治の現在において、この事は元より当然でありますが、しかしこの民衆は小村全権がいったように「群衆心理は時局の難関を解するものではない」場合が決して少なくない。いな、現在の如く国際関係が複雑微妙に働いている場合には、民衆はその全貌をつかんで、国家百年のために計をたてるというようなことが果して可能でありましょうか。この事はヴェルサイユ条約の改訂、戦債問題の解決などに関する欧米国民の態度でも知ることが出来はすまいか。

われらは民衆の声を土台とする議会政治に異議はありません。しかしながら国家の絶大なる難局に面した場合には、暫《しば》らく輿論を無視し、国家のために一身を犠牲にするのも国民、殊《こと》に指導者の任務ではないでしょうか。昔しはこの種の指導者は、確かにわが国に事を欠かなかった。貴族とか官僚とかいわれる人は、自から矜持《きょうじ》するところが高かっただけに、いわゆる国論――平民の声を無視して国家の運命を双肩《そうけん》に負うの決心と覚悟を有していました。優れたアリストクラッシーの特長はそこにあります。小村侯の如《ごと》きはその一人でありましょう。

然《しか》るに今や、こういう国士的矜持を有している者が何処《どこ》にありますか。かれらはキング・モップ(群衆王)の前に平伏し、恐怖して、ただその御機嫌を失わざらんことにつとめているではないか。

私の知っている本来の貴方はそうではなかった。しかし政治家として、投票の数と大衆の声とを味方とする境遇に立ってからの貴方が、もし東京駅頭の光景を以て日本の輿論の全体なりとし、その指示するところにのみ動くようなことがあったら、――即ち目を国家の大局に馳《は》せるかわりに、大衆の声にのみ聞くようなことがあったら、百年後の歴史家の筆は果してあなたに対して温かい好意を持つであろうか。

そしてそれは前途を有する政治家たる貴方にとっては相当に強い誘惑であると私は考えました。ことにその後のジュネバにおける貴方の行動が示したように、大衆を前にしては相当に芝居気もある――政治家には必要であるところの――貴方にとっては、最も警戒すべきことの一つと考えたのでした。

とにかくこうして私は、歓喜と危惧《きぐ》と憂慮と、いろいろな感じを以て鹿島立つ貴方を、東京駅に送ったのを忘れえないのです。

五　ゴムの化石

松岡全権足下。

私は今ここで、ジェネバにおける貴方の行動を批判する意志はありません。それは後世の史家の領分です。ただ遠くからの傍観者の眼には、始めに強く、寧ろ我武者羅《がむしゃら》にさえ出た貴方は、最後において何とかして纏《まと》めようとしたことは間違いないようであります。

また事実、ジェネバにおける外交は日本にとって相当に有利に回転していた。一種威脅的な態度を用いた戦法は、私の同じ得ないところであるが、しかし、それでも聯盟側は漸次《ぜんじ》後退して、日本に譲る態度に出ていました。十一月二十八日の理事会で譲り、十二月七日の総会で折れ、十九ヶ国委員会でも日本の主張に屈した。殊に最後のドラモンド杉村案の如きは最も難関である満洲不承認問題を、単に議長の宣言によることにし、日本はこれに承服せざることを堂々と声明して結着をつけるものであった。

私が聞くところに謬《あやま》りなければ、あなたはこれを承認したい意向のようであって、政府に対しても右の旨《むね》請訓したと聞いています。その頃、あなたは親しい人と好きな散歩に出られて、ジェネバ湖の水に見入りながら染々《しみじみ》と話された――

「おれはこうして譲ったことに対して国に帰ったら真先《まつさ》きに国民に陳謝する。おれに力なくして日本の主張を全部通せなかったことについては、心から責任を感じているんだ……おれが東京駅を立つ時から今まで、激励の手紙を受けたことは万を越えているであろう。会議が閑《ひま》になったので先頃それを整理してみたよ。ところがその中で「会議を纏めて来てくれ」と書いてあった手紙が、ただ一通だけあった。しかもそれが無名だった。君、おれはこの一人をほんとに愛国者だと思うね。」

あなたはこの言葉に、元より責任を持たれる理由はない。あるいは間違っているかも知れないし、かりに間違っていなくても旅先きの散歩話し、重要視される必要はない。しかし私はこの言葉に当時の貴方の心境を見出されるかと思うのです。

しかしここで不幸なことは、あなたには頑強、石のような長官があった。これも、もし私の聞くところに間違いがなければ始めから終りまでかれのみ一人頑張った。強硬を以て世間に見られているある方面でさえも承認したこの案をかれのみがただ横に首を振ったというのです。聯盟と手を分つ場合にも、部下の各局長が殆んど全部纏めようとしたのを、かれは「今まで何回も、出先きのものも出る出るといって来た。今更どうにもなるかい、それなら俺はやめる」とまでいい出したそうです。自分が始めから焦土外交を叫んで来た関係上、自身の言葉に縛られて、どうにも転身の道が発見できなかったのである。

これについては、私は既に他の機会にも述べたことがあるから、ここでそれを繰り返しますまい。しかしそれにしても何という無策、何という無能でありましょう。二十世紀において日本が面した最も大きな悲劇は、重大な場合にゴムが化石したことであります。

六　建設的対案の饑饉

松岡全権足下。

幸いに誤解しないで下さい。私は今更に何時《いつ》までも日本の外交的無策を歎《なげ》いているものでもなければ、また聯盟に執着しているものでもありません。現実主義者としてのわれらの立場は現実の事態を既遂事実《フェト・ド・コンプリ》と見て、今後如何《いか》になすべきかを考える点にある。これがこの書を貴方に呈する所以でもあるのです。

この問題を考うるに当って私は二つの不安を有している。第一には現在の日本が、驚くべく建設的具体策に欠けていることであります。私は聯盟脱退に関する数十の言説を読んだ。が、それはことごとく日本が絶対に是《ぜ》であって非は全然聯盟にある事、日本は経済封鎖にあっても困らない事。聯盟は日本が脱退して骨抜になった事というような勇壮活潑《かっぱつ》なものばかりであります。

これらはことごとく事実でありましょう。しかし明らかなことは、日本の正義を百万遍繰り返したところが、この国難は決して去らないことである。聯盟から脱退をした当局者と、その主張者は今少し、親切に日本が今後如何《いか》になすべきかの具体案を示すべき責任があるはずではないか。時に御用学者から「極東平和聯盟」などという奇妙な説を聞くが、少し頭脳のあるものなら、それが如何に客観的状勢を正視しない説であるかが分るはずである。

われらは今、外交饑饉と同時に、建設的対案の饑饉に面しています。聯盟脱退に際して、内田外相は「共に相戒めて協心一致難局を乗切るの大覚悟」の必要を説き、鈴木政友会総裁は「純正なる国際正義の徹底」を主張し、若槻総裁は「威信を発揚するの十分なる覚悟」といい安達〔謙蔵〕国同〔国民同志会〕総裁も「世界的には国際正義に立脚して堂々たる大国としての襟度を示さねばならぬ」といっています。かれらが如何《いか》に空漠なる文字に眩せられているかを御覧なさい。国民としてわれらの知りたいのはこの抽象文字を現実に宛《あ》て嵌《はめ》たら、どういう具体案になるかである。国民は覚悟をして何処《どこ》に向うかである。国際正義を発揮するのには具体的にどうするかである。一の具体的方針を示すなくして、徒《いたず》らに覚悟を強《し》うのは、病人にうんとふん張れというようなものではないか。

第二にわれらが憂うるところは、国民の不安であります。前にも書いたようにわれらは必らずしも、聯盟脱退を恐れない。われらが恐れるのは聯盟脱退の事実それ自身ではなくてそこから来る国際不安であります。最近の新聞は毎日何かしら、この不安を反映している。南洋統治回収にドイツが乗り出したといって、大文字で報ずる翌日には、「某国《ぼうこく》機関奉天に秘かに大無電台設置」という記事があり、更にその横には東支鉄道に関するソヴェト聯邦との交渉が、重大事件として書かれています。近来米国に対しても英国に対しても、外交問題に関する国民の関心は想像以上のものがあるようです。

こうした状態が継続すれば、それでなくても国内の諸問題で疲れている国民は、神経衰弱症にかかってしまう懼《おそ》れはないでありましょうか、われらは何とかしてこの不安を取り除かねばならぬ。

七　日本は如何にすべきか

松岡全権足下。

繰り返して申しますが、私は国民の一人として心から貴方の善闘を感謝したいと思う。

註文をつけるのは、国家のために少しでもよかれかしと思う慾心からで、あなたが日本をさがして最適任者の一人であったことは、天下万人の認めるところであります。

しかしそれにかかわらず、私の知っている貴方は必らず自己に対して、重大な責任を感じていられると思う。あなたが善闘したことに疑いはなくても、とにかく、聯盟と手を分つに至ったのは貴方の手によってである。そしてこの結果、日本は明治維新以来始めて世界に孤立したのであります。従って国際日本の再発足については、貴方は何人よりも責任があり、抱負もあるであろう。外務省の希望に反してまで、特に米国を通過して帰朝されたのも、これがためではないでしょうか。

私の信ずるところによれば――そして日本国民が恐らくは一人の異論のないことは、日本は今後、満洲国を守り育てねばならないことです。これはわが国自身のためであると同時に、世界に対する義務でもあります。もし満洲国が無事に成長し、立派な国家にさえなれば、聯盟の不承認決議などは実際問題として失くなってしまいます。現に今でさえ、満洲国の進歩を述べ混乱している支那と対比して、楽土の出現を祝している者が米人の間にすらもあるほどなのです。今後、更に支那の民衆がその混乱を嫌って、争って満洲国に行くことを希望するようになれば、上海《シャンハイ》の英人系の新聞もいったように、満洲国、従って日本の地位は非常に強くなるわけであります。

しかしながら貴方もよく知られるように、これは決して簡単なことではない。バーナード・ショウが、「日本はとても自分で食えないものをとった」といったのは、かれ一流の皮肉と聞き流していいが、それが重大な事業であることだけは疑う余地はありません。

そこで日本としては、ここ当分、他を顧みずして満洲国を護《まも》り育てることに努力すべきではないでしょうか。そしてこれをなすのには日本としても、満洲国としても、四辺の安全を保証されることが第一に必要なことである。それでなくては到底満洲国の発展に没頭することは不可能である。

それにはどうするか。第一には日本が全面を露出している米国と平和を確保すべきであります。即ちフィリッピン島中立などに対して、我から進んで提言すべきである。われらの知る範囲では米国新内閣は中立条約を希望していると信ずべき理由がある。南洋委任統治の問題なども、日本が騒ぎすぎるから、米国でもボチボチ気がついた程度であって、それほど問題にしておらないのは、米国の朝野の有力者に逢ったあなたが誰よりも知っておられるはずであります。

第二には満洲国が全面を露出しているソヴェト・ロシアと、不侵略条約を結ぶべきでありあります。満洲国が平和的発展をなして、世界の模範国たらんがためには是非とも隣国との友情関係の維持を必要とします。これはあまりにも常識的事実である。あなたはそうお考えになりませんか。

第三には満洲国が長城をへだてて相接する支那との関係を改善することです。現在の状勢では両国とも、進んでどうすることも出来はしませんが、しかし双方に神経を刺戟しないで、「時」を待つ方法に出《い》ずることは出来るはずである。

八　国際関係を再建せよ

松岡全権足下。

もし日本の根本方針が、一部において伝えられましたように、西洋と全然縁を断ち、全力を東洋に向けるのならば、私はこんな説を持出して、貴方を煩《わずら》わさなかったかも知れません。しかしながら日本の根本方針は、畏《かしこ》くも　陛下の詔書によって明らかになりました。

懼《おそ》れ多いことではありますが、近来《ちかごろ》この御詔書ほど、われらに深い感銘を与えたものはありません。どうぞ私をして、今一度有難《ありがた》い御言葉を繰り返さして下さい――

「然リト雖《いえども》国際平和ノ確立ハ朕《ちん》常ニ之《これ》ヲ冀求《ききゆう》シテ止マズ。是ヲ以テ平和各般ノ企図ハ向後《こうご》亦《また》協力シテ渝《かわ》ルナシ。今ヤ聯盟ト手ヲ分チ帝国ノ所信ニ是レ従フト雖固《もと》ヨリ東亜ニ偏《へん》シテ友邦ノ誼《よしみ》ヲ疎《おろそ》カニスルモノニアラズ。愈《いよいよ》信ヲ国際ニ篤《あつ》クシ大義ヲ宇《う》内《だい》ニ顕揚スルハ夙夜《しゅくや》朕ガ念トスル所ナリ」

聖旨を案ずるに国際聯盟とは満洲国の新興に関し帝国と所見を異にするのであるから離脱するのであるが、しかしながら「固ヨリ東亜ニ偏シテ友邦ノ誼ヲ疎カニスルモノニアラズ」して「愈信ヲ国際ニ篤クシ」給《たま》うのが大御心《おおみこころ》なのである。即ち国際聯盟と袂《たもと》を分ったのは、偏えに満洲国についてであって、他の平和機構については寧ろこれと協力して大義を宇内に顕揚する御趣旨と拝察し奉るのであります。

この事は総理大臣の告諭《こくゆ》において更に明らかであって、「向後も依然として人類の安寧福祉を目的とする国際事業に参与協力するの方針を一貫して何ら渝《か》わる所なし、また敢て東洋に局蹐《きょくせき》して偏安《へんあん》を事とするものにあらず」といっていられます。私が特にここにこれを引用致しますのは、国際聯盟脱退によって何らか国策が変更したかの如《ごと》き感をいだく者があるのに対し、決してその然らざることを明らかにし、恐らくは国際聯盟を全体として排撃することすらも、御聖旨《ごせいし》にあらざるかを拝察する者なることを附言しておくのであります。

もし私のこの解釈にして謬《あやま》りないとすれば、あなたもその一部の責任に坐して破れた国際関係は——敢えて国際聯盟関係とはいわず——あなたの手によって新らしく再建さるべき機会を待っているのではないか。そして国民に信任あり、国民の輿望を負うている貴方は、これをなすに最も適当な人である。これが私が国家のために、面をおかして貴方に一書を呈する所以《ゆえん》であります。

最後に私は今一度、今回の大任を果された貴方の労を謝したいと思う。あなたは国際聯盟の総会において日本のために気を吐き、世界は日本という義人をキリストのように十字架にかけるのだと叫ばれました。われら国民からすれば、あなたは日本の国策の故に、異郷において祖国のために十字架にかかったといってもいいと思います。外国の新聞雑誌に目をさらすものでなければ、現在の日本が如何に世界に不人気であるかは想像がつかないであろう。最近到着した『紐育タイムス』には、ロンドン特電として「松岡ロンドンの群衆に嘲《わら》わる」との題下に、

「松岡氏は放送二時間前に到着した。警視庁は異常な警戒を以て警護し、氏は警官の厚い行列の中《うち》を通過した。放送局の外には、松岡氏に「日本は××〔狂信〕の国だ」と叫んだ者あり、また氏が建物の内部に急ぎ歩くのを見送って「恥を知れ」との叫び声が続いた」〔××は伏字――編者〕

とあります。場処が冷静を以て鳴るロンドンだけに他の場処も想像されて同情にたえません。

謹《つつし》んで貴方の今後の健勝と奮闘を祈る。

（註一）
（一）　信夫淳平著『二大外交の真相』五〇一ページ
（二）『谷干城遺稿』下巻、六七七ページ以下
（三）　昭和八年三月二十二日『東京朝日新聞』
（四）『紐育イヴニング・ポスト』三月廿五日
（五）『紐育ヘラルド・トリブュン』特派員キース氏の通信及び『アトランタ・コンスチチュション』（一九三三年一月三十日）社説
（六）『紐育タイムス』一九三三年三月十二日
（註二）　この公開状は松岡全権がアメリカを通過して帰朝した月の『中央公論』（昭和八年五月号）に掲載したものである。多少の反響を見たもので、タイムの観念において可笑《おか》しいところはあるが、そのまま採録する。この公開状の姉妹篇ともいうべき「内田外相に与うる書」は、拙著『非常日本への直言』（千倉書房出版）に載しておいた。併せて通読されれば当時の筆者の意見が、比較的よく諒解されると思う。

〔一九三四年七月一〇日刊〕

現代ジャーナリズムの批判

現代のジャーナリズムは、別に立入った批判を必要といたしません。それは毎日の新聞を開いて、あなたの前に置くことによって自然に批判が生れます。

みみずにどれだけの社会性があるか　たとえば現在、東京の大新聞は何れも水道からみみずが出るということについて、大袈裟に書きたっています。どの新聞を見ましても、それが最も重要な記事になっている。東京市の水道からも出たし、それから玉川水道からも出て競争をしているというようなことです。しかしこれに一体どれだけの社会性があるのでしょうか。何が重要で、数日に渡ってこんなことが東京の大新聞のタップを飾りうるのでしょうか。

新聞社の内容を御承知の方には説明するまでもありませんが、東京の新聞には毎日、新聞紙上に収容しうることの出来る記事の十倍ものニュースや原稿が集まります。つまり編輯局に集った記事の十分の九ぐらいは捨てると見てもいいのでありまして、これがたえずページ数を増して行く理由であります。しかるにその沢山集まる記事の中から、みみずが水道口から出たということが、何よりも大きな記事になるのであります。
私は世界の如何《いか》なる国の新聞においても、水道からみみずの出ることが、その首都で発行される大新聞の連載的主要記事になる例を知りません。それは他の多くの社会記事というものと共に日本が持つ特殊な特長でありまして、これは日本人の精神的傾向から生れるものなのであります。

講師選定はジャーナリズム的に不成功　こうしたことを御話し申上ぐる前に、お断り申しあげておきたいのは、私が皆様の前に出てお話し致しますることは、私としては甚だ光栄とするところではございますが、しかしこれをジャーナリズム的に見ますとジャーナリズムとして成功していないという事実であります。この間この幹事の方が私の処へ来られまして、こういう会があるから是非来て話をしろということをお命じになった。私は再三それをお断りしたのであります。第一には口下手である、第二にはそんなに卓越した意見を有《も》ちあわせておらない、第三にはそのほかにもっと立派な人がある、そうして色々の人の紹介まで差上げましたが、対手《あいて》もさる者なかなか退却しない、その時幹事が主張する最も大きな原因は私の家を尋ねるのに二、三時間もかかったということであります。理論から申しますればこの幹事の諸君が二、三時間私の家を訪ねて判らなかったということは、どうやら私の責任ではないようであります(笑声)。もっとも田舎のなかなか判らない処に住んでおるのはこれは私の責任である。しかし私からいえば、私のような文筆業者が東京の真中ではなかなか住み得ないということは、必ずしも私の責任ばかりでなく、社会の構成の上に欠陥があるともいえる。

大東京より受くる恩恵　そのほかに今一つ、これも私の責任でないと思うものでありますが、私の家へ訪ねて来るのには、役場が認めて、即ち国家が私に命じた宛名、番地をいったのではなかなか尋ねて来られないのであります。私の家へ来るのにはどうかすると半日位もかかるものがありまして、二、三時間で来られた人は相当に頭のいい人である。ところがその判り憎い私の家が、隣りの字《あざ》の名前をいうとすぐ判るのであります。これならばまず二、三十分間で尋ねられる。役場が私に命じたところの、即ち私がそう書かなければ、氏名詐称で国家から罰金でも課せられるであろうところの正当なる番地を書いて判らないで、隣村の名前を書くとすぐ判る、これが大東京から得る私の恩恵なのであります。

二、三年前に私が外国から暫らく旅行して帰って参りました時に、東京では大騒ぎをして大東京になったというて祝っておりました。提燈《ちょうちん》行列がある。花電車が出る。三百万人が五百万人とかになったというので大変な騒ぎでありました。何か大変効果が得られるであろうと考えておりましたが、やはり早稲田の諸君が私の家へ尋ねて来られて、番地を探しても三、四時間かかる、その程度の市区改正であったのであります。三百万から五百万になった。その数が殖えたということだけ、その精神的満足のみが大東京から受ける私の恩恵である。これはあとでも説きまするように、日本精神というものに多少の聯関性を有《も》っておるようであります。

ジャーナリズム上価値判断の対照をなすもの　理論からいってこうして私には負担すべき責任がないにかかわらず、ついつい二、三時間かかって折角《せっかく》此処《ここ》まで訪ねて来たという幹事諸君の懇望でついつい此処に出ることになったのであります。これはジャーナリズムにとっては禁物でありまして、吾々は筆を持つ場合、あるいは雑誌を編輯する場合、あるいは新聞を編輯する場合に、いくら何処で努力を払ったということに、あまりに注意を払うことは禁物であります。自分の眼の前に置かれた記事なり内容なりが、どれだけの本質を持っており、どれだけの価値を持っており、ジャーナリズムから観てどれだけ卓越したものであるかということが判断の対照をなさねばならぬ。ある記者が今日自動車を乗り廻して一日色々苦労して、これだけの記事を持って来た。こういうことに重要点を置て編輯致しまするときっと失敗するのであります。ところが慣れないジャーナリストというものは、とかくこの人情味を持つのであります。私もジャーナリストとして随分永い古狸の方でありますが到頭このジャーナリズムには敗けました。ジャーナリズムには氷のような冷やかさがなくてはならぬ。そこにのみ成功がある。これは本日批判致しまするジャーナリズムの最も切実なるものとして、まずお断りを申しておく次第であります。

ジャーナリズムの本義と日本流の解釈　一体ジャーナリズムとは何《な》んであるか、と申しますると、日本に於て使用されるジャーナリズムという文字は本来の意味とは少し違っておるようであります。日本ではジャーナリズムあるいはジャーナリストと申しまするというと、軽い筆で大した内容もないことを書いて、時流に乗るものという風に解されている。然《しか》し、これはジャーナリズムという文字が代表する意味ではないのでありまして、此処へ来まする前にジャーナリズムの英語の辞書を見るとこう書いてある。

「ジャーナリズムとは新聞のために書くこと、編輯すること、あるいは経営する職業(occupation)、あるいは専門職(profession)のことをいう。あるいは綜合的に新聞のことをいう。新聞自身のこと」

これがジャーナリズムの定義であります。即ち日本でいうジャーナリズムというのは、一種浮薄な時流を追う文筆業の事であり、雑誌のことであるということは、元来のジャーナリズムという意味に於て外国には通用しない言葉でありまして、これは日本の特殊な解釈であります。

こういう解釈は日本に於ては他にもしばしばあります。例えばよくあのトランクを持って歩くという。今日はトランクを持って来なかったというようなことを女の人がいうからどうしてそんなものが持って歩けるのかと不思議に思って訊《き》いて見ますと、あのスーツケースのことで、なるほどそれなら持って歩けるはずだと考えた。

またあのレールの上を走るものがトロッコで、貨物自動車がトラック。同じ語原が物によって別に使われて甚だ便利であります。デパートメント・ストアーはデパートで通りアパートメントはアパートで充分だ。それで通用するのなら、大《た》いしてそれを直す必要もないことでありまして、実は最近日本というのをニッポンといわなければいけないとかいうようなことで力瘤《ちからこぶ》を入れておる人があるが、私としてはあまり実は興味がない。

ジャパン・ニホン・ニッポン　もし外国人をしてニッポンといわするならば、こちらも米国などといっちゃあいけない訳《わけ》であります。米国などというのは支那語でもないし、また日本語でもない、無論アメリカ語でもない。米の国。外国人には何を意味するか判らぬ。あそこでは(米国)パンを食っておる、米の国はちょっと可笑《おか》しい。或る私の知っておる代議士の人がアメリカへ行きまして、ワシントンで大統領に会いました、その時に今日はといって握手しまして、私の国は米を食う国、あなたの国は米の国、日米万歳万歳、といって握手をしたそうでありますが（笑声）、相手には何が何んだか判らなかった。日本人には米国と書いてアメリカのことをいうのであるが、米国人には判らぬ、ナゼ米の国というかといわれて説明に困ったと、ある大使が話しておりました。英国というのも、英国などという国は世界の何処《どこ》にもないんであります。仏の国なんかも可笑しい（笑声）。濠洲の濠なんという字は何処から出て来たか知らんがわれらのような無学者には、濠という字が何を意味するか知らぬ。あるいはサンフランシスコ、これも桑の港と書きますが、あんな処で蚕《かいこ》なんか見たことがない。無論桑などはありません。そこで自分の方では日本《ニッポン》と呼ばなくちゃ、呼んでもらわなくちゃいけないが、外国のことはいい加減にどんな当字を使っても好いというようなことは、私のような卑怯な者では主張出来ないのであります。ファッショの人なんかがそういう主張をして戴《よ》くのは結構だが、私たちにはそういうことが理窟に合わないようでございます。日本でも宜し、ニッポンでも宜し、その内容が自然に意味を持つようにするのが吾々の努力だと、こういう風な感じを何時《いつ》でも持っておるのであります。序《ついで》にいっておきますが、ニッポンというと、その内にNipと略して呼ばれるようになりましょうが、これは「つねる」というような意味で、またチビというように解される恐れもある文字で、あまり香《かん》ばしい言葉ではありません。

新聞は国民性の鏡　そこで日本のジャーナリズムという言葉に日本特殊な意味があるのも結構でありますが、然らばこの日本のジャーナリズムというものの特徴は何んであるか、こう考えて見るというと、そこには日本でなければ無い色々の特徴が見得るのでありますす。元来一国の新聞ほどその国の国民性を表わすものはないのでありまして、その国の新聞を見れば、そこに日本精神なり、アメリカ精神なり英国精神なりというものが表われておるといっても好いのであります。ナゼそれじゃ新聞が特別にそういう精神を表わすか、こう申しますと、これは他《ほ》かの機会でも陳《の》べたことがありますが、私は人間の精神的方面を二つに分けて、一つは第一思念とでもいいますか——First thoughtであり、第二は第二思念とでもいいますかSecond thoughtと区分することが出来ると思う。もし第一思念を感情、伝統、それから習慣というようなものをいうことが出来れば第二思念とは理性、即ち教育と訓練の結果、そこに生れ得る反省的、批判的なものということが出来ると思うのであります。ところで新聞はかつてはその第二思念を狙った時がございました。つまり高いところに目標を置いて、自分の主張を書いて、その主張に反する者とあくまで闘ったことがあった。明治の初年の如きはそれであった。ところがその新聞が非常に大げさになりまして、読者を広く日本の各層から漁《あさ》らなければならないという時代になりますと、どうしてもその新聞は社会のあらゆる層を目がける必要があるのであります。元来人間というものは自分のかつて考えておることを他人に依《よ》って裏書されることを好むものであります。毎朝新聞を見まして自分の反対のことが書いてあると何だか腹立しい。そういうものを五十銭なり一円也を払って読む興味も感じないし、無論これを排撃する。平生自分が考えておることを、新聞だとか雑誌だとかに依って裏書されるということを多くの読者は欲するのであります。随ってその多くの読者を漁るために、どうしても国民が持っており、国民が考えておる傾向を裏書し、喜ばせるような記事で満されなくちゃならんという、こういうことになるのであります。

読者層の拡大と指導的・批判的態度の喪失　それでも『中央公論』とか『改造』とかいうような高級な雑誌は第二思念を目がける。高級雑誌は知識の宣伝者、社会の批判者であって、これを読む人は、そういう覚悟を以て読むのであり、またそれが要求されて存在理由があるのですが、新聞は五十万、百万という読者を得るためには、その新聞の行くところは書斎のみではいけない、あるいはまた学校の教室のみではいかん、魚屋の店頭にも、あるいはまた呉服屋の店頭にも、電車の中にも総《すべ》ての人に行き渡り、そこで総ての人の要求を満してやるような内容を具《そな》えないということ、その発展性はないということになるのであります。総ての人の要求を満す新聞というものは何かと申しますると、それはその国民が持っておる伝統、感情に愬《うった》えること、また、愬えなければどうしても発展性がないばかりでなくして、その編輯部あるいはこれに関係する者に危害が加えられる虞《おそ》れがあるということになるのであります。

この事実をお考えになれば新聞が大きくなるに従って、主張的には弱くなる意味がお分りになると思う。強い時即ちその新聞が小さい時には自分の目がける社会層が定っておりますから相当に大胆に書いてもいいのであります。ところが一般を目がけることになるというと、彼らを満足させるためには、その調子を下し、その有っておる感情を満足させるような風なことを書いてやる必要があるのでありますから、これに反抗することはなかなか書けない。何か少しそうした大勢に逆らうようなことを書きますると、頻々《ひんぴん》として投書が来るし、販売部でもなかなか黙っていません。そこで編輯者もその意図を迎えて遂に自分の心ならずも、その大衆の意に合うよう、聞いて耳に甘いことを書くということになるのであります。

我国ジャーナリズムの特色・第一・国家主義 随《したが》ってこういう機能を有っておりまするから新聞というものが最もその国民性を能《よ》くその紙面を現しておるのでありまして、この点で日本の新聞を批評しまするることは、やがて日本の国民性を批判するということになると思うのであります。そこで日本のジャーナリズムの特色は何かということになりますが、特色は諸君がお考えなるように非常に国家主義の色彩が濃厚であることであります。国家至上主義というようなものが現代日本の新聞の特徴をなしております。一体日本でいうところの日本精神というものが、どれだけ外国のそれと比較して特色があるか、即ち外国の文化に比して如何《いか》なる特色があるかということは、これは私どもの立場からいえばなかなか難しいことであります。ベルグソンの哲学の中に、一体自分というものは何かというと、ベルグソンはその初めに於て「自分というものは自分から自分に非《あら》ざる総てのものを除いたものである」と説いております。その意味は自分からまず第一に兄弟をとってしまう、その次に両親をとってしまう、その次に家庭をとってしまう、細君をとってしまう、そうして社会性をとってしまって、あとに残るものが自分であるということを言っております。

日本主義とは何か　これを国家に割当てて、日本精神は何かということになりますというと、日本ならざる総てのものをとってしまうということであります。第一仏教は印度のものだから、儒教は支那のものだからこれはとってしまわなくちゃならぬ。また無論基督《キリスト》教は外国のものだから、これもとってしまわなくちゃならぬ。電車や汽車は日本のものではないからとる。電話やトラックや大砲や靴も始めて日本で出来たということを聞かないからこれもとってしまうべきものである。そうしてそういう総ての文化、物質的文明、即ち総ての日本的ならざる物をとって、その後に残るものが日本精神というものであります。

それが果して何であるかは私の能《よ》く解し得ないところでありまするが、とにかく外国から来た総てのものをとってしまったその残るものが日本精神であるということを言っても理論的には差支《さしつかえ》ないと思うのであります。然しそういう理論は別と致しまして、とにかく日本主義、日本精神というものが、近来の日本に於ては非常に旺《さか》んである。この結果第一に最近の新聞を観て感じまするこことは外交に対する批判がないということであります。外交というものは御承知の通りに相手国と交渉することであります。一人で外交が出来ないのは一人で角力《すもう》がとれない如し。然し日本精神の立場からいえば、相手にも五分の理窟があるというようなことを認めるということは、これは国を売る者見たように考えられるのが普通であります。外国との交渉の場合には百%理窟がこちらにあって、相手は全然嘘であるか、全悪であるという風に解釈しないというと、それは国を愛する者ではないという風に解されておるようであります。

聯盟脱退前後に現われた我国民性　これは国際聯盟《れんめい》の時にも現われた現象でありました。五十二対一で日本が孤立しました時にも、無論その前の理事会で日本が十三対一で敗れました時にも、日本はオール正であって、オール悪はあとの十三国なり五十何ヶ国であるとこういう立場をとっております。私はその内容については批判致しませんが新聞上から見るとそう観られる。リットン報告作成のために日本にリットン委員の一行が来ました時に私は特に日本的なるものを見たのであります。リットン報告というものは御承知の通りに日本が国際聯盟に提案して、満洲の事情をよく調べるために各国の専門家を出して、これを東洋へ送って寄越したものである、これが日本に来ました時には大変日本も歓迎を致しまして、丸で嫁入前の娘を有っておるお母さんが有望な青年が来た時のように、遠慮をしておったり、相手を歓迎しておったものであります。やれ日光へ行く、やれ大阪へ行くというので大騒ぎをした。ところがこの委員が報告したものは案外日本のためによくなかった。私どもはその全部が悪いのでなくて、相当にいいところもあったと思ったのでありますけれども、然しとにかくその中に日本の不利な所が書いてあるが故に、日本国民は烈火のように憤って排撃した。各新聞でリットン報告を滅茶滅茶にやっ付けるばかりでなくして、大新聞の如きもこのリットン委員会が北京で支那人から莫大なるお金を貰《もら》った。何か賄賂《わいろ》を貰ったというようなことまでも書いてあったのであります。外務省辺りの発表のものを観ましても、この日本が提案して実現したところの遠来の客に対して、儀礼的にさえも一言の「有難う」とか「御苦労」という文字もなくて、ただ強い口調で排撃しておったのであります。これが大体日本の新聞に現われた外交的な態度であります。

天羽声明と新聞の態度　とにかく相手をやっ付けなくちゃいかん。絶対の正は日本にある。「正義のまたの名を日本という」という立場が現在のジャーナリズムが有ってある外国に対する立場だとこういっても間違いはないと考えるのであります。最近天羽《あもう》氏*が支那問題に関して声明書を発表致されました。外交問題については、とにかく当局の尻押しさえすればいいのですから、各新聞とも例によってその内容が大変いいということを社説なんかで提灯を持っておった。ところが突然に外国から天羽声明というものが相当に問題になっておるということを伝えて参りました、その火の手はドシドシ拡《ひろが》って行きました。ところがこの声明問題に関しても天羽という外務省の一官吏が失策をやったということを正面から論じ得た新聞というものはなかった。彼が少しやり過ぎたという印象はただ外国からの電報に依って読者は知り得たのみであります。わが国の官吏もたまには間違うこともある。少しどうもあれは賢明でなかったということをハッキリ言った新聞というものは殆《ほと》んどなかったのであります。

外交政策に対する無批判とその結果　この外交に対する批判がないということが、どういう結果を現わすか。私は先頃外務省の高官に対してこういうことを申上げたことがある。最近日本に於て外交に対する批判がない結果、外務省は一種の自己麻酔に罹《かか》っておる。医者にとっては貴方は病気が良くなる、良くなると毎日同じことを繰返して病気を良くする方法があるそうでありますが、日本が正しい、世界が悪い、こうしてお互に自慰自讃をしておる結果、そこに自身の心理状態から催眠術が行われて、自己の理論に対する研究、検討が行われないで自分たちのいうことが何時《いつ》の間にか絶対に正しいという考え方になってしまう傾向がある。これが現在外務省などから発表される声明であるということを、その人の前でハッキリ申しあげました。もし日本において外交に対する、もっとフリーなディスカッションがあれば、日本はもう少し自己を発揮したであろうかと考えるのであります。私は日本の立場を広い意味に於て正しいと思う。私どもの目がけるところは東洋に於ける本当の唱首になることだ。これは私どもが信念を以て信じておることであります。けれどもただ自己陶酔的な声明をし、そうして外国から揚足《あげあし》を取られ、狼狽《あわて》ふためいて色々な弁解を試みるというような醜態はどこから来るかといえば、国民全体としてその声明の内容をかつて検討せられたことがないことから来ると私は考えるのであります。

広田外交の第一期　例えば私は広田*外相に対しては満腔の支持を前から有っておった者であります。この広田外交というものを私は二つに分ち、第一期は広田外相が就任致しました去年の夏頃から今年の議会頃までだと観るんであります。この頃の広田外相の工作は外交ではなくして、むしろ内交であって、今まで内田外交のやった脱線外交のブレーキを掛けて、あまり横道に入らないようにすることがその任務であった。これに就ては確かに広田外相は成功致しました。広田外相を総理大臣に擬した政論家もあったほどで、脱線外交が何処に行くか判らないと危ぶまれた、その脱線車のブレーキを掛けたことに対しては、私は広田外相に感謝すべき理由を持っておるのであります。この点に於て私は無条件の支持をして来たのであります。この第一期は今申しましたように外交でなくして内交であります。国の内部に於てたまたま外交手段を尽さずして、直ちに国際問題を力を以て解決するというような、随分冒険な思想が一部にありましたが故に、これをチェックすることが広田外相の任務であった。ほんとの外交は第二期より始まるのでありまして、その時期は先頃の議会の劈頭《へきとう》だと思うのであります。

広田外相の大胆なる日本モンロー主義宣言　広田外相の議会に於ける外交演説というものが、最近の日本外交の歴史に於て、相当に注目すべき声明であった。ここで何を声明したかと申しますると、日本は東洋に於ける平和を単独に全責任を以て維持する、こういう意味の声明であります。いわばモンロー主義というものを拡大して、これをアジアにしき、日本が全責任負うものであります。私は世界に於てこういう大胆なる政策――外交政策を一国の大臣から聞いて、国論が批判なく、無条件にこれを推しておるという例を知らないのであります。ヨーロッパに於ては如何にも英国が制海権を握っております。然しながらその英国はヨーロッパに於ける平和を一手に負うというようなことは申しません、また、アメリカはモンロー主義を唱えましたけれども、このモンロー主義は、外国がこの西半球の小さい国を脅やかすことに反対するというほどのものでありました。結局消極的なる声明であります。然るに日本の外交政策は――新しく樹立致しましたる日本のモンロー主義とでも言うべきものは、東洋に於ける平和の責任を日本が単独に負う、こういうことを広田外相に依って声明せられたのであります。これは実に大胆なる声明であった。国内に於てかつてそのことが問題にならないということは不思議な現象でありまして、これは私どもは世界に於て後世の歴史家から相当に批判をさるべき内容を有しておると考えるのであります。

広田外交に対して持つ疑問の一　第一に広田外交に於て私どもの疑問になりますのは、広田外相がいうところの、そうしてあの天羽声明書がもっと強い言葉で言い表すところの「東亜」というところは何処であるかということである。「東亜」というものの中には印度も入っておるか、印度は英国の領土でありますが、その東亜の中には印度が入っておるか。あるいはまたフィリッピンはアメリカの領土でありますが、東亜の中にはそのフィリッピンは這入っておるか。シベリアはソヴェート聯邦の領土であることは無論でありますが、その東亜の中にはシベリアが這入っておるか、この東亜の平和を日本が単独に負う、Entire burden of responsibilities という文字に英語で翻訳されておりますが、全部の責任を負うということは、随分強い意味である。その東亜というものは一体何処を指すのであるか、こういうことをまず明かにしなくちゃならぬと思う。もし国内に於て外交に対するところのフリー・ディスカッションがあれば、広田外相の外交を百％支持する者からでも、この質問は必然に出るに違いない。

疑問の二　第二には平和の維持をする、維持の責任を負うということは、どの程度までの平和の維持の責任を負うかということが疑問になる。例えば最近支那の雲南には南の方からフランスの兵隊が攻めて来て、色々あそこで問題が起って来ておる。また新《しん》疆《きょう》省ではロシアと英国がゴタゴタやっておりましてあそこでも問題が起っており、平和が必ずしも維持されておるとはいえない。現在あの程度では平和が破壊されておるということが出来ないに致しましても今後もしその方面に大きな事件が起れば、その平和の責任というものは日本が負うのであるかどうか。また支那に共産党の勢力が盛んになり、あるいは内輪喧嘩が起ればその責任を負うか。これは当然世界の国民として明かにしておかなくてはならない問題であります。いやしくも日本の大きな国策を樹立する以上は吾々《われわれ》国民の一人として、その言葉の内容をもう少し検討する責任と義務を持っておるのであります。外交問題に対するディスカッションのない日本にはこうした問題は全く明かでない。

検討を要すべくしてせられぬ日本モンロー主義　私どもは個人の場合なら自身の責任は出来るだけ小さくするということを希望致します。私は田舎に住んでおりまするが、いつか自警団をつくった。この場合村の警戒をやるに致しましても大きな声ではいえぬが私の責任は出来るだけ小さくするということを希望します。外《ほか》の家のことなどは外の人にやってもらって、私は私の小さい家を守っておるだけで満足したいということは、これが人情であります。然るに現在の日本は明かに東洋――東亜という大きな平和を自分単独に維持しようということを主張しておるようであります。これは何かというと責任を遁《のが》れたがる現代の思潮からいえば、随分不思議な心理状態でありまして、これは検討を要することでありまして、今まで日本に於てはかつて検討せられなかった事実なのであります。私の考えるところに依りますれば、斎藤内閣の特徴はスロー・モーションでありますのに、外交問題だけにはあまりにモーションがクゥイックに過ぎると思うのであります。何が忍耐を要するといっても、外交問題ほど忍耐を要する問題はないのであります。自分だけでやることなら、どんなに速くてもよいのでありますけれども、相手がある相撲というものは中々自分のいう通りにはならぬ。例えば日本がアジア・モンロー主義を主張するということは、私どもとしては確信は無論ありまた希望を有するのでありますけれども、然しながら外国がこれを認めなくては何にもならぬ。自分だけがこの村の村長さんだといっておったとて、外の人がそういうことを認めてくれなければ、その威力というものは及ぶべくもない。なるほど、アメリカはモンロー主義というものを有《も》っております。

アメリカ・モンロー主義の認めらるるまで　然しながら吾々がここに考えなければならないことは、このモンロー主義をアメリカが国際的に確立し得たのは、約百年の年月を費しておるのであります。千八百二十何年かにモンロー主義を始めて宣言致しました、然しながら各国ではそうした一方的宣言というものは認めない。現在に於てもメキシコ、アルゼンチン、コロンビアその他の国はアメリカ・モンロー主義という一方的宣言を認めないのであります。これが世界的に認められたのは、大体百年後の国際聯盟に於て始めてのことである、アメリカは世界大戦に参加致しましてその戦争の結果を何も得なかった。植民地も得なかったし、無論償金も得なかった。それだけの犠牲を払って、そうしてその当時アメリカは栄華の絶頂にあったのでありますが、その時に始めて得たものは何んであるかといえば、モンロー主義という道徳的宣言を国際聯盟の中に認めてもらった。これが彼らが唯一の大戦の結果得た結実なのであります。

短兵急の外交と無批判的支持の弊　これだけ永くかかって得たこのモンロー主義とい

うものを、日本だけが急に得ようといったってこれは無理なのだ。これを得ようとすると、そこに反動が起り、痛くもない腹を外国から探ぐられる。またこれを認められたからといって、別に実質的に直ちに何らの効果もない。仮りに効果はあるにしても、無理が伴う。この無理と焦慮が、私は広田外交を躓《つまず》かせなければいいということを最近は特に感じておるのであります。重光〔葵〕外務次官の如きは上海問題のために足を失って随分スローモーションになった。階段を上るのにも一歩一歩あと足をかけてあがっておる。その調子で一つスローモーションで外交だけはやってくれ、あまりせくと日本のためにならぬということを同次官の前で希望したのであります。話しは少しく脱線しましたが、外交問題に対する批判にしてもとかく自己陶酔——催眠に陥り易いということが近来の傾向である。これはジャーナリズムの一つの弊害であるとこう考えるのであります。

第二の特徴・個性無視とゴシップ好き　第二の日本に於けるジャーナリズムの特徴は個性を尊重するということが少いことであります。そうして此の国の国民性の特徴としてゴシップが大変好きであります。例えば新聞を御覧になっても、あの二面の終りの方に政界の秘話見たいなことが沢山あります。また、社会欄の終りにも何かゴシップのようなことがないというと淋しい。議会の開会中などには、半分までではないが、その主要なる部分はなるべくゴシップなどを種にしておる。これは個人に関するゴシップが好きであるという一つの現われであります。昨日の都下の、ある大新聞の社会欄に放送局の大失態ということが書いてある。どんな大失態をしたかと驚いて、特別初号の標題の内容を見ると、何んでも評議員だかに、大阪に死んだ人の名前を入れておったということが書いてある。こんなことが何処が失敗なのだ。それは間違いならちゃんと直せばいい赤線が引いてあったか、黒線が引いてあったか、それは死んだことを消さなかった事務的の謬《あやま》りにすぎない。それはゴシップの種としては大問題でありましょうけれども、そんなことが吾々に何で大問題なのかということを、その時読みながら感じたのでありますが、こうしたことが日本の新聞の特徴をなしておるようであります。

放送局改組に見る官吏跋扈《ばっこ》の一例　私どもから見ますれば、寧《むし》ろ放送局がその幹部を改革するに当って、全部殆んど逓信省の役人を持って来て首脳部に据えた、その事に重大性があると考える。最近非常時で最も得をしておる者は官吏であります。政党が不評判になってこれらの人々が排撃されるに従って、一番得をする者は官吏及び政府の関係者であって、この連中がノサバリ返って、殆んど小役人が現代は日本を料理しておる。大きな政策というものは何処にもなくして、小さい部分的な政策が、その官吏の間の話合で、現在の日本を動しておるというのが現状であると考えるのであります。彼らがたまたま失敗を致しますとすると、彼らは新聞社や雑誌社を呼びまして、諸君がこの事を攻撃すると発売禁止をするぞといって現に脅しておる。海軍は海軍、陸軍は陸軍、外務省は外務省、内務省は内務省でそうした小役人心理があらゆる所へ発揮される。そうしてお互は特権階級でありますから、仲好くして国民の自由を圧迫する。この役人の世界がこれが現在の日本の情勢であると考える。これは小さいことでありまするけれども放送局関係の人事関係にも現われておる。今度の専務、常務理事というのは全部逓信省の役人であります。

狙い処は官吏天下りの情実　放送局には改革の必要があったでありましょう。しかし改革の必要があるとしても、それに当り得る者は単に逓信省の役人であったかどうかということに、吾々は疑問を持つ。日本では、諸君もまだこれから御研究される方のようでありますが、成るなら役人にお成りなさい、とてもそれは好い世界である。自分が監督するのです。自分の下に色々の機関を監督して少し虐《いじ》め付けておいて、そうして其処《そこ》に動揺が来るというと、その監督した人が重役なり何んなりになって行く、自分はたんまりボーナスを貰い恩給を貰って、その時自分が監督しておったその機関に天下りに重要な位置を占める。台湾銀行がそうだ、地方の郊外の電鉄なんというものは、皆んなその関係の監督が天下りになっている。その情実関係から弊害が生れないわけはない。今度の某事件なども正にそれであります。いずれにしても実に役人には都合よく出来ておる国であります。もし問題にするならば――ジャーナリズムの上で問題にするならばここらが私は狙い処でないかと思う。ところが大問題とは何んだかというと、死んだ人の名前が数十名の中に這入っていることであって、是非批判し非難しなければならない大問題は少しも取上げていない。これが我国に於ける大新聞の為体《ていたらく》であるということを私どもは関係者の一人として恥しく思うのであります。

文部省の場合　あるいはまた文部大臣に関する斎藤内閣に対する批判などに致しましても、文部大臣に堀切氏を交渉して謝絶されたというようなことが、何よりも大問題と考えておる。吾々から観《み》れば、誰にその椅子が行こうが一向差支えない、嫌なら謝絶すればいい、そうしたら外の人に持って行けば問題は解決する、問題はそんなところでなくして、――そうした個人的なことでなくして、文部省内の内訌《ないこう》であり、文部省の大方針である、あの七十のお爺さんが現代の流れを理解して本当に大きな立場から、教育国策を樹《た》てることが出来るかどうか、これが大問題であるのにそうしたことは一向問わずして、ただ文部大臣を誰に交渉して謝絶された。そしてそれから政変が来るかも知れぬというような個人的のことのみを考えるという病気が現在のジャーナリズムにはあるのであります。これが日本のジャーナリズムの特徴でありまして、殊《こと》に社会欄というようなものが、一流の新聞に特別な形を成しているということは日本の新聞以外にはない。

外国に於ても社会記事はありは致しまするけれども、ああした体裁を持っておらぬ。それはたまに三流、四流の新聞にそうした記事がある新聞がありますけれども、一流になりますと、ああした一面を割《さ》いてゴシップの種を満載するというようなものはないのでありまます。此の点もゴシップの好きである国民性を現していないかと考えるのでありまます。

第三の特徴・確実性の軽視　第三には日本の新聞にはジャーナリズムにはとかくに確実性ということに対して重きを置かないのじゃないかというような傾向がある。諸君は新聞人ではなく私自身が新聞記者でありますから、これは私自身を撃つことでありまして、日本国民諸君を全体として攻撃しておるのではないのでありましてこの点は非常時の際弁解しておきます。ナゼ日本の新聞に正確さがないかといいますというと、これは東洋の傾向が、大体に具体的な数字とか、具体的な問題を寧ろ軽視する傾向から来ておるのじゃないかと考えるのであります。例えば昔の形容にも白髪三千丈などということをいっておる。三千丈の白髪などは私ちょっと想像もつかないのであります。三千丈位にいわないと形容に具合が悪いと考えておる。あるいは何か乗物の衝突がありまして、その衝突で何人位大体死んだだろうかと考えるところが、昔の東洋流なら「その数幾何なるやを知らず」ということで大概片付けておる。これだと大変都合がいいのでありまするが、然しながらそこには正確性がない。

ハリスと幕府役人との問答　タウンゼント・ハリスという米国初代の総領事が日本に来たことがあります。その始めの時に幕府の役人に一体江戸の人口はどの位であろうということを訊きました。驚いたのは幕府の役人で、答えて曰く「こんな大きな街で毎日往来が沢山あるのにどうしてこの数などが判りましょうか」と、こう答えておる。ハリスの日記の中に何《な》んと数の観念のない人々であることかということを書いておる。下田の港から大島まで天気が好い日は見えるのでありますす。幕府の役人にあすこまで何里位あるだろうかということを訊いた、すると一人の役人は何でも百里とか百五十里とか言ったようである。あまり不思議だからその次の役人に訊くと十何里位であろうといった。日本人は嘘ばかりつくといって怒っておる。船の噸《トン》数などにしても色々訊いて見るんだが皆んな違う、この人々には噸という内容が各々違うのじゃないかということを、ちゃんと日記に書いてあります。昔は日本流の考え方ではそうした数字などを考えるということは抑《そもそ》も事務的なことで、大臣、国士というものはモット広い大きな、数字などに拘《こう》泥《でい》しないことを考えなくちゃいかんということを教え込まれた関係からか、とにかく数字というものを無視する傾向がある。

九百九十九の眼　ある新聞記者が始めて編輯局へ入社した。編輯長から「この新聞では出来るだけ正確性をとってもらわなくちゃならぬ」ということを言われ、その晩に或る会合の記事をその記者が書きまして「演壇の弁士に九百九十九の眼が一斉に注がれておる」と、こう書いた。編輯長が見て九百九十九の眼が、注がれておるというのは可笑《おか》しいじゃないか、いやその中の一人は片眼でありました、といったという。そんなに正確でなくてもいい（笑声）、が大体九百九十九と書く代りに千百人位には書かないという と困るのであります。「集るところ数を知らず」ということでは、ちょっと現在では想像に不便であります。この点がやはり日本の新聞が正確《アキュラッシイ》を欠くということの特徴であります。

リベラリズムの立場がないこと　今一つ日本の新聞の欠乏しておるものは、リベラリズムの立場がないということであろうと思うのであります。リベラリズム――自由主義というものがどれだけ馬鹿にされましても、然し新聞だけはリベラリズムでなくてはならぬのであります。一つのイデオロギーを持って或る争議を観て、自分のイデオロギーから観た労働争議だけを報告しても読者は承知しない。どうしても両方の立場を書かぬと新聞にはならぬ。リベラリズムのない国の新聞というものは、とかくに一つのサイドのニュースしか伝え得ないということになっております。最近ちょっとジャーナリズムとか、ジャーナリズムの上からも消えましたが、一時は何かというとプロレタリア・ジャーナリズムとか、ブルジョア・ジャーナリズムとかと言っておりました。それならプロレタリアのジャーナリズムというものに自由があるかというと、私は不幸にしてそれに同じ得ないのであります。

独裁治下に真のジャーナリズムなし　ソヴィエート聯邦の新聞は国営でありますから、その政府の都合のいい記事しか出ておらぬのであります。これに反対する意見というものは、プロレタリアの独裁治下には現われない。あるいはまた一方右翼の方はどうかと申しますると、ムッソリーニの治下にも、ヒットラーの治下にも、その政権に抗した、その政策を批評したような記事が全然現われないのであります。ヒットラーが天下を取りましてから、多少自由な立場に立っておる新聞は、約三百以上もなくなったということであります。無条件にヒットラーを擁護し、あるいはその政権を弁護しておる者でなければ、到底存在することが出来ないというのが、ドイツあるいはイタリアなどの立場であります。即ち左右両翼ともジャーナリズム、本当の意味のジャーナリズムとして成功し得ないのであります。そこへ行くと英米、仏蘭西《フランス》というが如き、とにかく自由主義、リベラリズムの存在する国、即ち他人の意見に対して寛容である国のジャーナリズムというものは相当に自由な立場を取っておるのであります。ブルジョア・ジャーナリズムといいますけれども、そのジャーナリズムは単にブルジョアだけのことを伝えるのではなく、少くとも両方の側に立って公平ならんということを彼らは努めておる。この立場即ち両方の立場を比較的に公平にプレゼントしようという、その考え方が、リベラリストになるという傾きを持っておると考えるのであります。リベラリストというものの中には不思議に新聞出身者が多数であります。これらの人々は何年かの経験を通して両方の立場を知っており、またこれによって比較的に公平なる判断を下そうという心構えを有っているから、それがリベラリストをつくる。

新聞成功の秘訣は自由主義的立場に立つにあり　世の中の何処にリベラリズムが必要でなくても、ジャーナリズムだけには両方の立場を公平に報道するというリベラリズムが必要である。そしてこれが新聞の成功の秘訣のようでありまして、世界の新聞の歴史を観ると大体にそういう新聞が成功をしておるようであります。『ニューヨーク・タイムス』とか、あるいは『マンチェスター・ガージャン』とか、『ロンドン・タイムス』とか、そういうものは大体に公平なる立場をとって、相手の説に対しても傾聴する、それを公平に読者に伝えるというジャーナリズムの立場が結局に於て成功するのは、これは日本に於ても言い得るのであります。例えば『朝日新聞』は大体リベラリズムの立場をとっておりますが、これが成功している。その意見に於て反対するものでもこれを収載する。ナゼ記事は『朝日新聞』に依るという傾向があるかといえば、公平に両方の意見をプレゼントするからであります。

ジャーナリズムのパーテザンは滅ぶ　これに反して、自己のイデオロギーにより、ファッショはファッショだけの意見をプレゼントしようとする場合には、読者が随《つ》いて来ない。昔は政党新聞というものは、非常に盛んであって、新聞というものは政党の機関でなければやって行けないようになっておったのであります。中央新聞でも、昔の『報知新聞』(今では公平ですが)でも、その他皆政党というものが背景になって新聞をやっておった。ところが最近に於て政党の色彩を有っておる新聞が凋落《ちょうらく》して、独立の意見を——報道機関の態度を有っておるものが栄えて行くということは何を示すかといえば、公平に両方の立場を理解する、非常に困難ではありまするけれども、外国の意見をも、その時々に公平に読者に紹介する、その役目を果しておるものは結局に於て成功しつつあるのであります。このことは前に申上げましたように甚だ困難なことでありまして、その国の伝統や、歴史に制約されるけれども、この困難と闘って進むというと結局成功するということは、各国とも不思議に同じであります。ただその時の政権が妨害をし、民衆が迫害をして、これは容易に見えるようで容易ではない。しかもその困難を切抜けて理想を堅持しておる者が結局勝つようであります。

今後の新聞はどうなるか　こうして日本のジャーナリズムには特徴がございまするが、

さてそれなら今後日本の新聞はどうなるか。こういう質問に対しましては、恐らく過去に於て踏んで来た途を、将来も踏むということを答えるより仕方がないと考えるのであります。ただ、過去の傾向を観るというと、政党内閣の時には新聞に対する取締りというものが、比較的に寛《ゆ》るやかなのであります。左翼主義者などは盛んに政党と議会主義を攻撃しますけれども、そのプロレタリア運動の生みの親は政党であり、議会主義であります。何んといっても政党が勢力を得るということは、結局国民の解放運動がある程度まで成功するということであります。それは国民の声が支配階級にせまり、支配階級はその声に耳を傾けざるをえないということになるのでありますから、国民の解放運動が成功するということであります。国民の解放運動が成功するということは、プロレタリアの一部の声も紙面に現われ、かつ発表が出来る自由が与えられるということになるのであります。

政党と官僚との言論取締の寛厳　そこで日本の過去の歴史を観ると政党内閣の時がやはり何んといっても、言論取締は寛大でありますし、プロレタリア運動に対する取締も寛大であります。一番始めに西園寺内閣の頃には多分に政党的な色彩を帯びておりました。この人がまず第一に比較的に寛大であって、明治四十年頃でありましたけれども、社会主義の研究が、日露戦争の後の時代に、プロレタリア運動の先駆として興っております。ところがそれで少し寛やかになる結果が、あるいは官僚内閣になると、そういう必然性を有しておるのか、とにかく官僚内閣になると、寛大にしかけた運動を根こそぎやっ付けるという政策が行われて来る。即ち桂内閣に至ると、その抑圧は非常なもので、御承知の内相が大浦兼武氏などでありまして、この時には幸徳秋水が死刑に処せられましたり、あるいは不穏思想というものは根こそぎやられてしまった。それから大正七年の原内閣の時代になりますと、プロレタリア運動というものが芽を上げて来て、この頃が殆んど黄金時代といってもいいのでありました。その後加藤憲政会の内閣、次いで若槻内閣、浜口内閣というものは大体にリベラルな方針を採って、プロレタリア運動に対してはあまり抑圧しなかった。ところが官僚内閣になりますというと、斎藤内閣のような内閣、斎藤さん自身はリベラルな立場を採っておるものでも左翼運動には非常に厳重だ。私は世間がいうように斎藤さんを軽蔑してはおらないのでありますが、その斎藤さんの根柢は官僚を根柢としておりますから、非常時の声と共に言論に抑圧を加えておるのであります。ただしここで言論に抑圧を加えると申しましても、それには縦にも横にも二つに分けることが出来る事実を頭に入れねばならぬ。一つは雑誌他は新聞でこの二つは違うのであります。

雑誌のカタキ役はお役人　現在の言論の抑圧というものは、さっき申しましたように、小役人といっては失礼であるが、その小役人が自分の意志に依って言論の抑圧を加えるということが多いのであります。随って現在のように勢力が出来て来た新聞に対しては、なかなか言論の抑圧ということは出来ない。新聞の発売を禁止するというようなことになるとこれは読者も承知しませんし、その社も死力を以て争いまして内閣の基礎も危うくなりましょうから、そんな冒険はしない。ところが雑誌というような反抗力の少い、まあ泣き寝入りになり、それからその内容も比較的に過激な言葉を吐くようなものに対しては現在のような時は相当に強く働いております。雑誌がビクビクしておる程度は恐らくは諸君が御想像がつかない程度であると思う。雑誌は官憲は怖いが、外の者はあまり怖くない。

民間の検閲官暴力団　新聞社はどうであるかというと官憲は大いして恐くはないが一部の暴力団が怖い。これは官憲よりもよほど怖い。まあこういう席上で言うを憚《はばか》りますけれども何かちょっと誤植があるというと、五組も六組もの暴力団がやって来る。暴力団という言葉は失礼ですから取り消しますが、社会を憂い、国を憂うる団体がやって来る。そうして社会の名に於て、九千万の人口の名に於て、それの誤植を指して不敬だとか、非国民だとかいうことを盛んに卓を叩いて憤慨する。これが実に新聞社ではたまらない。殊に新聞というものが攻撃されるのならまだいい。例えば生徒の全体が攻撃されることに対しては、あなた方自身は時には痛快味をすら覚えてたいして意に介しないが、あんた自身が攻撃されるというと怒るように、新聞社というものを攻撃する場合は何んでもないけれども、その編輯局長なり、その社長なり、その専務なりのところへやって来て、乱暴を働いたりすることがないといえない。これにはビクビクせざるをえない。

憂国の士の横行と執筆者の気苦労　また、実際執筆する方でも自分の故にそうした人に御迷惑をかけるということは、これはたまらないことでありますから、つい書く方も遠慮するというようなことで、新聞紙面現在現われている論説なり意見なりというものは、誰の意見でもないという場合も少なくない。自分には説がある、然しながらそれを書くと他の人が迷惑を蒙《こう》むるかも知れぬ、そこでこうも言ったら妥協し得るだろうということを考えながら書く。故に必ずしも社の説でなく、無論社長の説でもない。社会の空気がこうもあるであろうと忖度《そんたく》して書くのが新聞の説である場合が多い。

私の知っておるある新聞社でありますが、先頃読者から投書が来ました、それは川柳で広瀬中佐の銅像が塵にまみれているというようなユーモラスなものであったが、それが紙上に出ると国を憂うる人々が幾組かやって参りまして、こうした軽率のことを書くのは不埒《ふらち》だというので盛んに問題にした。そういう人々の応接に近頃は暇《いとま》がないようであります。

校正部の責任加重　それだから最近は新聞社はそういうことに非常に気を使う。新聞社の社内ではかつては校正部というものは、殆ど責任のない技工的部門であった。文字が違っておるのを訂《ただ》せばよいのでありますから、それは工場の隅に入れてあるような機関で充分であった。ところがその誤植やなんかのために、そういう事件が頻々《ひんぴん》として現われますからその部は俄然大を成して来た。そこで最近の校正部というものは非常に重要視されて来ておる。例えば間違って問題になりそうな文字は三字か四字、一つの活字にして拵えてある。その文字がどういう文字であるかということを申上げるのも具合が悪いのでありますが、とにかくこの国を憂うる人々の攻撃を受けることを避けるために誤植なんかが一番いけないのでありますから、そういう文字が四字か五字一つにして造ってある。どうしても間違わない。また、校正部では何人も何人もで見る。殊に大切な記事になると、その社の緊張というものは、尋常一様ではないのであります。この点は実に想像以上で、そういうことに目を光らして国家のためを憂うる人々が相当の人数東京におるのであります。それだから新聞社は、政府は怖くないがこの人々が怖い。これが実状であります。

そういう風な傾向は、ここ当分は続くでしょう。一国の国民性は急に直るものではありません。これも日本のジャーナリズムの特殊性だと考えるのであります。つまらないことを永らくお喋りしまして、御清聴下さったことを有難く感謝致します(拍手)。

〔『講演』259号(一九三四年七月一〇日)〕

『混迷時代の生活態度』〔抄〕

言論自由の必要

一　異論を傾聴せよ

始めに御相談したいと思いますが、お互いに他人のいうことを傾聴する癖をつけようじゃありませんか。

私どもが各大学の雄弁会などに行ってみますと、弁士の口を開かせないことを聴衆の一つの任務としているようです。弁士が演壇に立つ。何にもいわない前から野次です。いい間違えたといっては野次、論旨が気にくわないといっては野次られます。弁士がとにかく終りまで演説を終らんがためには、この野次を征服する必要があります。従って無暗《むやみ》に大きな声を出すか、然《しか》らずんば奇警な言を吐いて傾聴せしめる以外に手はないので、そこには冷やかに論旨を運んでゆく余地は全くないのです。

弁士を弥次り仆《たお》すことが、雄弁会にどうして必要なのでしょうか。近頃は芝居や寄席でも野次というものは殆んどありません。しかるに雄弁会というような知識を吸収することを目的とする会合において、肝心の弁士の言を聞かざらんとする習慣は、一体どこから来たのでしょうか。雄弁というものは身振りや抑揚でなくて、その弁論の内容にあるのは、特に近来の傾向です。しかるにその内容を自由に語りえない場所が雄弁会だというならば、それは火を焚きえないストーヴのようなものになるのじゃありませんか。

しかしこれは何も雄弁会ばかりでなくて、総《あら》ゆる方面に見うる傾向です。行動主義が法外に高く買われている現在の世の中では、対手《あいて》の立場や理屈は聞く必要がないかのように思われています。問答無用といって、自己の我意《がい》を力で通そうとする気風が、近頃は特に濃厚であります。言論とか、他人の立場などは始めから全く無視してかかって、行動することにのみ価値があるように考えられています。

だが対手の立場を聞かないで、貴方《あなた》が正しいか、正しくないかということが如何《どう》して判《わか》りますか。あなたが間違っておっても我意を通すというならば話しは別です。しかし正しい事を行うというのであれば、他人の説と比較してみないで、貴方が正しいという保証が何処《どこ》にありますか。リンカーンのいった言葉に、「あなたは全部の人を或る期間欺《あざむ》くことは出来る。また一部の人を永遠に欺くことも可能だ。しかし全部の人を永遠に欺くことはできぬ」というがあります。原文のように語呂がうまく出ないので感じがよく現われませんが、要するに理屈のあわないことは、一時は人を欺《だま》かすことが出来るが、永遠に民衆を馬鹿にすることは出来ぬという意味であります。何が理屈にあうか、何が正しいかについては後で説明しますが、それを知る唯一の道は他人の説を聞いて、自分のそれと比較してみることでなくてはならぬ。

他人の説を聞かないで、自分勝手に早合点をしてしまう時に、その人の進歩の芽は止まります。自分の立場、意見、行動が絶対に最上だと思うと、努力してそれ以上になろうという気持になれないからです。この意味で私は、反省の気分をなくした日本の「非常時」心理が、国家のために、また個人一人一人のために、進歩的役目をつとめているとは信じないのです。日本の真個《ほんと》の進歩は外形的に躍進の事実を示しているにかかわらず、昭和非常時年間において止まっていたか、後退していたと、恐らくは後世の歴史家をしていわしめるのではないかと私は考えるのです。

私は常に批評を歓迎します。しかしその批評は、とにかく私のいうところを聞いてからのことにして下さい。私の目的もあなたのそれと同じく、わが祖国を大きくし、住みよくし、お互いを幸福にせんとすること以外にはないのです。

二　言論の自由と不自由

このことと関聯《かんれん》して今一ついっておきたいのは言論の自由の問題です。元来日本に於て言論が自由であった時代があるかどうか存じませんが、殊《こと》に最近著しくなくなって来ております。もっとも不自由と申しましても、少しも不自由でない人々があります。社会を仮に二つに分けまして、その一方の方面は言論不自由だなどというと随分不思議に感ずるでありましょう。何でも自由に言われるじゃないかという人々が、たしかに半分以上あります。何故《なぜ》なら現在自分の言おうとしている通りな社会なのでありますから、何でも言うことができる。ところがあとの二分の一の人々は現在の傾向と違っている。その人々は自分の言おうとすることが何も言えないという言論的抑圧をうけている。そのために私ども筆を持っている者がどれだけ窮屈な思いをしているかということは、読者のあなたにはちょっと想像されないと存じます。新聞や雑誌に現われる意見も極めて限られた一部であって、まして、自分の考えている通りのことを発表するということは全然できない。もしそれをした場合には法律的にも、その他いろいろな圧迫があるのであります。

その言論の圧迫というものは二つの方面から来ます。一つはむろん当局で、現在行政をしている人々からです。昔から支配階級というものは不思議な考え方をする人々で、自分はこの位のことを聞いてもいいけれども、国民に対してはこういうことを聞かしちゃいけないというので非常に神経過敏になる。つまり被支配階級である一般民衆というものはぐっと下のレベルにおって、その人々にはこんなことを聞かせるものじゃないというので、吾々《われわれ》から見ると屁のようなことをなるべくその人々の耳に入れないようにするものであります。

いま一つは社会的な圧迫であります。行政的な圧迫もずいぶん激しいのでありますが、現在吾々が悩んでいるのは寧《むし》ろ社会的圧迫である。私どもは元来が合法主義者だから、行政的方面は不自由ながらも我慢できないこともないが、社会的圧迫というものには限界がないのであります。国家に関することなどは無論批判するわけにいかない。あるいはまた現在ロンドン*に行われている外交問題、軍縮問題などに対してはその批判すらも発表することが許されない。

これはただに吾々評論家のみが発表することが許されないのでなくして、たとえば若槻さんがかつて日本の全権としてロンドンに参りまして非常に奮闘された。私も当時ロンドンに参りましたが、その時には、若槻さんが男爵になったことでも判りますようにとにかく成功だろうと思った。私はおそく帰ったからその歓迎模様は知らなかったのでありますが、新聞などで見ますと東京駅頭その他に於てはすばらしい歓迎であったようだった。ところが不思議なことにはそれが非常に評判が悪くなって、五・一五事件その他の事件もあのロンドン会議の一つの派生的な事実として行われたという風《ふう》に見られているのでありますが、それじゃその若槻さんが自分の立場を発表できるかというとできないのであります。たしか去年、或る問題がさかんでありました時に多少発表しようと致しますと、いろいろ風説などが伝わりまして結局発表することができなかった。つまり自分はこういう立場から、こういう情勢に、こういう結果を得たのだというその事件の真相すらも現在は発表できない情勢になっておるのであります。

少し前のことですが、『信濃毎日新聞』の主筆に桐生氏*という人がおられまして、論説に防空演習か何かのことを書かれて、それがために、長野を去ったことを私は聞きました。また『大阪毎日』、『東京日々』の両紙が同じような事件を批判して大変な問題になった。その議論の内容はその人の立場によって異るのでありますけれども、しかし文化の高い国民、本当に国家のためを思う国民は、少くともその異なった立場の人々がいかなることを主張するかということを一応は黙って聞いてそうして反駁する。あるいはまた反駁しないでも、同じく国家のためを思う人にそういう考え方もあるものだと他山の石とすべきはずであります。しかるに最近の情勢は、自分の考えていることと反対なことを言えば、それがいかにも国家のために不忠であり、社会に非常に悪影響を及ぼすように反対するのであります。

これは一面には或る絶対のものを拵《こしら》えてそれを非違することは、いかなる形式に於て も許さないという一つの現れであります。そうしてまたその対外的な現われが、日本と いうものは絶対正しいという立場になる。国際聯盟脱退の場合にも一番初めには十三対 一で理事会に於て敗れ、その後四十二対一で敗れて脱退した。その場合に一の日本は絶 対に正しくて十三の外国、四十二の外国というものは常に誤っている。一から十まで先 方が誤っている、こういう立場に常に立っているとしますれば、国際聯盟という超国家 機関でなくして、多数の国家が集って自由な討議をする機関に於て、暹羅《シャム》という棄権者 を除けば、その国々がみんなどうして日本に反対の投票をしたかというようなことにつ いては、真面目に検討する気持が起らないのであります。この傾向は果して国家百年の 将来のために利益するでありましょうか。いずれにしてもこうして国家的政策の批判に 触れることはできないようなのが近頃の空気であります。

これについてはこれから理論的に説明しようと思いますが、とにかく現在はそういう 風《ふう》な情勢になっているのであります。国際関係についても、頭から外国を排撃して、日 本が——というよりも現在の役人がやっていることを絶対にいいと言わなければ、なん だか国家に対して忠誠を欠くものであるかのような気持が溢《はびこ》っております。日本が一番いい。むろん日本が一番いいところがなかなかに多い。私はそれを誇る。しかし一から百まで、文化に於て、道徳に於て、国策において完全無欠であるか。そこにはいま一度考えてみるべき必要があるものもないか。君子は日に三度《みたび》顧みる。悲しい哉《かな》、現在に於てはそうした反省すらも伴っておらないのであります。

三　過激主義者は愛国者ではないか

ここで私どもは考えるのでありますが、一体日本人と生れて本当に国家のためを思わないものがあるかどうかという問題であります。

石川三四郎氏という社会主義者があります。これはお若い方は御承知ないかも知れないが、木下尚江さんとか、安部磯雄さんと一緒に社会運動の初めの頃運動をした人でありまして、その後この人が一番左の方へ寄りまして、いろいろな圧迫があってヨーロッパへ逃げて行った。その頃は確か無政府主義的傾向をすらももっておったと思う。この人の話を或る会で偶然に聞いたのでありますが、欧洲に行って暫く田舎におったが、どうも日本人というものが懐しくてたまらぬ。或る時に久しぶりで日本の大使館のある処《ところ》へ行った。その上にへんぽんとして翻える日本の国旗を見た時に、自分はただ泣けた。懐しい。西洋人の間におって日本人の顔も見なくて淋しい。故国に満腔《まんこう》の不平をいだいて外国へ漂浪したその人が、日本の国旗を見た時にただ涙が出て仕方がなかったというのです。

その後、欧洲戦争の時に同氏はベルジュームの近くにいて、いざ日本も参戦ということを聞いた時に、一番気になったのはブラッセルの日本大使館がどうなったかということであった。そこでわざわざブラッセルへ出て、大使館を見に行った。日本の役人たちはその頃はパリーへ引揚げた後で誰もおらなかったが、そこの番人にみんな無事で引揚げましたと聞いた時に、自分はただホッと安心して、涙が出て仕方がなかった。「実に下らぬことであるが……」といって、同君が自分自身の心的状態を嗤《わら》うように話しておりました。

故国を呪《のろ》った人でも、故国を離れると故国に対して非常な執着を感ずる。これは私どもがつねに経験するところでありまして、たとえば片山潜という人は御承知の通り共産主義者で、私どもとは相容《あいい》れない立場にあった人でありますが、この人のことを、東洋経済新報の石橋湛山君が話していた。片山氏が日本におった時には経済などをやっておった関係から親しくしたそうでありますが、片山氏は日本を去り、北米や南米の大陸に放浪の旅に上った。その時同氏は始終手紙をくれたが、その手紙には実に愛国的な情緒が纏綿《てんめん》としている。日本はこんなことをしておっちゃだめだ。もう少し南米に発展しなくちゃならぬ。国家としてこういう政策をとらなくちゃいけないといって、「片山潜」という文字を除《と》れば、いかなる愛国主義者も及ばない言葉を使って国家の発展のために考えておった。しかし時局がこういう風《ふう》になって、片山の手紙などを自分の家に置くというと詰らぬ誤解を受けるからというのでその手紙を一括してこの間焼いてしまったと話していました。日本を呪って日本の敵であるように見られている片山氏が、日本人の血が流れている間は外国に行っても日本の前途のことを考えておったというのです。共産主義とか、マルクス主義とかいうものとは別に、日本人の血と祖国愛とが何時《いつ》までもその体について廻って、そしてこの国家の発展、民族の発展を、意識的ではないかも知れぬが、どこかの隅で希願しておったのです。

これは外国に行った者でないと考えのつかないことであります。外国へ行ったが故に日本を忘れている、外国にかぶれている、日本のことを日本主義的に言わないから日本を呪うものであるという風な考え方は、それこそ外国へ行ったことのない人の考えであります。外国へ行って故国を顧る。その兄弟姉妹の住んでいる国が是非《ぜひ》とも健全な途《みち》を辿《たど》って、更《さら》に更に発展するようにということは、これは何人も考える事柄なのであります。この日本人の顔を持って行けば、どこの国民だって日本の国旗を想い出す。そしてそれをその人に結びつける。日本人という意識は強くなる。従って愛国者になるものなのです。

ところでこういう風に、いわゆる危険思想をもっている人々が既に故国の身の上のことを考えるという点が御諒解できれば、あとは僅《わずか》の問題、立場の相違であります。その同じく愛国心をもっている日本人が、本当にこの国を大きくするためには一体どうしたら一番いいかということは、その立場によっていろいろ方法があります。富士山に登るのに静岡の方から登る方法もありますし、甲州の方から登る方法もある。これを一つの道しかないといってがんばっていることは、その地の理に明るい人にとっては承服のできないことであって、そこにはいろいろな方法があるのであります。

その立場の相違したものが、お互に、近ごろ甲州の方から登る道は崩れているそうだから、静岡の方から登ろうじゃないかといって相談をしたって、一こう差支《さしつか》えないことでありまして、一つの道しかないと独断をしてしまうところに文化の進展が塞がれて、かえって危険があるのです。

元来進歩ということは各方面の意見が集って、いろいろそれが切磋琢磨《せっさたくま》されて落ちついた輿論《よろん》になって、そうして皆が一生懸命その方へ進むところにあるのであります。たとえば一家の問題に致しましても、親父だけが威張っているところではその一家の発展というものは少い。妻君も子供もみんな寄《よ》って、こうしようじゃないか、ああしようじゃないかといって始めてその一家に進歩がある。いわんやその親父が少し頑固で、ひねくれもので、何時《いつ》でもおかしなことをやっているいわゆる独裁政治である場合にはその一家はどうなるか、随分危険なのであります。長男や次男から時には反対意見も出て、はじめてその一家は進路をまちがわないで進むことができるのであります。

四　言論圧迫の弊害

言論の圧迫から来る一つの弊害は、その相手の違った立場というものが全然判らぬことであります。あなたが健康な人を寝床に寝かして、「君は病気だよ」と、こう言います。初めの間は一人がそう言ったって、「いや俺は病気じゃない」といってその人はがんばる。ところが二人来ても三人来ても十人来てもみんな、「君はどうも顔色が悪いし、病気だぞ」と、こう言うと、その健康な人が何時《いつ》の間にか病気になってしまう。「なるほど、俺は健康だと思っておったけれども、病気かね」といってぐったりしてしまうということは、これは心理学者も言っている。外部から注入される観念がその人を病気にしてしまうのであります。つまり習慣というものは人間の行動を決定してしまうものなのであります。

地方の青年などによくある。あなたは初めお酒が嫌いであった。ところが青年の集りがあってお酒を飲まないような奴は男じゃない、もう彼奴《あいつ》とはつきあわないでおこうじゃないか、こういう習慣がそこへ一つ出来る。すると、酒を飲まなければ立派な青年になれないのであるから、自然に酒を飲むようになる。それが習慣になる。その習慣を破るということは、これは非常に困難であります。

今はそうじゃないのでありますが、台湾の野蕃人《やばんじん》は、人間が結婚する前には、他の部落の人間の首を二つや三つは持って来なければ立派な聟《むこ》さんになれない。首を五つも六つも挙げて来ますと村の非常な英雄児で、どんな嫁さんでも取るにまかせるということがあった。そんな習慣ができますと、自分が英雄ならんがために、またいい嫁さんを貰《もら》わんがために、どんなに卑怯《ひきょう》な、枯すすきを見て腰を抜かすような男でも勇気があるようになって、首を斬って来ていい嫁さんを貰うということになる。つまり習慣というものがつねに人間の行動を決定するのであります。

それではその習慣がどうして破れるかといいますと、これには自由な言論というものがなくてはだめです。進歩というものは必ず違った説が現われることによって起る。日本が封建制度を守って、それに対して少しも批判がない場合には、何時《いつ》までもその通りになっている。ところが、この点がいかぬ、あの点がいかぬといって理智的に批判される時にはじめて今までの型が破られて、そこに進歩というものが起るのであります。だから言論の自由というものは、なにも吾々筆を持つものの贅沢品《ぜいたくひん》でなくして、社会に是非とも必要なものなのであります。つまり進歩があらんがためには自由言論というものは是非とも必要なのです。この点に於て吾々は、先ほども申しましたように、現在の日本の情勢が必ずしもいい傾向にあるとは思わないのであります。

五　義人揃いの社会

言論の自由のないところでは、一つの部門のみが強調されるようになるのであります。つまり或る一つの問題《もんだい》についてそれを批判することができない。そこだけが強調される。これは現在日本に於てよく見られる。あなたが批評することのできない部門を考えてみられると沢山あります。そしてその部門がどんどん極端になって行く。たとえば最近新聞で御覧になるように村上という義人が満洲から帰って来た。これはその行為は実に立派な行為であって、これに対しては吾々は少しも批判しないばかりでなくして、むろん尊敬します。しかし新聞の論調なんか見ますと、日本の義人というものはあの村上氏だけだという風な感じをうける。あるいはまた爆弾三勇士、これは大変立派な行為でありまして、吾々はこれについては無論心から敬意を払う。しかしああいう方面に対する反面的批判が欠けている結果、あの部門だけが非常に強調される。そして現在、その方面のみが極端に紹介され、賞揚されている。現在日本の美徳といえばその方面だけだという風な考えがもたれているのであります。

何故に政党が非常に不信用で、他の一部門が非常な国民の信望を買っているか。これはいろいろの説明がありますけれども、その一つの理由といたしましては、政党というものは始終批判される。新聞などでもまるで政党といえば悪いことばかりしているように書いている。ところが一方、他の部門に対しては批判というものは全然ない。これは抗議なんかしたら大変でありますし、とにかく褒《ほ》めてばかりいる。そうするとその部門だけが完全なものに国民に見えて、そして非常な勢力を張って来る。つまり批判のない方面があまり強調されすぎる。それは道徳に於ても、習慣に於ても、すべてに於てそういうことがあるのであります。

しかしそれがいいことかどうかは別だ。批判されないからその部門も反省しない。つい無理もするのが人情である。そしてまた極端になりがちだ。ところが人間には自然法というものがありまして、そう極端に行くことを許さない。或る時機にはその反動が来る。その反動が社会のためには非常に怖いのであります。そこで国家あるいは社会がバランスを失わぬためには、健全に発達して行くがためには、各方面に批判を許して、常にこの点が悪い、あの点が悪いといって――後でも言うようにそれは建設的批判でなくちゃいけない。破壊的批判であってはいけないのでありますが——絶えず批判をするということがどうしても必要なことなのであります。その言論の自由というものが現在すこぶる欠けている。そしてこれが結局日本を健全な方面に導かないと私は考えるのでありまして、せめてこの著書に於てはその言論の自由を認めていただきたい、立場は異っても国を思い社会を想うことには決して違いはないと思うのであります。むろん、陳腐な言い方でありますけれども、人間は顔が変りますように考えも変っておりますから、私どもは一人一人個人が同じ考えになるということを少しも期待もしませんし、希望もしません。かえって議論の対立というものが結局社会を進歩させるということを今申上げるのです。

危険思想とは何か

一　危険思想の解剖

ここまで述べて来て方向をかえてみます。私は正しいということは必らずしも輿論に従うことでもなく、日本の習慣に従うことでもなく、あるいは既成宗教に従うことでもないといいました。現代において普通の考え方としては以上の三つに従うことが正しい道だという風《ふう》に解されています。この三つに従わなければいわば危険思想である。この三つの外に今一つ、時の支配者に従わねばならぬと考えられるのでありますが、これについては議論を進めて行きながら説明しましょう。とにかく以上の三つに従わないと、相当な迫害も覚悟しなくてはならないし、第一危険思想だといわれる。そこで私どもはそれでは危険とは何かということを一応調べてみる必要があるのであります。

普通吾々が攻撃されまするところの危険思想というものは何かというと、必ずしも法律違反ではないのであります。代議士が法律を犯して選挙人を買収する。これは明かに法律違反でありますけれども、これを危険思想というものはない、また直接行動に出て法律をおかすものが、特に近頃は多いが、これが国家のためを想うというような冠詞を附せられますと、危険思想どころか模範思想になる。つまり危険思想というものは必ずしも法律違反ではないのであります。

それでは共産主義とか、マルキシズムとか、サンジカリズムとかいうようなものは危険思想かというと、必ずしもそうでもない。ロシアに行って御覧なさい、一番穏健中正な思想は共産主義でありまして、これに反対するものはみんな危険思想であります。共産主義はロシアに関する限りは決して危険思想じゃない。それが一番穏健着実な思想なのであります。穏健着実な思想という文字は床次《とこなみ》＊さんが内相の頃、特に唱えられたことで、日本においては同氏が本家本元かもしれないが、ロシアの穏健着実な思想の本家本元は誰かといえばスターリンやレーニンであります。更に英国では右翼国粋党や議会政治を否認するものに制限を加えますし、米国においては共和政治を攻撃するものが危険思想だと思っている。従って共産主義が危険思想なりと言うことはできないのであります。

それなら愛国主義に見えないのものがすべて危険思想かといえば、そうではない。後*藤新平さんが生きておった頃、私どもはよく話を聞いたのでありますが、板垣退助という有名な土佐の自由党の巨頭がありますが、この人が岐阜事件で難をうけて負傷し宿屋に担ぎこまれて手当をうけておった。当時名古屋の病院長をしておりました後藤さんが駈けつけて介抱をした。板垣さんがやられたというので、各方面から同志がやって参りました。

するとその晩に東京から、陛下のお使であるといって急使が参った。板垣さんの周囲の者は、これはきっと×××××××××××××××××××をするのであるから、××××××××××××といってがんばった。すると大患で伏しておりました板垣さんが苦しい息の中から「それはいけない、いやしくも　陛下が大御心《おおみこころ》をもって御送りになったものを、何が中に介在していようとも実に有難い思召しではないか、自分はこれをお迎えするのである」と言って、居坐を直してその御使を御受けして 陛下の御慰問を 忝 うしたということであります。当時、荒武者揃いであり、立場は異っておっても、つねに 明治天皇陛下に対して心からなる尊敬と忠誠を払っておったということを、しばしばこれを例に引いて後藤さんは言っておられました。〔××は伏字、推定不能――編者〕

＊尾崎行雄さんがよく愛国主義の反対であるようにいわれました。現に先《せん》だって外国から神戸に帰って参りました時には誰かに襲われたようでした、しかし私はニューヨークに行きました時に尾崎さんに逢って、どんなにこの人が国家の前途を考えているかということを知りまして感激にたえなかった。「今のようじゃいけない、自分は憲政のために永く闘って、とにかくここまで来たのであるが、しかし私どものやったことは今のままでは少くとも失敗しているのである、何とか新しい方法を考えなければいけない、その新しい方法を見つけに、私はこうして世界を歩いているのである」と言って、満洲事件が起った頃などは毎日日本のことを心配しておった。そういう風に、現在いわゆる愛国主義を主張する人々の反対な立場にいる人が、必ずしも危険思想でないことは、少し考えれば直ちに判るのであります。

それなら無智なることが危険思想かというと、必ずしもそうでもない、世の中の人は技術的専門家には敬意を表するものであって、たとえば貴方は医者の領分へ這入《はい》る意志はない。ところが社会的問題についてはどんな人でも一箇の識見をもっているのであります。小学校の時に一方は優等生で、それからずっと大学まで行って社会問題を研究した。つまり社会問題の専門家です。一方は当時から落第しそうな成績で、その後もずっと田舎で百姓をしておって、新聞も読まなければ、そうしたことに別に興味をもったこともない。ところが実際の社会問題に打《ぶ》っ突《つか》って判断をする場合には、「あの人はいろいろ知っているかも知らんけれども考えていることは、間違っている」という気持が必ずある。社会問題とか、国際問題とかいうものに対してはそうした態度をとることが世間一般の通例であります。

この間私が長岡市へ参りまして講演をしましたが、その時の話しであった。米国大使をして大いに活動していますころの斎藤博さんがあそこの出身でありますので、先頃暫くぶりで帰って講演をした。斎藤さんは郷里の聴衆を前にして、相当大胆に日米関係の話をした。「アメリカという国はいろいろ複雑した国であるけれども、しかし日本に対して戦争をするというような気持があると自分には思えない。日本の方には無論進んでアメリカを攻めるというような気持はないのであるから、太平洋は波おだやかであろう」というような意味の話をしたそうであります。ところが、こういう平和論をしますと、どうもあそこの人々には不服だったそうです。「斎藤さんという人は子供の時からずいぶん偉い人だと思っておったが、あんなことを言うようじゃどうも偉くないな」という評判が立った。

それならそう批評するのは非常に国際問題とか外交問題の事情に精しい人が言うかというとそうでなくて、米国の所在する方角も御承知ない呉服屋の番頭とか乾物屋の主人とかいう人々がいうのです。そういう風に社会問題、国際問題に対してはみんな自分の見識をもっておって、それに反対するものはまちがいである、こういう風に考えるのが常であります。それだから無智なことが決して危険思想じゃない、無智な人もみんな一箇の見識をもっているのであります。

然らば暴力を行使することが危険思想かと申しますと、必ずしもこれも××××じゃない。現在東京に於ては暴力を行使することを商売のようにしている人が少なくないと聞いています。新聞なんかで活字がちょっとまちがいますと必ず十人や二十人の団体人が押しかけて来まして、何故活字をまちがえたというようなことで非常な騒動をやる。その結果編輯長《へんしゆうちよう》とかその活字の職工とかいうものの首が飛ぶというようなことはずいぶん例がある。暴力を行使するその人々は、現在の日本では一番危険ならざる人と自分もいい、社会もそうみていますから、×××××だということは言えない。〔××

は伏字、推定不能——編者〕

二　支配階級と危険思想

では一体危険思想は何かと考えてみますと、私の考えるところでは、危険思想というものは、当時の支配階級に反対する思想だといっていいと思う。

しかしここで注意しなくちゃならぬことは、支配階級というのは必ずしも政府じゃない。これは後で説明する機会があると思いますが、現在のような時代には、機構としての政府そのものは案外微弱なのです。岡田内閣が出ましても、斎藤内閣が出ましても、政党内閣が出ましても、政府そのものは必ずしも強力でなくして、その人々の言わんとすることを言いえず、なさんとすることをなしえない。その背後に実力階級というものがある。行動階級と私は名付けているのでありますが、その階級の思想、行動傾向に反対することが危険思想であるという風な解釈であっていいと思うのであります。

たとえば西郷隆盛の誠意については何人も疑うものがなかったが、明治六年の征韓戦争の議が破れて、その人々に反対をして国へ帰った時から先生は危険思想家になった。そういう風にその時の権力者と同じ考え、同じ行動をしない時に、その主義、思想、行動、それが危険思想だと思われるのであります。

もしそうだとすれば、その権力者というものは、歴史から見ましても永遠に生きているものではない。始終変って行く。だから吾々の意味する正しいということは、その時の権力者の考える通りになるということとはちがうと思うのであります。つまり吾々の正しいことはその権力者の考えるよりもっと向うになくちゃならぬのであります。

一九三五・三六年危機の問題

一　危機とは何ぞや

ここで今われらの目前の問題になっている国際危機について考えてみましょう。私どもは実は千九百三十五・六年の危機ということがあまりよくわからぬのであります。だが考えてみると一九三五年というのは昭和十年のことだ。

一九三五・三六年が危機だという人々の論拠は、その年が非常に重大で、その峠を越すとなんだか向うに希望に満ちたところが開けているようにいうのでありますけれども、これが私どもにはわからぬ。国際関係というものに峠はないのであります。千九百三十五・六年が危機なら、その危機というものは永遠に続くべきはずのものであります。碓氷峠ならこの峠を越せば向うが展けて関東になるかも知れませんけれども、国際問題というものはその両国の関係が緊張すればするほど戦争したってその両国の悪感情というものは打破ることは出来ない。相手の国民をみんな殺してしまうか、対手《あいて》の土地が地震でも起ってなくなってしまうまでは、どうしたってよくなるべきものじゃない。一度両国の間に危機を起しました以上は、両国の関係というものがよくなることはなかなか困難であります。故に私どもは千九百三十五・六年を特に危機だという理由はわからぬのであります。

今一つはよくこの危機説を唱える人々は、国際聯盟を脱退するから危機だと言います。これも私どもには判らぬのであります。国際聯盟に対しては日本は実際に於ては既に昭和八年の二月の末を以て脱退の手続きをとってしまった。いよいよ昭和十年二月二十日で脱退の期日が来るのでありますが、既に形に於ても実際に於てもその団体とは関係を断ったのでありますから、形式的に昭和十年二月二十日になったからとて、そこに危機があるということは私どもは信じられない。

もしそれほど国際聯盟というものが強力なものであるなら、あの騒いだ時に何かすべきはずであったのだが、その時に何もし得なかった。国際聯盟なんというものはいわば烏合《うごう》の衆で、各国が便宜のために集った機関なのでありまして、これが一団となって日本に刃向うなんということはありえない。いろいろ利害の異っている国、支那もロシアもインドも、小さい国も大きな国も国際聯盟の会員でありまして、それが一緒になって日本にやって来るというようなことは出来ることじゃない。

また南洋委任統治が国際聯盟を脱退すると同時に問題になるというような議論もあるのでありますけれども、これも私どもはそう考えない。南洋委任統治領は、これは法律的に言っても実際的に言っても日本が統治している。それは決して日本が手放す必要がない。これを手放すためには外国が来て日本をどうにかしなくちゃならないが、あんな小さい島のためにそんな危険をする国がどこにあるもんですか。日本が頑張ってさえおれば、これに対してどこの国もどうすることも出来るものじゃない。日本はそんなに弱い国じゃないのであります。その点は日本は自分の国の実力を信用していいのであります。

今一つは千九百三十五・六年の危機と言われるものの中《うち》に軍備縮小会議の決裂ということがあります。その前に日本はワシントン条約の廃棄方を聯盟国に通知したはずであります。これは大きな問題ではある。しかしこれも私は問題にはならないと思う。要するに国と国との間で各々《おのおの》便宜のために条約を結んだのでありますから、これがなくなれば戦争になるなんていうことは私は考えない。全然条約なんというものがない国が多いのでありますから、一度結んだ条約がなくなるからと言って、直ちに戦争を想像する必要はない。それは日本の立場はなかなか強い立場におります、アメリカが五持って、イギリスが五持って、日本が三で満足しなくちゃならぬというようなことは理由のないことでありまして、この点はあくまで頑張ることが当然でありますが、しかしながら頑張って条約がなくなるということは、少しも戦争が起るということを意味しない。また千九百三十五・六年の後で直ちに危機が来るように考えているようなものもありますけれども、これも事実でなくして、もし実際建艦競争が起って、危機が来るとすれば、それは千九百三十八・九年、つまりアメリカの現在の計画が完備する時でありまして、それまで危機は来ないであろうと思うことの方が常識的であるのであります。

要するに私どもは千九百三十五・六年を心配して、これを標語にする人々には、実際的にも内容的にも賛成しない。その証拠には挙げられたるところの期日はまだどれも来ないのであります。例えば国際聯盟の脱退のことも、あるいはまた条約廃棄のことも、まだ何も来ない。ワシントン条約廃棄を通告いたしましても、千九百三十六年十二月末までは条約は存続するのであります。つまり二ヶ年前に通告してその二ヶ年後に条約がなくなるというのでありますから、そのなくなる前に今度会議が破裂しましても、もう一度やるようなことがないとも言えない。とにかく千九百三十五年二月末までは条約が存続するのであります。

二　国際危機は相互の不信から

その期日がまだ来ないにかかわらず、国際危機というものが非常に叫ばれている。一体何故であるかと申しますと、第一の原因は国際間にお互の信用がなくなったということであります。信用がなくなりますと、個人の間でもそうでありますが、あいつはこんな目つきをしたから、あいつ今夜どうするかも知らぬ。あいつどうも実に癪《しゃく》に障《さわ》る奴《やつ》で、どういう謀《はかりごと》を以て自分を陥《おとし》いれようとしているかわからぬということになる。アメリカは日本を信用せず、日本はアメリカを信用せず、ロシアと英国と、英国とドイツと、いずれも信用がなくなっている。これは国家主義の勃興などにも関係がありますが、とにかく信用がなくなった結果この国際危機というものが起っているのであります。

その証拠には信用のあるところには決して国際危機がない。例えばアメリカとカナダは大陸で三千哩《マイル》も国を接しております。そうして両国間には、一兵も国境を守っている兵隊というものはおらぬ。それだけれども両国でかつて戦争などに脅《おび》えたことはない。同じようにデンマークとスエーデンとかの国々即ち北欧スカンジナビヤ諸国の間にも防備の兵隊はいませんけれども、お互いが信用しているから決して国際危機というものはない。

これはわれわれ個人の場合でもわかるので、私どもが床屋へ行っても、信用しているから白刃顔に躍るといえども驚かない。もし床屋があるいは俺を切っちまうかも知らぬと考えたら、とてもああやって椅子《いす》の中へ横になって、鼾《いびき》などかいておれるものではない。自身は無防備なところへ持って行って白刃を閃めかして顔を当っているのでありますから、これはなかなか安心は出来ない。それと同じことなのです。国家と国家が信用していると、他の国がどんなことをやっても一向騒がないのでありますが、一たび不信用になりますと、対手《あいて》の行動が疑われて仕方がない。その結果国際不信用というものがますます大きくなるのであります。

私は国際関係というものは、いわば鏡に自分の顔を写すようなものだと考える。自分の方でニコッとすれば向うでもニコッとする。自分の方でしかめ面《つら》をすると、向うの方でも癪《しゃく》にさわるからしかめ面をする。そうするとますますこっちもしかめ面をする。しかめ面がかち合いになってそこに危機が来る。だから私どものような国際主義者から申しますというと、国際危機というようなものは、どちらが悪いというようなものでなくして、相互の不信から来ると考えているのであります。

第二には国際危機があるということは、国際危機という言葉それ自身がその役割を努めている。これはちょっと変な言い方でありますけれども、しきりに国際危機国際危機というと、外国から見ると、はてな大して国際危機のような問題もないんだが、あの国で国際危機、国際危機というから、これはどうも自分の国にやって来るかも知れぬというので、さっきの相互に信用がないのでありますから心配をして来る。つまり国際危機ということそのことが国際危機を惹起するのであります。その証拠には、これは必ずしも日本だけの罪ではないのでありますけれども、日本であまりに国際危機、国際危機というものですから、蘭領インドなんかでも玩具のような軍艦を持って来て、日本に対して備えなくちゃならないというので軍備をし始めたということが最近の新聞にありましたが、国際危機という言葉それ自身が、よほど気をつけないというと、かえって国際危機を惹起することになるのであります。

政治家は海外にひびいてわるいようなことはなるべく謹慎すべきでありまして、最近少し業々《ぎようぎよう》しくし過ぎる人々もあって、国家のために私は必ずしもよくないということを恐《おそ》れているのであります。しかしながらそれは何も日本ばかりのことではなくして、最近の国家主義的な情勢が各国をして神経過敏に陥らしめておるのであります。

三　軍備と条約が安全感の両脚

第三に国際不安の原因は国際条約が信頼出来なくなったということであります。国家が安心をするためには二つの道があって、一つは軍備を備えて相手が乱暴をするようなことがあった時には、これを防備するということ、今一つはそれと並行して条約を作ってお互いの不安を除去することであります。これは個人の場合でも同じことであって、お互いが信用し合っていると、約束をして書いたものを取交しておればいいのでありますけれども、お互いに信用し合っていないとそれだけではやはり不安だから、その他に塀を拵《こしら》え、門も拵えて、戸閉りもし、さあと言えば抵抗する用意をして行く。国家の場合でもそうであります。軍備というものと条約というものとの二つがないというと、国家の安全感というものは出て来ない。条約だけではなかなか信用が出来ないものなのです。

もっとも条約を破る、自分の国家が正当な機関を通じて他の国と約束を結んでおいて、それを自分の国で破るということは大変なことです。ドイツはベルジュウムの中立に関する約束を破ったから、世界から袋叩きにされたのであります。日本も九ヶ国条約やケロッグ条約を破ったということを盛んに外国から攻撃されるのでありますけれども、日本としてはそれは解釈の相違で、断然破ったことはないという立場を採っております。一たび一つの国がその国の廟議《びょうぎ》を通して決した以上は、これはその国家の信義のために重んずべく、厳守しなければならない性質のものなのであります。信なくんば国立たずである。条約は現在やや不信にはなったけれども、しかし条約というものがありますと、非常に国家の安心になる。仮りにアメリカと日本との間の条約を結んで「あなたの方からも攻めて来ない、私の方からも攻めて行かない」ということになれば、それは全幅の信用をすることは出来なくてもそう無茶なことはすまいという安心がそこに出来る。それが近頃は国際聯盟が微力になったり、条約が尊重されなくなって以来、その条約に対する信頼というものが非常に薄くなったのであります。今まで両方の脚で立っておったところが、その一方の脚の条約というものがなくなった。そこで軍備だけで立たなくちゃならぬということになった。

軍部が軍備を備えるということは一面無理のないことであります。既に国際聯盟が信用出来ない以上は、場合によれば世界を相手にしても戦わなくちゃならないという義務がこの人々にある。政治家なら内閣が旨《うま》く行かなければ、他の人に政権をやってもいいのでありますけれども、軍人は最後まで自分の国を守る責任を他の人に負わせられないのである。自分がやらなくちゃならない。従ってそこに責任もあるから軍費を余計取りたいと主張することは、この人々の立場としては無理のないことであります。そこで一方の脚の条約というものが無力になってしまったから、ますます軍備という他の方の脚を補強しなければならなくなったのであります。これがつまり軍費が何故殖《ふ》えるかということの国際的原因であります。

四　条約の信用取返しの必要

そこで私どもの責任と致しましては、その一度無力になった条約の信用を取返えす、その方面に今少し力瘤《ちからこぶ》を入れることなのであります。軍備というものは消極的な存在でありますから、積極的に手を伸ばして親善関係を結ぶということは困難だ。そこで誰だって不賛成でないことは、喧嘩《けんか》をするよりも仲よくする方がいいということであります。私が先ほど申しましたことを今一度想出して下さい。相手を敵と見る場合にはこれを喧嘩しなくちゃならないのでありますが、相手を商売相手だと見る場合には、これは仲よくして栄えて行かなくては困る。アメリカを敵とすればアメリカがますます貧乏になった方がいいのであります。けれども、生糸を売らなければ困る国としては、商売相手のアメリカはますます栄えてくれた方がいい。銀行だって同じ相手が敵なら潰れてしまった方がいいけれども、相手が商売のお得意だとなりますと、なるべく向うがよくやってくれなければ、自分の貸出しが貸倒れになる。

国家主義と国際主義というものの相違はそこなのです。国家主義は大体に相手を敵と見る対立関係を常に考える。支那が偉くなっちゃ困る。何故ならばいつ攻めて来るか判らぬ。また日本が自由に権力を振えないから困る。ところが国際主義者はいわば共存共栄、商売的なのです。だから自分の方もよくならなくちゃならないが、同じように相手もよくならなくちゃならない。この相互が栄えることが即ち私ども自身が幸福になることである。これが国際主義と国家主義の相違なのであります。

私どもは国際主義の立場に立つものでありまして、日本の権利というものはこれはあくまで自国のために主張しなくちゃならないが、しかしながらそれと同時に他国に対しても無理のないように、共存共栄が出来るようにと、そういう立場に立っているものであります。現在の情勢はその反対の傾向を行っているのでありますけれども、私はこれが世界を幸福にするとは思わず、また日本を幸福にするとは思わない。もう少し国際的な要素を持って、他国の立場も同情してやって、そうして商売の取引国として他国を見るようにすることが、日本が大きくなる所以《ゆえん》だと私は解釈するのであります。

いずれにしてもこうした国際関係が、現在の日本に非常な不安を齎《もた》らしているということだけは疑いのない事実であります。

〔一九三五年一月一二日刊〕

『現代日本論』〔抄〕

教育の国有化

一　注入主義教育の結実

近頃どこに行っても、一番目につく現象は国家と社会を憂うる人士が非常に多くなったことだ。こんな人がと思う人まで口を開くと、国家の前途を如何《いかん》とか、社会の改革を断行せねばならぬとかいってまわっている。この事は一七、八歳の少年血盟団の発生によっても分ることだ。実のところ、僕などは極めて呑気者《のんきもの》だから、何が危機なのか、何が非常時なのか、少しも分らないことも中々に多い。自分で枯尾花《かれおばな》を押し立てておいて、幽霊だ幽霊だと騒いでいるものがないともいえない。だいたいこの立派な、偉い国が、そう無暗《むやみ》に亡国になったり、へこたれたりしてたまるものか。

それとは別な問題かも知れないが、ある政府の役人がこんな話しをしていた。

同君のところに、ある大学の学生が数人訪ねて来た。名刺を見ると「……学生団」とかある。救国というのは、よく支那人の間において、抗日の看板に使う文字だが、いつの間にか、それが日本の……学生団によって使われている事を知って、流行というものの不思議さを考えながら、この役人は学生団の人々と会見した。

訪問して来た趣旨を聞くと、日米問題に関することであった。その人々のいうところによると、日米間の貿易は近頃、日本にとって非常に入超になっている。それが毎年毎年増加して行っているのだ。昭和七年の入超は六千五百万円ばかりであったのが、八年には二億三千万ばかりになり、昨年は実に三億四千万円にもなっているのだ。

「日本はアメリカからこんなに買越しになっています。一体、外務省などは何をしているんですか」

と、その学生代表者は卓をたたいていうのである。なるほど、数字に少しも間違いはない。かってはアメリカは、日本の生糸を買入れるお客として、日本の経済界を双手《そうしゅ》で支えるほどな顧客《こきやく》であったのが、今や日本の方が大変なお客になっているのだ。この事実を憂うることは決して見当違いではない。

「それならお聞きするが、アメリカから輸入する何を止《よ》したらいいというんですか」

その役人は反問した。アメリカから来るものは、綿花と鉄と油と機械だ。日本が産業的発展を期するために、その内のどれを排斥出来るのだ。

「僕も学生時代があった。だがわれらの学生時代は諸君のように、上すべりではなくて、今少し内容も研究しましたね」

その役人はいったそうである。

日米両国の貿易が、日本側の不利になっている。その事実に気がつく事は、テンで気がつかないものよりどれだけいいか分らない。しかし既にこの事に気がつく以上は、更にその内容がどうなっているかを研究して、その事実の上に立脚して、真面目《まじめ》な建設的対策を研究すべきはずである。その心構えが、現在の学生にあるだろうか。

注入主義の教育の果実は、一つの問題を概念的に受け入れて、かってこれを掘り下げることをしないことだ。国を憂うることは結構だが、その内容の検討と、それから生れる対案がない。

二　学問に対する尊敬の問題

学問に対する侮辱が近頃ほど甚だしい時代はない。かつて学問というものが、法外に尊重されたこともあった。その反動かも知れないが、しかし最近は何十年間、学者が研究した学説などというものも、酒屋や八百屋の小僧さんたちの侮言《ぶげん》を買う材料にしかならない程度である。

もっとも、これも学問の性質によることは事実だ。どんな大胆な人でも、子供の病気の時に隣りの植木屋のところには持って行かないだろう。かれはきっと町の隅から隅をたずねて、その専門の医者のところに飛び込むに違いない。医学博士という称号が、今なお珍重されるのは、そうした部門に関する限り、学問が珍重されるのを物語るものでなければならぬ。

この外《ほか》、学問というものが尊重される部門は少くない。たとえばラジオの発明者に対しては、その国籍の何処《どこ》にあるかを問わず、誰でも帽子をとる気になるだろう。また混《こ》み入った幾何学や代数から天文を観測したり、ビルディングを造ったりするものを見ると、よほどの負け惜しみの者でも、素人《しろうと》でその真似《まね》が出来ると考えるものはないであろう。戦争をするには、何といっても軍人がいいと思うだろうし、造船をするのには、その辺の学問をしたものの方が優れていると考えるだろう。

筆者のいう軽侮される学問というのは、そうした部門以外に属するものだ。二と二を加えて四となるという事実は、始めの間はこれを否定するものがあるにしても、その否定は、そう長く続けられるものではない。ガリレオが地動説を主張した時に、当局者はこれを召喚したり、拘禁したりして、あらゆる圧迫を加えたし、またコペルニクスの天動説も、同じような暴圧を加えられたが、しかしその説は、一世紀も経過することなしに世間から確認されざるを得なかった。

これに反して、政治に関する議論や、経済及び社会に関する研究は、数千年以来、ほとんど同じ所を往来している。プラトーやアリストートルの説が出てから、世界は賽《さい》の河原《かわら》の石ころのように、二千年以上、積んだり、こわしたりしている有様だ。そこには無論、種々な研究も学説も現われてはいるが、しかし自然科学界において定説と議論が積み重ねられて行く意味においては、全く何らの権威も統一もない。

なぜであるか。第一には無論、科学はその結果が実験によって直《ただ》ちに明らかになるからである。これに対して、広い意味の社会科学は、その結果がなかなか明白にならない。

第二は、それと関係あることだが、民衆はその辺に関して過度の自信があるからだ。かれらといえども憲法の問題や、政治の問題や、国際関係の問題について、その知識において、何十年もそれだけを研究している人々に比して、自分が優っていると考えない。だがそれにかかわらず、その意見だけは自身が絶対に正しいと考えるのである。

注入主義の教育は、何が善であり、何が悪であるかということを内容も検討せずに教え込む。そこには周囲の変化と、経験によって自己の意見を変更する余裕はない。また学問の研究から生れる「真理」に対する尊敬というものはない。その傾向は、日本の現在の教育にいちじるしく見られるものだと思う。

三　国家の力による縦横の統制

日本の教育の特徴は、一律総体主義であることだ。真中で手をふると、国の隅の隅までこれになびく。殊《こと》に今度またラジオによる小学校の時間が出来、また青年学校令も施行されて、日本教育の中央集権主義は完備した。

横に統制が出来上った日本の教育は、また縦にも統制が出来つつある。それは最近、…………でやかましいように、……………………しようとするのである。この事は表面に現われているより大きな問題だ。政府という政治する機関が、……〔教育内容〕を国定するのである。…………を以て、…………………を許さないというのだ。

これについては筆者に多少の意見があるが、それはまたの機会に譲るとして、いずれにしても、縦にも横にも、教育に対する国家的統制が出来上ったのだ。これを外の言葉でいえば教育の国有化が完成したといっていいであろう。〔…は伏字——編者〕

教育の国有化にも無論利益がある。それは国家が一つの声となって、発声し得ることである。現代のように団体的行動を必要とする時世においては、国民全体が強く固まることは、確かに必要なことだ。

しかしそれと同時に、これからくる危険は、創造と自由と独立を、教育と社会から奪うことだ。たとえば一つの学校にしても、その教育の方針は詰込主義であり、またその行動は全部命令によって動くとすれば、どこに創意と自由が生れる余地があろう。統一ということと進歩ということとは本質に於て異なるところの二つのものである。進歩というものは、元来異説によって生れるのであるから、上からの命令のみで動く社会には内容的な進歩は期しがたい。

今一つ教育の国有化からくる危険は、国家が謬《あやま》る場合に、これを正すことが極めて困難なことだ。一口に国家といっても、われらの常識で明らかなように、その国務は少数の指導者によって行われるのだ。すでに人間がやることであれば、その政策や行動に時に間違いがあるのは当然だ。ところが命令で動いている習癖がついていると、とかくにこれに気がつかないし、また気がついても批評は許されないのが常だ。国家に争臣なく、社会に批判なし、如何《いか》に危険であるかが分るはずだ。

最後に詰込教育の危険なのは、物を批判的に見ず、ある既成観念を固守する結果、社会的に討議して、漸進的進歩の道をとるということが困難だ。この人々にとっては、いいものというのは古いもののことである場合が多い。昭和十年の便利のいい世の中に住みながら、文明の利益も何にもない………〔神代の国〕に帰れなどという人があるのはその例だ。そんな時代に帰ったら、日本は直ちに外国に圧せられてしまうではないか。あるいは建国時代に帰れという意味は、そういう便利なものを捨てろという意味でなくて、今少し精神的な意味だというかも知れないが、一体精神なり、道徳なりを、物質的環境と離れて存在するという考え方は、われらには解しえないことであって、少し省察を用いれば、それがどんなに非科学的な、観念的な独断であるかが分るはずである。

それはそれとして、自由討議をせず、社会の進歩を漸進的に持来《もちきた》さない結果は、社会の進歩は暴力的変革以外に道がないような事態が生れがちだ。ここでは例を引照する暇《いとま》はないが、世界の歴史において、この極端な統一的鋳込《いこみ》主義教育をなした国は、決して大をなしてはおらないのである。

仏国の経済学者シグフリードが書いたものの中に、欧洲は今はやや衰えているが、しかし将来がある。それは欧洲人は独立心と節約心がある。欧洲人はこれが故に発明に適する。日本人は永遠に単に模倣者に過ぎないと論じているが、その原因の一つを教育においている。

われらはこうした批評に一々耳を傾ける必要はない。われらには民族として確信がある。しかし他山の石は、どんな場合にも一度拾ってみるだけの謙虚な気持が、大国民には必要ではないであろうか。

何故に自由主義であるか

一　独断の窓を開けよ

友よ。

私はこの二つ前の拙著『激動期に生く』において、縁あって私の読者になって下すった方に対して、相当率直に私の立場を書いておきました。くどいようですが私はこの著においても今一度、私というものの正体を明らかにして、あなたの御批判をえたいと考えます。雑誌などのように共同長屋に雑然と寝起きしているのと違って、こうして荒家《あばらや》ながら単行本という一家の生計を営む以上は、これに興味を持って下さるあなたに、せめてはゆったりした気分を以て自己を語らずして現代日本を批判する談議を始めるべきでないと感ずるからなのです。

まず始めに私どもは何を目がけて生きているかということから話しを進めてみましょう。人生の目的とか、生存の意義とかいうと、話しは面倒になりますが、誰でもこの世に生きている以上は、おぼろげながら何かの目的《めあて》がなくてはかないますまい。そしてその目的は自分が幸福になりたいということにあると見て大した間違いはなかろうと思う。

自分が不幸になるために努力している人は、広い世界にも恐らくはないでありましょうから。

ここまでは大体誰でも一致しましょうが、さてその目がける「幸福」というものは何かという段になりますと、それこそ千差万別である。蓼食《たでく》う虫も好きずきからといいますが、一人に幸福に見えることが、他の人には馬鹿らしくて仕方のないことが少なくない。また一国の理想とするところが、他国から観ると馬鹿らしいと感ずることもある。

英国の批評家H・G・ウェルズの書いたものの中に「日本人やドイツ人は苦行を欲するのだ」とありました。これはある点では正しい観方でありまして、日本人やドイツ人の幸福感は決してアングロ・サクソンのそれではない。梅漬け一つあれば飢うることがないというような点に、誇りを感じている日本人は、戦争に行くにも寝台までも持って行きたいほどな国民とは幸福なるものの概念において大分相違がありましょう。一方にとっては、国家や社会というものは、個人の幸福と完成のための手段でしかないのに、他方にとっては、個人は国家を偉大にするための材料でしかない。この人にとっては、国家のために苦難することは、丁度ある種の行者が苦行そのものに快味を感ずるように、非常な幸福であるのです。

こうして何が幸福であるかという内容についても、そこに一定の規準を定むることは困難ですが、しかしそれにしても私どもは一つの共通的な目標を定むることができるはずです。それは私どもは何よりも先《さ》きに生きることの必要があり、幸福も目標も、生きた後のことですから、第一に物質的安定ということが大切であるのは大体に何人も不賛成ではないと思います。他にも私どもの目標は沢山ありますけれども、まず第一に議論をここから進めていってみましょう。

二　私利なき社会

友よ。

私どもにとって、一番大切なことは生きることであり、その生《せい》を幸福にするのには、物質的安定が必要であるという点で、あなたの同意がえられたと思います。これを社会的に観《み》ても、社会の不公平と弊害は富を中心にして、最も多く現われています。後でも述べますするように、私どもはこれが全部の弊害だとは見ません。ただ自己の有する社会的特権に目がくらんでいるものでない限り、バーナード・ショーがいった通り、隣りの大工の娘が、向うの大地主の息子と結婚しうるような社会にすることの理想的であるのは疑えないと思います。

ところでこうした社会を実現するためには、今までの経験では、個人的利益だけを追うて生産したり、配給したりする組織では駄目であることが大体において明らかになりました。世の中がまだ生産に不足して困っている頃は、その個人の利益心を自由に働かせる制度は、最も適しており、また現在の文化を齎《もた》らしたのもなによりも、資本主義の結果なのでありますが、今になるとその無政府的な混乱が、永遠に人類を幸福にしておかないことが分って来た。

これを外の言葉でいうと、私どもは、歴史的に三つの時代を通過して来たと思う。昔しは道徳というものが最高で、経済はこれに隷属していました、その次ぎの時代は経済は独立して、道徳をもその脚下に踏みにじった。ビジネス・イズ・ビジネスという言葉、経済が他の如何なる位置も権力をも見下したのはその現われである。しかしこれが産業革命から引き続いたが故に、世の中が発達したことは、これまた疑うものがないと思います。

しかしこの制度に弊害が現われて、その持って生れた任務がすんだことが一応明白になった以上は、つぎの世紀における努力は、今一度この奔馬のような経済を道徳に隷属せしむるために向けられねばならぬ。

具体的にいって、それはどういう世界かというと、私利のない世界、総べての生産と消費と富が、社会公共のために使用され、いくら生産しても供給過剰というようなことのない世界です。その世界では当然、生産は均等に消費されねばならぬ。そしてその結果、一人が莫大な富を以て、他の生活を左右するというようなことが失《な》くなります。富の巨大な集積がなくなれば、そこには社会的不公平もある程度まで失くなるでありましょう。

そうした社会が果して可能か、とあなたはきっとお聞きになるでありましょう。私もそれを近い将来に、弊害なくして出現するのを、疑うのは後に説く通りです。しかし疑えないことは、もしこうした社会が出来たら、今よりもよほどいいであろうことです。すでにいいとしたら、われらはそういう社会の出現に力を致そうではありませんか。理想とか希望とか、ことに主義とか政策とかというものは、今日考えて明日出現できるものではありません。目標はできるだけ高く、そしてその旗印しに一歩でも近づくことは、社会人としての私どもの義務でなくてはなりません。

三 最少の犠牲を以て

友よ。

私どもの第一の目標は定まりました。問題はこれをどうして実現するかです。ここに来ると意見はその人によって大分違って来ます。つまり目的とするところは誰もかれも大体同じですが、その手段方法において異なるといっていいと思う。

しかしこの場合にも、何人も異存のないであろうことは、同じく目的を達することができるものならば、できるだけ犠牲の少ない方法をとることです。私どもは既に持っているものがあります。慾をいえばきりがありませんが、とにかく、私どもは言論の自由も持っているし、理由なくして逮捕されたり処罰されたりすることのない保証も持っている。社会の秩序というものは、口でいうと簡単ですが、それが確立されるまでには、数千年の高貴な人類の努力がある。また今こそ資本主義は悪いの、社会は不公平だのというけれども、そしてそれは確かに事実でありますが、しかし昔しと比して、現在の方がどれだけいいかは、私どもの子供の時の生活状態と比べても分ることです。

私どもの目的は、社会を現在以上によくして、各々を幸福にしようというのですから、現在持っているいいものを失なってはならぬはずです。持っているものを五つ失なって、新しいもの五つをえたのでは、差引き利益するところは何にもなく、うるものは疲《くた》びれ儲《もう》けにすぎません。いわんや現在持っているものは、己れが存在するごとくに確実ですが、将来約束されるものが果してどんなものであるかは現われてみなければ分りません。西洋の諺《ことわざ》に手に握っている一羽の鳥は、藪《やぶ》の中にいる二羽の鳥よりも尊といという言葉があります。日本ではまた画に書いた餅は食えぬといいます。現在持っているものは、よほどの確実性がなければ、食えないところの画の餅と交換すべきではありません。

この表現法の平凡なのをとがめないで下さい。機械科学において非常な進歩をとげたにかかわらず、社会科学においては藪にいる二羽の鳥が――つまりその画く理想社会が、確実にあなたの手に這入《はい》るというような保証はどこにもないのです。かりにソヴェト聯邦が、昔しのロシア帝政に比していいとしますか。それにしてもあんな大きな犠牲を払ってえた獲物にしては嘘のほど小さいものだといわねばならぬ。私どもは何時《いつ》でも利害の算盤《そろばん》をはじくべきです。

私どもが忘れてならないことは、お互いの幸福ということが目標なのです。経済組織の改革とか、外国に対する発展とかということは、要するにその手段にすぎません。マルキシズムなどが六かしそうにいう経済理論も、結局は今より有利な生産分配の方法だというにとどまります。これが軽視すべきものでないのは無論ですが、さらばとてこれが最終の目的のように、宗教的信仰を持つのは間違っています。目的と手段はあくまで区別して、手段を目的に隷属せしむることを要します。

四　国民性の線に添うて

友よ。

われらの現在持っているものを捨てることなく、しかも最も少ない犠牲で、理想社会を出現させるのにはどうすればいいか。あるいはまた反対にいってどうしてはならないか。

第一に必要なことは、国民性の線に添いながら、新しい時代を展開させてゆくことです。ここで国民性というのは、その発生由来が何であるにかかわらず、われらの目の前にある各国の国民性は、ことごとく異なっています。したがって私どもは、ロシアに適することが支那に宛《あ》てはまると思わず、日本に適応することがフランスに応用して間然するところがないとも思いません。

この点でわたしはマルキストと異なります。かれらは経済的理由が人種と国境を越えて、横にプロレタリアはプロレタリアと、またブルジョアはブルジョアと握手提携すると考えます。労働者が解放されて失なうものは鏈《チエーン》りのみであるから、愛国心も、国民主義も全部捨てて、各国の同じ階級は団結すると考えます。すなわち経済理法は世界大に、無条件に動くというのが大体にその立場なのです。しかし私どもはそう信じない。歴史と伝統と、それから人種上の相異の存在は、世界を横にのみ区劃《くかく》すると考えません。

しかしそれなら各国の保守主義者のように人類に通有する自然法則が、その国にのみ働かないと考えるかというと、無論そうではありません。私どもは世の国粋主義者が、日本だけを全く進化の理法以外におくのに、常に失笑をすら禁じえません。西洋に適するもの、西洋に育った精神的なものは、総べて日本に向かないと考えるものは、原則は世界的に、無条件に適用して謬らないと考えると同じ程度の間違いだと思います。

こうして私どもは一方にはマルクス主義の公式論に対立し、他方には日本の特殊性を高調する自国至上絶対主義の右翼主義者に反対します。私どもは伝統と歴史の力強さを認めながら、しかしながら他面人類に共通する法則を承認して、その線に添うて進歩の足どりを進めようというのです。目は常に国境を無視した人類の進歩と幸福を追います。同時にまた脚は厳に、間違った教育と認識の結果、幕末時代とほとんど相異のない程度に、狭量で、独断で、無鉄砲である大衆の現状から離れないことを心がけています。

五　左翼は右翼と同じ

友よ。

もし現代の有する総べての弊害が、資本主義から来ているものであるならば、私どもはこれだけを仆《たお》せばいいし、それを仆すためには異常な熱を持っているマルキシズムだけを採用すればいいのです。しかし私はそうは信じません。従来の歴史観が人的要素のみを重視したのに対しマルキシズムが経済的必然の重大性を指摘したのは確かに烱眼《けいがん》ではありましたが、総ての原因を経済の一元に帰するのは事実に遠いものだと思います。

私どもは資本主義を克服すると同じ熱力を以て、封建主義を克服する必要があります。マルキストは口を開くと、封建主義を克服する任務がプロレタリアの肩上に遺されたといっています。だがマルキストにそんな資格がありましょうか、私どもからみればマルキストと封建主義者は結局同じものだと考えるのです。

十数年も以前のことですが、英国の議会で産業の社会化に関する法律案を、労働党から提出したことがありました。労働党も無論、成算があってその案を出だしたのではありませんが、社会主義に関して議会において保守党と争わんがためだったのです。その時に、後に大蔵大臣になったスノウデンは、保守党の議席を指して、「諸君、保守主義者は、ソヴェトの共産主義者と同じである」といって、轟々《ごうごう》たる非難を浴びたことがありました。わたしは今なおその言葉が謬《あやま》っているとは思いません。

御覧なさい。かれらがどんなに似ているかを。かれらはいずれもその意志を通すのに、暴力的革命に訴えることを是認します。また両方ながら少数者の独裁を主張します。かれらは国家乃至は社会の絶対性を信じて、個人の極端なる圧迫を主張します。左翼と右翼はまた同じように憲法による個人の権利を拋棄《ほうき》することを是認します。さらにいずれもリベラリズムを敵にすることが同じです。

私どもが、講演会などに参りまして、聴衆を見渡す時に、何百人の中からきっと一つのタイプが発見されます。それは何にも話さない前から、頬から頤の辺に冷笑をたたえて、講師を馬鹿にする表情をしている人々です。かれらは対手《あいて》が何を話すかを聞く前に、すでに自分の考えている思想の絶対性を信じているのです。学問と研究に錬達した人々ならとにかくですが、多くは二十歳から二十四、五歳までの青年なのである。これは聞いてみるまでもなく左翼か、乃至は右翼の人々であります。かれは何にも聞かない前に、自分と異なる意見に対しては、耳を傾けないことを決心してしまっているのです。

この人々の立場が、いかに私どものそれと対立するかは説明するまでもありません。私どもは前にも述べましたように、人類が長い間努力してえたものは、これを手放さないことを主張しているのです。その中には暴力で問題を解決するかわりに、平和的機関を以て解決すること。憲法で保証された権利は、それを犯されないこと。そうした問題がふくまれていることは申すまでもありません。

いずれにしても私どもからみれば極右と極左は同じものなのです。源義経と成吉思汗は同一人であるかどうかは知りませんが、少なくともそれよりも緊切に右翼と左翼とは同じものなのです。その相異は左翼がその主義を明らかにするのに、弁証法論理を有しているのに、他方は歴史的感情を武器にしている点が異なるだけです。したがってこの同じものが他を克服しうる道理がなく、両者を克服するものは、リベラリズムのみなのです。

六　何故に革命に反対する

友よ。

一方を左右両翼——もっと具体的にいえばマルキシズムと封建主義とし、他方をリベラリズムとに区別すれば、私どもの議論は比較的に分りやすくなります。

私どもは現代社会の弊害を認め、かつ資本主義に対する憎しみを持っているにかかわらず、しかしながらこれを暴力を以て仆《たお》すことに賛成しえません。この事は現在において、そうした危険が全くないというのではない。今のような教育の方針と、政治をやっていれば、随分そうした危険もありうると思う。しかし私どもはそうした大きな犠牲を払うのを避けるために、あらゆる努力を払うべきであると考うるのです。

なぜ私は暴力革命に反対するか。これについては前著『混迷時代の生活態度』にも説いておきましたから、再びここで繰り返す必要はありませんが、第一には革命によって新しい制度ができたとしても、それが現在よりいいという保証はないからです。なるほどそれによって資本主義というようなものはなくなりましょう。しかし前にも述べたように現在の弊害は資本主義のみから来ているのではありません。政治する支配階級も、政治される国民も、同じ原料《マテリアル》なのです。経済組織が変更したが故に、ガスを吸うものも、砂利を食べるものもなくなることを、あなたは考えられますか。いな、政治階級に対する誘惑は、権限が非常に拡大するだけにますます多くなります。しかし現在では、それを発表して訴うるところの輿論《よろん》機関がありますけれども、その時には支配階級を攻撃するような言論は絶対に許されないことを覚悟せねばなりません。

第二には社会の変革がある時に、何人が支配勢力になるかの見通しは全くつかないことです。誰でも社会がどうにかなってくれればいいと考える場合には、自分と同じ思想を持ったものが出てやってくれることを期待しての結果でしょう。自分と反対な立場のものが出て来ることを望むものはありますまい。

ところで左翼も右翼も、自分の都合のいい支配階級が出て来る確信を到底もつことができません。今のところ出て来れば右翼でしょうが、現在でもインテリが口を開くと憂鬱をかこつ時に右翼的独裁は果してわれらにとって愉快なものでしょうか。もしそれ遠い将来は知らず、近い将来において左翼の勝利を信じているものがあったら、それこそ公式論に眼がくらんで事実の正視ができない人だと存じます。左翼が優勢だったイタリーはどうでしたか。世界において最も共産主義のさかんであったドイツはどうですか。

第三に、もし現在において社会革命があるようなことがあらば、それは共産主義でもなく、社会主義でもなく、それは野蛮主義への還元です。高度に発達した経済機構は、それがために崩壊します。あらゆる組織は根こそぎになります。私どもはこうした混乱を経験しながらも、なおその結果が明らかでないところの経済的試練をしなくてはならないのでしょうか。

七　さいなまれる「自由」

友よ。

わたしが右翼と左翼の手段に反対するのは以上を以てつきたのではありません。今少し根本的の理由があります。それは人類と社会の進歩に関する観方です。

わたしは人類の進歩というものは、教育と研究の結果から来ると思うのです。言論自由というものも、この角度からみるべきものであって、言論自由そのものが尊いのではない。社会一般の進歩のためには個人の利益は元より犠牲にさるべきものである。言論自由が文明国において高く買われておりますのは、それが社会進歩のために必要であると信ぜられるからにすぎないのです。

ところが右翼独裁乃至は左翼独裁の下にあっては、なにがあっても言論の自由と研究の自由だけはありません。アインスタインはユダヤ人であるという理由で、かれの相対性原理はドイツには何の権威もないのです。先頃、ベルリン大学の総長に三十七歳の青年学徒が任命されました。専門は獣医学で今まで全く知られなかった人です。この人はいい学者ではないが、いいナチスです。同じような例はいくらでも数えることができます。

そのことは、必らずしも例を遠きに求める必要はありません。近くにおいても、長い研究の学説などが、非常時以来いかに手軽に捨てられて来ましたか、これは……傾向が強くなればなるほど現われる現象であることを、私どもは覚悟せねばなりません。

だが、言論の不自由を右翼の責任のみに負わせるのは公平ではありません。この点では左翼とても全く同じことなのです。何人がソヴェト聯邦に言論の自由があることを主張しうるものがありましょうか。スターリンとトロッキーの思想上の相違は、外部から見れば取るにたらぬものですが、この二人が国内において両立しえないのは、後でも説いてある通りです。また現政権に対して何らかの異図をいだくと感ずる者に対しては、ほとんど裁判の機会を与うることもなくて何十名を一度に銃殺してしまうことは、先頃の*キロフ事件の例を見ても明らかです。

ソヴェトに対する同情者はいうでしょう。その政権に反抗するものが極刑を課せられる例は決してソヴェトだけではなくて、どこにでも見られると。しかり、そういうことがない国もありまするし、そうした国もある。しかし私どもはこうした国情が、非常な高い犠牲を払って到達する理想郷だとは考えません。

あるいはまたいいましょう。それは大きな目的に達するための過渡期にすぎないと。だが同じようなことをヒットラーもいうにちがいないのです。私どもの立場は、そうした過渡期を造ることに反対するのです。かりに大きな目的を達するために、そうした過渡期の必要がありとしますか。聞きたいのはその過渡期は何時《いつ》終って、その企図する「階級無き社会」が出現するものでしょうか。『イズヴェスチァ』紙の主筆ニコライ・ブハーリンはその「……………」に、こう書いています――

「まだ、まだ遠い将来のことだ。労働階級はその……〔未来の革命に責任を負〕……わねばならぬ。特に過去の遺物、たとえば懈惰《かいだ》と、怠慢と、犯罪と、誇りなどがそれだ」〔…は伏字――編者〕

いかにもソヴェト当局はそれらのものに対し熱烈なる戦いを闘いつつある。しかし人間の性質は一朝にしてかわるものではない。そこでブハーリンは曰く「労働者国家が、左様な法律と刑罰が不用になるまでは、新しい状態の下に、二代あるいは三代の人間が生れかわる必要があるだろう」と。この場合過渡期というものは二代、三代を意味するのだ！

白状すると、われらインテリ層は常に左翼に対して、右翼に対するよりもとかく同情を寄せがちな傾向があります。そして右翼の行為に対して痛烈に非難する割合に、左翼の行為を看過しがちであることは事実です。この点で世のインテリは多く批判の二重標準を持っています。だがその方法手段において、私どもはこの両翼に大変な相異があると思わない。問題はその窮極の理想において、右翼と左翼が何《いず》れが合理的であり、ベターであるかという点の判断価値が分れるだけです。

八　自由主義の限界

友よ。

もし、自由なる研究と討議が世の進歩を生むという議論が、あなたに受け入れられたとしますならば、あなたは最早左翼にも右翼にもゆけません。あなたは真直に自由主義に来る以外に道はないのです。なぜならば今のところ自由主義以外には、自己に反対する学説と討議を許容するものはないからなのです。

終りに今一度、私は何故に自由主義者であるか、また私がよんで自由主義というものは何であるかを繰り返させて下さい。

第一には私は資本主義は、その為すべき任務を終えて、あたらしい社会には新らしい組織が必要であると信ずるものです。その新らしい社会においては、当然現在のように、その生産機関が個人的利益の故に存在しておってはならないのですから、社会主義が要望されます。

第二には資本主義が清算されることを必要とすると同様に、あるいは現下の事情からいえば遥かにそれ以上に封建主義の克服が必要であることを主張します。現在の社会を住みにくくさせておりますのは、無反省なる資本主義は無論ですが、それよりも封建主義思想の跳梁《ちょうりょう》の故です。ところで前にも述べましたが、マルキシズムはその傾向において封建主義思想と同じですから、これと闘うことは出来ないのです。これを克服するのは自由主義の外はありません。これが如何なる国においても、極右翼に対する対抗はマルキストでなくてリベラリストである所以《ゆえん》です。

第三に自由主義はマルキストに反対します。現在有している文化的特権は、これを放すまいとする自由主義者は、結果の明らかでない冒険に突入しようとするマルキシズムに反対するのは申すまでもありません。自由主義者はある人がいったように、汽車が走っている間に、停車場を改造しようとする主義で、停車場を改造するために、汽車の運転をとめることに反対なのです。

第四に自由主義は……〔絶対〕なものを造りません。マルクス主義者はマルクスに些少の間違いあることも認めませんが、自由主義者とはマルクスにも多少の間違ったところもありはしないかと疑う人のことです。また右翼主義者は自分の国家が誤謬をおかすことがありとは絶対に考えられませんが、自由主義者とは自国も、人間が運転している以上は、時には間違ったこともやるのではないかと考えてみる者のことです。同時にまた自由主義者は愛国の専売特許を有していると思わず、自分と考えを異にする者の中にも同じように国を愛する者が多いことを認めます。〔…は伏字――編者〕

一つのものを絶対に正しいと信ずる時に、そこに進歩はありません。発明と改良は物心両方面ともに、これに欠点がありうることを認めて、完成せんとする努力から来ます。研究の自由は故にこそ意義があります。自由主義者には総《あら》ゆるものが相対的です。左右両翼のように偶像をつくりません。

第五に自由主義者は平和を愛します。最善の戦争は、最悪の平和よりも悪なり、と誰かがいいましたが、そうした誇張した言葉を自由主義者は嫌うにしても、自由主義者が左右両翼を排するのは、左翼は国内に対して「戦争」を行わんとし、右翼は常に外国に対して「戦争」を行わんとする点にあります。自由主義者は平和的なるが故に内省的です。常に原因を外的事情に持って行って、自己と自国とを顧みない者に反対します。ただし平和的なりといって因循姑息《いんじゅんこそく》でないのは無論である。正しいと信ずることに対して熱力を以て戦うことにおいて、如何なる人々にもおとりません。

第六に自由主義者は、自由主義以外に実際政治を行う有力なるウォーキング・プリンシプルはないと考えています。マルクス主義はプロレタリア独裁が来るまでは、ただ妨害と破壊をすること以外になしうる政策はありません。ファッシズムは血と汗であがなった憲法を無視して、旧い何とか精神とやらいうものに還元する以外に手はありません。そんな時代精神に返るのならば私どもは今まで聖代に育って、何のために努力して来たのでしょうか。われらがかえる時代精神というのは一体いつの時代のことなんですか。

それは別としてこの右翼と左翼との間に挟まって、唯一の実行的プリンシプルは、中庸的進歩主義以外にはありません。それが時代を進歩させたことは歴史的から観ても、炳として明らかです。

説いて詳らかなるをえませんが、以上のような立場を持っている者を、私は自由主義者と呼びます。

要するに社会の改革とか進歩とかいうことは、軽業師《かるわざし》のような華々《はなばな》しいものでなくて、地味な石垣を一つ一つ積み重ねるようなものである。急がばまわる以外に道はない。急がずに、しかしながら決してたゆまずに、それが平凡なる私どもの身代なのです。

〔一九三五年六月一四日刊〕

IV

戦時下の構想　一九四一―一九四五

日本外交を貫くもの

第一節　外交と物理的原則

総《す》べてのものがそうであるように、外交にも物理的原則が働く。日本外交史を通観して一番感ずることはこれだ。

水は高きに向っても流れる場合はある。しかしその圧力が止《とま》れば、それは物理的原則によって、直《ただ》ちに水平運動に還るのだ。同じように一国の外交は、時に飛躍することもあるし、時に退嬰《たいえい》的なこともある。だがあまり飛躍しすぎても、あまり退嬰すぎても、結局は物理的原則により水平なところまで帰って来る。そしてその水平は、厳にその国の実力の線に沿うのである。仮にこれを外交的物理運動といってみよう。外交史はこの運動の叙述である。

明治七年に西郷従道《さいごうつぐみち》は、中央政府の意志に反して、台湾征伐に向った。台湾征伐その事は十分に理由のあることであり、また戦争にも勝った。しかし台湾を統治する実力は、遺憾《いかん》ながらなお明治七年の日本には無理であった。そこでその結果は西郷自身が困り、その立場を救ったのは大久保の北京政府対手《あいて》の交渉であった。日本が台湾を経営するのには明治廿七年以後まで待つ必要があった。

同じことを征韓論についてもいえる。個人的な人気から、今でも西郷隆盛の征韓論が同情されておる。しかし仮に西郷の意を貫いて、その時韓国を征伐したとするか、その勝利は何人も疑わないが、その経営が果して出来たか、もし然りという人があったら、それはその頃の極東勢力の均衡がまるで分らない人だ。朝鮮の「併合」のためではなしに、「独立」のために明治廿七年の日清戦争は戦われた。しかもその目覚ましい戦勝を以てしても三国干渉を排し得なかったことは、三国の勢力に対してなお日本が朝鮮独立を主張し得なかったことを語るものではないか。三浦観樹が関係したといわれるいわゆる朝鮮事件*の方法によっても、その目的は達せられなかった。朝鮮が日本の完全な勢力範囲になるためには、征韓論から数えて三十五ヶ年の日子を待つ必要があった。日露の関係もそうだ。樺太境界問題の如きは幕末開港談判とともに出て来た問題だ。明治八年、黒田の意見によって、樺太と千島とを交換したことについては、当時は無論として、現在なお史家の間にすら外交不振として攻撃されるところである。しかし日本の実力は、当時、露国と武力的に争ってこれを保持し得たであろうか。露国と争うためには、明治卅五年の日英同盟を必要としたのである。大正七年の西比利亜《シベリア》出兵も、その有終の美を完《まっと》うし得るだけに日本の実力は充実していなかった。

他の具体的な事実は、これを本文に譲るが、何《いず》れの問題を見ても、日本の膨脹と発展は厳に日本の国力に随《したが》って進んだのを見るべきだ。その時の政治家や輿論《よろん》が無理をして進んでも、その水平運動は結局蹴球が元の位置に戻るように戻るのである。だが、どうせ戻るならば何をしても同じではないかというわけにはいかぬ。仮に西郷の征韓論が行われておったとしよう。どうせ国力の線と並行するところまで帰って来たろうが、それがために国内の整備は、殆《ほと》んど出来ず、第二の健実なる発展膨脹に非常な支障を来たしたと見ねばならぬ。

絶えざる膨脹を目がけながら、しかも国力がこれを支持出来ぬような線へ逸脱しないことを心がけるのが政治家と指導者の任務だ。この点で日本は、殊《こと》に明治年間において誠実にして聡明なる政治家に恵まれていた。彼らは一方に無責任なる輿論に叩かれながら、そして時々に暗殺の危険に面しながら――実際また兇手に斃《たお》れた者が多かった――冒険に赴《おもむ》くことを拒絶した。彼らはその態度において極めて真面目であった。不平等条約の改正においても見る如く彼らの目的は単に不平等条約を廃棄するということではなかった。世界をしてこの不平等条約を継続することを道徳的に不可能ならしむるように、国内の整備を完成することがその標的であった。謬《あや》まれる政策が混入していたにしても、明治二十年前後の欧化主義は、その視野から観察せねばならぬ。

この理想主義は、しかし同時にその足を固く現実につけていた。日本が不平等条約の桎梏《しっこく》から脱却するために、血みどろになって奮闘していた時に、日本は朝鮮に対しても、支那に対しても、同じ不平等条約を課していた。これは矛盾撞著《むじゅんどうちゃく》を以て攻撃さるべきではない。自己が実力を以て、当然の権利を戦いとる立場にある以上は、この実力なき者に対して、同じ権利を与うることは、宋襄《そうじょう》の仁《じん》であると彼らは考えたのだ。

第二節　民間輿論の強硬

日本の外交を通観して第二に感ずることは、民間の輿論が常に強硬で、政府の政策が常に慎重であったことだ。幕府の外交に始まって約九十年の間、外交軟弱を以て攻撃されぬ政府を、我らはただ一つも——恐らくは第一次、第二次近衛内閣を例外として——指摘することは出来ぬ。日本外交史において最も有能なる外政家として、陸奥《むつ》〔宗光〕と小村《こむら》〔寿太郎〕を挙ぐることに何人も異議はあるまい。だがその当時の事情に観《み》れば、この二人ほど恐らくは無能外交家を以て呼ばれたものはない。陸奥の日清戦争外交の後には、は、衆議院における政府弾劾《だんがい》上奏案が待っていたし、小村の日露戦争外交の後には、帝都未曾有《みぞう》の騒擾《そうじょう》がかれを待った。国民の対外協力は、戦争に始まって戦争に終る。外交の別名はことごとく軟弱であり、かつ国民的憤慨の標的である。その真価が認められるまでには、少くとも十年、廿年の日子《にっし》を必要とする。

これは、わが国における特殊現象として注目を要する点だ。その理由については一にして足るまい。国際関係の如き綜合的知識を必要とする問題については、一般民衆の判断はそれに適当でないことも一因だろうし、また当局者のみが情報を有して、それ以外のものはこれを与り知り《あずか》得ないのも他の理由であろう。更に支配階級というものが、一般民衆の外に存して、相互に同情共感が交易するよりも、寧ろ《むし》対抗批議の感がその間に横《よこた》わっておることが、その批判において峻厳ならざるをえない一原因でもあろう。日本議会の失敗も主にここにある。あるいはまた特殊な開国事情から、商業取引的訓練なくして直ちに国際政局に飛び込んだ関係から、外交を一個の取引と見ることが出来ず、勝敗強弱の観点からのみ観ることも、その一理由とすることが出来よう。外交目的は強硬にさえ出れば達せられる、外交の実があがらないのは強硬に出ないからだというのが、幕末以来の一貫した民間常識であった。

その理由は何れ《いず》にもあれ、対外硬《こう》が一貫してわが国民論の基調を為《な》しておることは事実である。この民論はその性質上無責任で感情的だ。だが、これが国民層に深く喰い込んでおる関係から、これを無視してしまうことは全く不可能である。この輿論に面して二つの方法が有能なる外交家により試みられた。一つは陸奥の如くこれに抗しながらも、しかもこれに譲歩することだ。陸奥は遼東半島の割譲要求が無理だと信じながら、しかし国論に譲ってこれを要求した。その結果三国干渉に会して手放さざるを得ず、十ケ年の臥薪嘗胆《がしんしょうたん》を招来した。もう一つは後の幣原《しではら》外交だ。大戦後の世界に漲《みなぎ》る理想主義の波に乗ってこの国民の底流をなす対外硬感情に適当なる評価をなさず、その結果、大きな反動に当面した。

わが国の外交はこの特殊な国民的感情を外にして考うることは困難だ。この感情の特長は、あくまでも膨脹をその内部に孕《はら》むことだ。初代においては対外平等を目がけた。長じては対外優越を求め、世界に伸びて倦《う》むことがない。日本の短時日における膨脹はこの精神の所産だといっていい。しかし半面、この感情の弱点は、進んで止まるところを知らぬ点である。妥協は卑屈の代名詞であり、譲歩は敗北の別名であると考うるところに、余裕のある外交は生れない。そこにはまた前にあげた物理原則から逸脱して、国力以上の冒険に進み、国家の犠牲を非常に大ならしむる危険もあるのである。

この外交に関する国民輿論の傾向は、過去において問題であった如く、将来の日本外交に大きな問題を投げかけるであろう。後進国としては建設的な役割を演じたこの傾向が、大国となった後、そして必然に寛容と妥協を要求される大国の外交政策において、同じ建設的な役目を働くであろうかどうかは、歴史自身をして語らせる外はない。そして過去における経験としては強力な政府のみが、この硬論を抑制指導することに成功している。

第三節　外交と人的要素

一国の外交は国内政治の対外的表現だ。その動きは厳格に国内事情と、その実力によって制約される。同時にまた外交は国際政治の対内的表現でもある。その動きは国際政治の現実を飛び越えたる自由飛躍を許さない。

こうして筆者は国際関係に一つの必然的な約束を認める。そしてその約束の最も大きな力が経済力であることを承認する。だがここで筆者は世の唯物史観的な観方《みかた》と別れねばならぬ。外交を観る場合に、その局に当った個人の見識と技倆がその後の影響に非常に大であることは、その時の経済的要因とは別に考えられなくてはならぬ。紐育《ニューヨーク》の商人ハリスは必らず日本に来ねばならぬ必然的理由はなかったが、かれが現実に日本に米国全権として来たことは、その日本の開国に対し、その結果において大きな相違を与えており、また英、米、仏の公使の性格的対立さえもが、その開国外交史に対する影響は決して尠少《せんしょう》ではなかった。

小さい偶然の事実すらも、その結果において甚大であった一事実をあげよう。明治六年、西郷は征韓論に畢生《ひっせい》の熱意を傾けた。この時ほど、かれが懸命であったことは一生の中になかった。その努力の結果、閣議は最早《もはや》、進んで西郷の遣韓大使たるに反対するものはなくなっていた。反対者は既に辞表を提出して登閣しなかった。いよいよ最後の閣議において聖裁を仰がんとする前夜、太政大臣三条実美《さんじようさねとみ》は急に病に仆《たお》れた。議合わずして辞表を懐《ふところ》にした岩倉がその後をついで大命を拝した。ここにおいて西郷の志は敗れ、征韓の議は否決されたのである。

この時に三条が病を発したことは、一つの偶然な事実だ。だがその結果によって征韓論が敗れたことは、結果において日本の歴史を左右するほど大きな問題であった。更にこれ以前に岩倉、木戸、大久保が欧米を漫遊して来なかったならば、彼らはあれほど確信を以て西郷の征韓論に反対したであろうか。そして岩倉、木戸、大久保が欧米を漫遊したことは決して歴史の必然性ではない。

日清戦争の場合において伊藤、陸奥が時局を指導したことは、誰がやっても同じであることではなかった。日露戦争における小村の場合も同じである。もし幕末開国の当時、外交問題に明るいものがあって、治外法権の文字を条約に挿入することにあくまで反対したら、それが除去は可能なる事態にあった。従って少くともこの問題についてだけでも日本の外交史は異った道をとっていたと考うべきであろう。

　こうして国際政治と、国内事情と、人物的要素の三つが、からみあい、因果しあって日本は発展膨脹の一路を辿《たど》って来た。我らはこの一つをも軽視し、無視することは不可能である。無論、歴史の段階において、その一つが他よりも強く働いたことはある。だがその三つの何《いず》れをも画面から除き得るほど、歴史は一方に偏しうるものではない。外交においてはその本質上特にそうである。

　トインビー博士はその近著(二)において、世界の文明興亡史を顧みると、少なくとも十六箇の文明は、外的勢力が旧文明を圧倒する以前に、自己の行動の故に崩壊しているといっている。この著の書かれたのは第二次欧洲大戦以前だから、これにフランスが加えられていいかも知れぬ。そしてその原因としては、新しい社会勢力——志向、あるいは情操、あるいは理念(attitudes or emotions or ideas)——が旧社会に導入され、しかも旧社会はこれを消化し、あるいはこれを体制化し得ない点に求めなければならぬというのである。徳川幕府が最早自潰《じかい》作用を起すべき機運に来ていたことは、既に何人も説くところだ。ただこの新しい社会勢力の主力を形成したところの国際情勢と、人的要素を無視しては、明治新政の経過も意味も説明出来ないであろう。

　著者はこの三つの要素を等分に見詰めながら、この外交史の筆を進める。筆は順序として維新の前夜を語って、自潰作用の原因を突き止め、その底から萌え出る潑剌《はつらつ》たる新勢力の描写に進まなくてはならぬ。

註

（一）　Arnold J. Toynbee, A Study of History (Oxford University Press, London, 1939).

〔『日本外交史』（一九四二年九月二〇日刊）所収〕

戦後世界秩序私案

桑港会議の議題「国家連合《ザ・ユーナイテッド・ネイションズ》」案の紹介と批判

この冊子は清沢生前に東京にての印刷が困難のため、特に小林一三様に御願いし大阪で作っていただいたものでございます。それが清沢の死後出来上り、小林様より御懇篤な御弔状と共に御送りいただきました。ここに厚く小林様に御礼申上げますと共に、清沢の心籠った最後の印刷物として皆様の御覧をいただければ有難い仕合せでございます。

清沢綾子

序　言

昭和二十年四月二十五日から桑港《サンフランシスコ》に、ダンバートン・オークス案を検討する国際会議が開催されるが、我国の極端なる言論統制が祟《たた》って、これに関する資料と論議は、内容がいいにしても悪いにしても、殆《ほとん》ど街に見当らない有様だ。

何か在ることが、何にもないことよりも便宜だとすれば、筆者がダンバートン・オークス案公表直後、『東洋経済新報』に発表した批判的紹介及び仮にこれを基礎案とした対案は、怱忙《そうぼう》の際執筆したものとして極めて不完全であるにしても、桑港会議を前にして多少の参考になるかも知れない。本論は三つの部分から成る。

第一章　ダンバートン・オークス案の内容

第二章　同案に対する批判

第三章　世界秩序私案

付録　ダンバートン・オークス案邦訳〔略〕

何《いず》れも当時発表したままであって、その後、情勢が変化し、付記すべきものはあるが(例えば仏国が招請国たることを拒否し、あるいは米、英、ソの巨頭会談により投票問題について何らかの協定に達したが、更にこの問題を繞《めぐ》って紛争を繰り返している如き)しかしこれを説明する紙幅は今の場合到底許されないし、それに原案を中心に解剖することが本論の目的なので、後の発展については一切触れないことにした。

なお本冊子の刊行は、東洋経済新報社の好意による。筆者の篤《あつ》く感謝するところである。

(東京、丸ビル、五九二区、日本外交史研究所にて)

第一章　ダンバートン・オークス案の内容

一　新機構の名称

反枢軸国側による戦後案は、先頃の米国ダンバートン・オークスの会合の結果骨組が出来て、十月九日に発表された。その内容については後に批判を加えるはずであるが、それが如何《いか》なるものであれ、彼らはこれをその面目にかけても少くとも彼らの間においては採用するであろう。無論、案はなお最後的なものにはなっておらず、今後の交渉の余地を多分に持っておるが、これによって立場と、利害と、主張の異なる米、英、ソ連、重慶の間に、最大公約数的な共通的基礎は出来た訳《わけ》であり、今後の小国群に対する外交攻勢も、これを中心に行われるであろう。従ってこの案は、最近の国際政治面に現れた如何なる問題よりも重要であって、我国の朝野が周到なる研究をこれに加えずして見逃すべきではないと思う。

案の内容については既に『東洋経済新報』においても概要は紹介されておるが、卑見《ひけん》を述べる前に、今一度これを瞥見《べっけん》しよう。在野の一読書子として、正確なる情報を得るの道なく、材料の出処は多く新聞電報その他である一事は、予《あらかじ》め断って置かなくてはならぬ。

まずこの国際新機構の名前だが、それを The United Nations と公称される。The United Nations は反枢軸諸国が自らを呼ぶ称呼であって、それを国際秩序維持機構と命名したところにその性格を知ることが出来る。彼らとしては国際連盟(The League of Nations)よりは、もっと一体化した感じを持たせようとしたところにその狙いがあろう。この新機構の原案は米国国務省関係で書かれたものらしいが、起草者の頭にはアメリカ合衆国 The United States of America の文字が明滅したであろう。通読して米国的趣向が機構に一貫しているのはこの案の特徴だ。

このThe United Nations を如何に邦訳すべきか。訳して「合同国」「連合国」(日本語に複数を現わす方法がないのが困る)「合同国家体」「連合国家群」というと何れも原文に忠実であるが、日本語として穏当でなく、さらばとて新聞で散見する「反枢軸戦後機構案」というのは新機構の名称としては、種々の意味から永遠に使用すべきではない。「国際連合」はいいと思うが、その発音が余りに「国際連盟」と近似して将来混同しがちになろう。そこでここでは仮に「国家連合」と訳名して置く。何れその内に外務省あたりから公式的な発表があろうから、それに従って差支《さしつか》えない。

二　会の構成と目的

案は第一条において同組織の目的を規定しているが、それは四項目から成っている。第一は国際平和と安全保障を維持し、その目的達成のため平和の脅威になるものを除去し、平和的解決を期する。第二は各国間の友好関係を助長する。第三は国際経済、社会及び人道的問題を解決するための国際協力、第四は以上の共通目的を達成するための中心(センター)となる事というにある。

第二条は同機構の主義綱領(プリンシプル)六項目を並列する。第一項は同機関が「総ての平和愛好国の主権平等の主義」(Principle of the sovereign equality of all peace-loving states)に立つと規定する。この「平和愛好国」というのは米国国務長官ハルの愛好文字である。昨年(一九四三年)十月のモスクワ会談の四国共同宣言にも現れ、本年(一九四四年)三月二十一日のハルの米国外交政策の十七原則、同じく四月九日のハルの外交演説に何れもこの文字を使用している。第二項以下はこの機構に属する会員が、その相互の紛争を平和的方法によって処理する事(第三項)、武力を行使しない事(第四項)、平和攪乱国を援助しない事(第六項)を規定し、またこの機構が会員に非《あら》ざる国家をしてこれらの主義によって行動せしむるように保障すべきことを規定する。

第三条の「会員」の規定においては、同機構の会員は「総ての平和愛好国家に開放」

される旨《むね》をうたってある。ここで会員が「平和愛好国」に限られておるのは、単にハルその他が、概念的にこの文字を好むというばかりではなしに、日独両国に対する隠語的なる含みを有していることは明らかだ。ここに我らが解剖を必要とする問題が伏在する。

第四条において同機構の諸機関を並べておる。右機構は四つの部門から成っており、(イ)一般総会(General Assembly)、(ロ)安全保障理事会(Security Council)、(ハ)国際裁判所、(ニ)事務局がこれであるが、この外に必要なる保助機構を置き得る仕組みだ。

第五条は、一般総会の構成を規定する。総ての会員は同時に一般総会の会員であるが、この会は、国際平和及び安全保障について論議する権利を有する。ただし、行動を必要とするものはこれを安全保障理事会に付議する(第一項)。一般総会は安全保障理事会で討議中の問題については、自身の発意において勧告することは出来ないし(第二項)、また会員に対し特権を停止、あるいは除名する権利はあるが、それは安全保障理事会の勧告によってのみ実行し得る(第三項)。

その他に種々の規定はあるが、要するにそれは調査機関、勧告案作成機関に過ぎずして、殆んど何らの実権がない。会員は一員一票の投票権を有し、重要問題(たとえば会員の入会、除名、安全保障理事国選挙等)は出席会員の三分の二の賛成を要し、普通の問題は過半数投票によることになっておる。

三　安全保障理事会

第六条に規定する安全保障理事会が、この新機構の中枢であって全機構はこれによって運営される仕組だ。安全保障理事会は十一の会員より成り、米国、英本国、ソ連、重慶(The Republic of China)の四国及び近い将来(in due course)仏国が加えられ、これらの国は永久にその位置を保持する。この五つの常任理事国の外に六ヶ国が非常任理事国に選任される。任期は二ヶ年で、毎年三ヶ国ずつ交替し、続いて再選されることを禁ずる。この安全保障理事会は「迅速かつ有効なる行動」を保障するために「国際平和と安全保障の維持に対する主要なる責任」を付与されており(B項一)、総ての会員は安全保障理事会による決定事項を受諾する義務を負う(同四)、また軍備整理を含む国際平和維持に関する案を作成する責任を負う(同五)。

安全保障理事会(以下略して「保障理事会」と呼ぶ)に関する規約によると保障理事会が継続的にその任務を遂行するために、各理事国は常時その代表者を本部に駐留させる。時々会合を開き、必要の場合には政府の代表者あるいは他の代表者を送ることが出来る。保障理事会にあらざる国家、あるいはこの機構の会員にあらざる国家も、その紛争が同国に関係を有する場合には討論に参加せしめなくてはならぬ。

第七条は国際裁判所を規定するが、この裁判所は新機構の法的機関である。その基礎としては現存の国際常設裁判所の条項に適当なる修正を加えて採用することにしてある。新機構の会員ならざる国家が、この国際司法裁判所の会員となる場合の条件については、保障理事会において別に攻究する。

第八条に国際平和維持及び侵略行為の防止に関する方法が規定されておる。保障理事会は、国際平和を阻害する如何なる紛争、事態についても調査する権限を与えられる。「国家連合」の会員たると否とにかかわらず、紛争をこの機関に提議することが出来る。紛争の当事者はまず第一に解決の方法を彼ら自身の平和的手段によることの義務を負う。もし紛争当事者間で解決出来ない場合には、これを保障理事会に付議せねばならぬが、保障理事会はこれに干与すべきや否やを決定する(A項四)。保障理事会は、紛争の如何なる段階においても適当なりと認める調停の手段方法を勧告し得る(A項五)。法律的紛争は国際司法裁判所に付議する。

以上が「紛争の平和的解決」に関する規定であるが、ここで注意すべきことは、右の条項において特に一つの除外例を設けていることだ。即ちその第七に於て「国際法によってその国の国内権に関するものとされる問題から生起した事態及び紛争」は、この規約が適応されないということである。これはいうまでもなく主として米国の移民問題に関し除外例を設けたものである。これについては後に一括批判する。

保障理事会は、その裁断によって必要なる兵力を動かし得るが、これがため同理事会はその配下に陸軍参謀委員会を常設し、平和維持のために必要な兵力量、軍備に関する規約その他諸般の事項について同理事会に勧告し助力せしめる。同委員会は参謀長らによって組織される(第八条B項九)。

この武力制裁に関し重要な点は全加盟国は、国際平和および安全の維持に必要な武力、施設等を理事会に提供すべき義務を負うことであり(無論、各国との間に締結さるべき特殊条約を条件として)、また理事会は緊急な事態に処するために、国際空軍部隊を常置して置くことである。かくて軍事参謀委員会の支援を得て、何時にても軍事行動に出で得る仕組だ。

この「国家連合」の会員たると否とにかかわらず、一国が保障理事会の決定した方針を実行することによって特別なる経済問題に当面することあらば、同国はこれらの問題の解決について保障理事会に提議し得る権利がある(C項一一)。

四　地域的平和維持

この「国家連合」に於て、やや興味を覚えるのは、それが地域的平和維持主義を認めていることだ。これは米国にしても、ソ連にしても、また英国にしても何れもその勢力範囲を有している結果、当然のことであるが、同時にそれは大東亜共栄圏主義を有する我国の立場と偶合するものがある。同規約によると、この機構の精神目的と背馳《はいち》せざる限り、国際平和の維持に関係する事項にして、地域的行動に適当なるものは、地域的機関協定に委せらるるばかりでなく、理事会はさような地域的組織あるいは協定による解決を奨励している。保障理事会は、その強制行動のために地域的機関を利用することが出来る。ただし地方的機関が何らかの行動を為す場合には、保障理事会の許諾を必須の条件としており(C項二)、ここでも保障理事会の独専的権限を特記している。

会の四つの目的の一ったる「経済的及び社会的協力」を実現するために「国家連合」案は第九条において、「経済及び社会局」Economic and Social Council の創設を規定する。この機関は「一般総会」の管轄《かんかつ》に属し、各方面に存在する同種の組織や会を統轄する。会員は十八国の代表者からなり、一般総会に於て選出する仕組である。その任務は一般総会の決定事項の実行、経済的、社会的その他の人道問題に関する独自の勧告案の作成、配下の諸機関との協力、保障理事会の要請に応じてこれを援助すること、その他である。

この「経済及び社会局」はその機構の下に経済委員会、社会委員会、その他必要に応じて専門委員会を設け、常任専門家を聘《へい》して、後に説く「事務局」の一部を構成する。ただこの局は調査機関であるから投票権はない。

第十条は「事務局」の構成を規定しているが、これは旧国際連盟に於けるそれと大同小異であってその事務総長はいわば行政長官だ。保障理事会の推挙により一般総会によって選任され、行政方面の一切の責任者であり、国際平和が脅威されると考える問題については理事会の注意を喚起する。

五　投票問題に行悩む

右が大体の「国家連合」案の骨子であるが、しからばこれらの規約を修正せんとする場合にはどうするか。第十一条はこれを規定して、修正は一般総会がその会員の三分の二の投票によって決定し、さらにそれが保障理事会の常任理事国全部及び「国家連合」の他の会員国の過半数により批准《ひじゅん》されたる場合に有効となると明記する。即ちこの場合においても常任理事国が各自、規約修正の拒否権を有しているのを見るべきだ。旧国際連盟においても規約修正は理事国全部及び一般会員約半数の批准によることになっている。なおこの「国家連合」案が実現するまでの過渡的処置としては、一九四三年十月三〇日に署名されたモスクワ四国共同宣言に則《のっと》って処理する旨を第十二条で規定している。

以上が、反枢軸国がダンバートン・オークスで採用した戦後策である。筆者がこれを条項的に紹介したことは、必ずしも罪を読者に得るものではあるまい。新聞がこうした研究的な題目については一行の紙幅をも惜しむ現在、「事実」そのものを提供することは、総ての必要に先行すると信ずる。

右の内、保障理事会の投票権の問題は、なお決定を見ず、将来の討議に委ねている。発表された文書の中にも、第六条「保障理事会」のC項「投票」(Voting)の項は空白になっており、その註書きには「保障理事会における投票方法は目下なお考慮中である」と記しておる。新聞情報によると、米英は付議された総べての問題は、過半数制の投票によって決定すべきを主張するに対し、ソ連はその問題が常任理事国に関連を有する場合には、全会一致制を主張するようだ。ソ連としては、たとえば安全保障理事会において「侵略国」の決定が為さるる場合に、過半数制投票であれば、英米の提携によってそれを強行される危険がある。これに対し米、英側から観れば重要問題について全会一致制をとることになると、常任理事国は永遠に拒否権を有して、全く問題の解決を進め得ないことになるのを懸念するのである。

この問題は政治的には米、英対ソ連の相互信任の程度を表現するものであるし、また法律的にはこの投票権問題の解決如何によって「国家連合」機構が果して大国の侵略行為を制裁し得るかどうかが決定するのである。ダンバートン・オークスの会議の米英ソ会談が六週間という長期に亘《わた》ったのもこの問題に引っかかったからであった。昭和十九年末か、来春早々スターリン、チャーチル、ローズヴェルトの三者が会談して解決すると米、英側では発表している。

六　戦後案の要約

少しく重複の嫌いはあるが、全機構の総合的把握が必要であるに顧みて、「国家連合」の組織を、旧国際連盟のそれと対比しながら要約してみよう。

会員――「国家連合」の会員は「総ての平和愛好国」によって構成される。これに対し旧国際連盟においては完全なる自治を有する国、領地、植民地は会員たり得ることになっていた。

代表機関――二つに分って一般総会と保障理事会とである。一般総会は全部の会員国よりなり、保障理事会は五ヶ国(米、英、ソ連、重慶、仏国)の常任理事と六ヶ国の交替制理事(二ヶ年一期、継続再選を許さず)より成る。

保障理事会は国際平和維持に対する主要なる責任を有す。全会員は保障理事会の決定に服す義務を負い、(イ)軍備制限に関する計量、(ロ)「国家連合」の会員ならざるものが国際司法裁判所の会員たるべき条件、(ハ)国際的紛争の調査、(ニ)紛争に対する干渉、(ホ)緊急の場合における空、海、陸兵力の使用、封鎖、(ヘ)会員国に対する兵力供用をなさしむる権能、(ト)左様なる緊急の場合に供用すべき会員国の空軍兵力量の裁定、(チ)地域的に存在する機関の制裁的行動に対する許諾、(リ)事務総長の推薦、(ヌ)規約修正に対する拒否権等は何れも保障理事会の有するものだ。

旧国際連盟に於ては理事会は左様な権能はない。実際的に有力だったのは実力があったからで、構成そのものからいえば、国際連盟の基本的実権は連盟総会が有していたのである。第五条には「連盟総会または連盟理事会の会議の議決は、その会議に代表せらるる連盟国全部の同意を要す」とある。

紛争解決の方法――国際平和を脅威する紛争及び事態については会員は平和的方法を以て解決する義務を負う。法律的問題については国際司法裁判所に付議する。紛争国相互間に解決し得ぬものは保障理事会に回付する義務を負う。保障理事会は如何なる方法をとるべきかを攻究し、必要ならば政治的、経済的、軍事的手段をとる。会員国は保障理事会よりの交渉ならば、直ちにその国の法的手続きに従って兵力供出に関し交渉を開始する。各会員国は強制手段が実行されんとしつつある国家に援助を与えることを差し控える。また紛争を地域的に解決せしめるように奨励する。

この新機構の紛争解決方法を旧国際連盟のそれと比すると、後者の方が制裁に関する方法を規定すること簡であって、解決方法については密である。即ち国際連盟の場合は紛争を仲裁、司法あるいは理事会の報告等の何れかに訴え、それらの決定後三ヶ月の後にあらざれば武力に訴えないことというように詳細に規定しているが、新機構案の場合は殆ど総てを保障理事会の裁定にまかせ、また実力的制裁方法を事こまかく規定してある。

その他の機関——国際司法裁判所及び事務局の機構は両者大体同様だ。新機構において目立つのは第一に地方的機関である。具体的にいえば既存の汎米会議のようなものであろうが、これが設立を奨励しており、それは保障理事会につらなる。第二に「国際経済及び社会局」の創設で、この管轄は一般総会の下にあり、従って主として調査的機関である。第三は軍事委員会でこれは保障理事会に付属している。

旧国際連盟においては国際労働事務局が創設されただけだ。その他諸種の部局はあったが、それは連盟規約において特に明記されておるものではない。

第二章　戦後案に対する批判

一　国際連盟と新機構

歴史は後ろ向きに走る。反枢軸国側で作りあげた「国家連合」案を見て、まず感ずることはこれである。ズッと以前からではあるが殊にこの数ヶ年の間、欧米においては諸種の世界平和機構案が続出して、一世の流行をなしたものである。然るにさていよいよ蓋《ふた》をあけてみると、大袈裟に宣伝された新機構は旧機構と大差ないばかりでなく、その内容はさらに遡《さか》のぼって百三十年以前のウイン会議の再現を思わせるもののあるは、何という繰り返す歴史の皮肉であろうか。

第一次大戦の終りを結んだ国際連盟はとにかく、ウィルソンの理想主義がその根底をなしていた。いろいろな弱点を蔽しながらも、そこに人類救済の大悲願があった。しかるに今回の「国家連合」案に果して左様な大理想があるだろうか。筆者は前回〈第一章〉に両者の機構の類似点及び相違点を挙げたが、更に政治的方面からこれを観察してみよう。

第一に第一次大戦の場合は、対独講和条件と国際連盟とは不可分のものであった。ウィルソンは一九一八年九月二十七日に演説して言った。「国際連盟を構成することと、その目的を明確に決定することとは、平和条件の一部、否その主要部分をなさねばならぬ。それは条約締結後に至って形成さるべきものではない」と。然るに今回の「国家連合」

は平和条件とは別の機構であり、少なくとも法的には両者の間に不離の関係はない。

第二には旧国際連盟は軍備縮小に対し異常な熱意を有していた。その第一条、第八条、第九条はこれについて詳細な規定をしている。然るに新案には、それは殆んど付帯条件程度にしか見えないものになっている。無論、保障理事会には陸軍委員会も付属して、「軍備制限の組織」を考案することになっているが、その調子も、その内容もいい訳的である。会全体の傾向からいえば、寧ろ強国の軍備拡張によって世界の秩序を武力的に押えようとするにあることは後に説く如くだ。

第三にこの新案は強国中心の分割的秩序維持主義である。旧連盟においてはウィルソンは勢力均衡政策が世界を戦争に追いこむものとの信念から、可能範囲に強国中心主義を避けた。然るに今回の案は明白にバランス・オヴ・パワー政策を中心にしている。「国家連合」そのものには使用すべき権力も、武力もなく、実力行使はこれを大国に依頼するの外はなく——また実際、それを規約の中に明記している以上、バランス・オヴ・パワーは自然に生れるのである。今のところ英、米が重慶、仏国を率いてソ連に当る事情にあり、これがソ連が、英米の主張に対し容易に屈し得ない理由であるが、事態の進展によっては英国が米国と対抗する場合ももとより想像し得る。

二　ウイン会議に似る

こうした事実を述べて来ると我らは自然にウイン会議を想起せざるを得ぬ。ウイン会議は人も知るように連合軍がナポレオンを破ってエルバ島に追った後、オーストリア、英国、露国、プロシャの四ヶ国の首脳者が一八一四年ウインに集まり欧州の秩序維持を協議した会議である。

これより先、ナポレオンはその稀有《けう》の天才を以て欧州を蹂躙《じゅうりん》しつくした。その向うところ敵なき鋭鋒が自然に四方に敵を作ったのは自然であった。しかしナポレオンの大征服は史家シーリーもその英国膨脹史論で指摘しているようにその目的が欧州大陸にあるのではなかった。かれは欧州については「このおいぼれた欧州には飽きた」(Cette vieille Europe m'ennuie)といった。その目ざすところは新世界であった。かれは巨人の夢を抱いて、十八世紀の争乱に没落した大フランスを再興し、その壊滅の跡に樹てられた大英帝国を滅ぼそうと思ったのである。かれはこの野心を隠そうともしなければ、また決して断念もしなかった。かれにとっては欧州征服は英国攻撃の出発点だった。かれがオーストリアやロシアを打ったのは、この二国が英国から軍資産を得て、自分に向って進撃したからだ。またスペインやポルトガルの攻撃を企てたのは、この両国が大艦隊と植民地を持っているからこれを英国攻撃に利用しようとしたのである。

英国がこれに気づかない訳はない。そこで英国の外相カッスルレーはオーストリア、露国、プロシヤに説き一八一四年三月十一日、四ヶ国の間にショウモン条約を結んで、この同盟勢力を以てナポレオンに対することになった。同盟国は最後の勝利を得るまで共に行動する義務ある事、戦費はイギリスが引受けること等の条件は、それを米国に置きかえれば第二次大戦と大して異なりはしない。

この同盟政略が効を奏し、ナポレオンが失脚して、いよいよウイン会議は開かれた。

三　神聖同盟の回顧

ウイン会議は右ショウモン同盟の四国と、それに仏国のタレーランを加えて(羅馬《ローマ》法王の代表者も出席したが)ナポレオン無き後の欧州平和問題を議した。この会議の目標として歴史家は三つを指摘する。第一は報酬と刑罰である。四強国は戦果の分け前を分取し、またナポレオンの仏国その他に対する処罰が決定された。第二は予防だ。ナポレオンの如きものが再び出現しないために警戒政策がとられた。第三は復旧主義である。それは旧王及び旧領土の原則的な復活であるが、またその保守主義が仏国革命及びナポレオンによって生じた総ての新思想を抑圧する反動政策に移行して行った。

その時、オーストリアのメッテルニヒと協力し、ウイン会議の役者として知られているゲンツは、その会議の内部的事情につき一九年二月十二日の備忘録に左の如く証している。

「〈社会秩序の再建〉とか、〈欧州の政治組織の復活〉とか、〈力の公平なる分配の上に礎《きず》かれたる永久の平和〉等々というような立派な章句は国民を鎮静させ、また厳粛なる会議に威厳と壮大感を持たせるために吐かれたるもので、会議の真の目的は征服者が敗北者より獲得したる獲物を分配せんとするにあった」

このウイン会議は続いて一八一五年九月の神聖同盟となった。英国はナポレオンを仆せば、もう用はないので局外に立ち、露国、オーストリア、プロシアがその締約国であった。正義、博愛、平和を旗印とし、(一)欧州一般の平和を維持するため三国協力すること、(二)革命の原理が仏国その他を害するを防止する事、(三)この目的達成のために諸国の協議を行うことが約束された。だが実際にはこれが強国の侵略の具となり南米諸国にもその手を延ばして今度は英国が米国を説いてモンロー主義を宣布させたは後の話だ。

四　実権を持つ三ヶ国

ウイン会議において名目は五大強国であるが、事実は全く露、墺、英の三国の手に欧州の——従って当時においては、世界政治の実権が握られ、プロシア、仏国が独立的位置を占むるために努力を払った実情は、今回の会議における英、米、露と重慶、仏国の立場と似ている。また平和と正義と自由とを看板とする会議が、既にその内部においてロシア、プロシア対英、墺の二つに分れ、その勢力均衡の角逐の間に仏国が割り込んでその位置を得たのも、現在の英米対ソ連の関係に似ている。

そしてまた神聖同盟が、狂言的なアレキサンダーによって提唱されて、「諸国相互の関係を、神が恒久の宗教によって示したる崇高なる真理に基づく正義、博愛、平和を目的」となし、その背後の力を以て、とにかく、英、土、法王を除く欧州諸国の盟主を網羅し得たのも今回の事態と似ておりはしないか。ただ異なるのは露帝アレキサンダーが、ナポレオンの仏国に対し極めて寛大であって、それがその後三十九年に亘る一般的平和を克ち得た大きな理由であるのであるが今回の場合は、少なくとも米、英に関する限り、日独に対する憎しみに目が眩《くら》んで、極端なる刑罰的意図を持つ短見なる政策を基礎とする点にあるようだ。

五　勢力均衡主義の産物

こうしてダンバートン・オークスの「国家連合」案は、相互信頼の産物ではなしに

――否、そうした意欲すらも持っておらずに、勢力均衡の処産であることは、その機構において、強国が独占する保障理事会が、殆んど独裁的な権能を有していることでも明らかだ。米国側は口を開けば常に「国の大小を問わず主権の平等」をいって来た。小国が何らの権限もなく、会員に備わるだけのことが「平等の主権」なのだろうか。しかもその特権を持つ強国は選挙や推薦によるにあらずして、自己任命によって永遠にその位置を保持するのだ。

この強国中心の機構は、左のような事態が起り得ることを予想しなくてはならぬ。

第一には世界の現在に対する改善が殆んど不可能なことだ。「国家連合」案の規定によると、この機構の規約修正すらも、常任理事国の一国が批准を与えなければ効力が生じないことになっている。しかも世界の平和を危くする問題は何れも大国の利害に直接関係を有するものである以上、強国自身の発意と自由意志に委して解決するはずはない。いわゆるピースフル・チェンジ(平和的展開)が不可能であることが、この案の徹底的な欠点でなくてはならぬ。

第二に強国横暴の問題が必ず出て来るであろう。保障理事会は兵力を行使する権利がある。この実力を行使して自己に不便な国家を圧迫することが出来るのである。もっとも強国の横暴は各強国が一致した場合に起る現象であるからもし利害が衝突した場合にはいわゆるパワー・ポリチックスが機構内において行われ、小国群を味方として国際政治の暗闘明闘が繰返さるであろう。

第三にこの機構は強国の軍備拡張に結果するであろう。強国が一致する場合もそうであるが、衝突する場合には軍備の拡張を刺激する。軍備は何といっても機構内において位置を決定する力である。然るに規約によるとこれらの強国には軍備使用の責任はあるが、それを制限する義務は規定されておらぬ。

第四はこの機関が大国の政策実行の具に供されよう。旧国際連盟において英、仏がこれを利用したのは明らかな事実だ。常任理事国に大した権限のなかった国際連盟でも、然りであるから、今回の場合は特にそうである。

六 如何に修正するか

ただここで公平ならんがために付記して置かなければならぬことは、強国中心主義に弊害がありとすれば具体的にはどうすればいいかである。満洲問題以来、小国が国際連盟において無責任な言辞を弄《ろう》したことに対して、日本はそれを不可とした立場にあった。いま強国主義の機構が成立したにつき日本は主義そのものとして、これに反対することは困難だ。だが同時に諸種の弊害の随伴するものをそのまま是認しなければならぬ必要はもとより毫末《ごうまつ》もない。そこで左の如き条件が考慮されねばならぬと思う。

第一は強国専横の危険に対しこれを抑制する機構の勘案だ。

第二にこの「国家連合」案においては日、独両国を除外せんとしている。日、独がかかる機構に加入するかどうかの実際問題は、全く別の問題である。理論的にいって日独の如き大国を除外した機構は世界平和を維持出来ない。

第三に「国家連合」案においては政治的侵略主義に対する警戒は一貫して現れているが、産業的帝国主義、独占主義に対する対処方途は殆んど不問に付されている。

第四に戦争の原因をなすところの資源その他の分布を是正する方法の規定が極めて不完全だ。

以上のような考慮を頭に置いて筆者は私案を考えてみたいと思う。

第三章　世界秩序私案

批評は決して破壊ではない。批評のある所、反省と進歩とが生れる。しかし批評が建設的であらんがためには、単に批評の領域に止っていてはならぬ。殊に国際機構の如き具体案に対する場合においてそうである。彼らはいうであろう「貴説一理なきにあらず、願わくば対案を拝見しよう」と。遺憾なことには我国には、朝野を通じて、左様な案を準備している者が極めて稀だ。筆者がここで私案を発表するのは、日本の八紘一宇《はっこういちう》の精神が、続々として世界平和に対する諸種の具体案となって現れんことを希願して、その一試石たらしめんために外ならない。

一　五ヶ年だけの実験案

筆者はまずダンバートン・オークスの「国家連合」案を一応基礎としたいと思う。それは反枢軸国側によって作成されたものではあるが、とにかくここに一の原案が目前にあるので、これを基礎とし、修正する形で、我々の積極案を展開するのが便利であるからである。と同時にまた我日本はそれが何人によって勘案されたにしても、とって以て世界平和に貢献するものであれば、これを取り入れるに吝《やぶさ》かでないことを示したいからである。此の態度を取ることは、勿論《もちろん》我立国の本旨に違うものでないと信ずる。大正九年一月十日、畏《かしこ》くも平和克服の詔書において「平和永遠ノ協定新ニ成リ、国際連盟ノ規模斯ニ立ツ。是レ朕カ衷心実ニ欣幸トスル所」と仰せられ、また昭和八年三月二十七日、国際連盟脱退の詔書においては「然リト雖、国際平和ノ確立ハ、朕、常ニ之ヲ冀求シテ止マス。是ヲ以テ、平和各般ノ企図ハ、向後亦協力シテ渝ルナシ。今ヤ連盟ト手ヲ分チ、帝国ノ所信ニ是レ従フト雖、固ヨリ東亜ニ偏シテ友邦ノ誼《よしみ》ヲ疎《おろそ》カニスルモノニアラス」と宣《い》われておる。帝国の根源的国策は、聖意によって炳として明らかである。

「国家連合」を討議の原案として諾することは、そのまま該案を承認することを意味するのでないのはいうを要さない。まず筆者は左の如き一項の挿入を主張する。

「締約国は第二次世界大戦が終結を告げたる時より五ヶ年を経過したる後において、この機構を再検討すべきことを受諾す」

この理由については「国家連合」案起草の責任者の一人、英国首相チャーチルの言を引用しよう。かれは数年前にいった。「よく戦争に克ち得る者が、良い平和を作りうることは至難だ。そしてまた良い平和を作り得る者は、決して戦争には勝ち得ないであろう」と(Winston Churchill, My Early Life, p. 346)。

戦争の遂行と永遠の平和を維持するための機構の作成とは、全然別な心的姿態の所産でなくてはならぬ。戦争進行に必要な諸種の宣伝によって、ゆがめられている世界の空気は、平和時の秩序維持を目的とする平和機構には最も不向きである。この案に現れた日、独両国民に対する態度がこれを示す。また戦争直後の事態が、永遠に持続しないであろうことも明らかであり、それを強制せんとする試みは、それ自身が平和を破壊する。戦争終了後、五ヶ年の日月は、恐らくは世界をして自ずから帰すべきところに帰せしめるであろう。

二　資源解放の基本条項

この機種の目的として同案は、(一)国際平和及び安全保障の維持、(二)国際友好関係の展開、(三)国際経済、社会及び人道的問題の協力、(四)共同目的達成のため中心機関の提供、の四つを挙げているが、筆者は第二条と第三条の間に左の如き条項の挿入を主張する。

「総ての土地に於て総ての人類が欠乏から解放されて生活し得る保証を与う如き平和の樹立されんことを期し、これがため一切の国家に対し、その領土の大小戦勝戦敗の区別なく、その経済繁栄に必要なる世界に於ける通商及び原料の獲得を均等なる条件にて享有せしめ、かつ各国による経済的封鎖、財政的強圧の諸政策を排除す」

この条項は決して新しいものではなく、一九四一年八月十四日のいわゆる大西洋憲章の第三条及び第四条に規定されておるものだ。大西洋憲章をその基礎とするといわれる「国家連合」案にこの条項が挿入されておらないことは寧ろ不思議千万というの外はない。世界各国は当然“The United Nations”が厳粛に誓約して公表したことの実行を迫る権利があるはずだ。

世界における資源の独占、生活程度の不均衡、経済的排他主義政策等が戦争の原因をなすことは、米、英、ソ連その他の首脳者が充分これを認めているところだ。これに手を触れずして世界平和は到底不可能である。「国家連合」案が総ての平和機構の中枢をなす以上は、経済問題を単に付属的なる経済協定に委すべきではない。特に一九〇七年の海牙《ハーグ》条約(第二回平和会議)や国際連盟の目的が主に国際法の尊重にあったに対し、この機構のそれは広汎なものを含むにおいてをやだ。

三　「平和愛好国」の除去

この「国家連合」案が「目的」の外に「主義」を規定するのは他に余り例のない類別方法であるがそれはそれで差し支えない。しかしその第一項に「この機構は総ての平和愛好国の主権平等の主義を基礎とす」とあるのは、第三条の「会員」の中に「この機構の会員は総ての平和愛好国に開放さる」という章句と共に不可である。そこで左の如く修正する。

「本連合の会員は、本連合の規約に同意し、誠実にこれを履行せんとするところの完全なる自治を有する国、領地又は植民地を以て組織さる」

この理由は明かだ。第一にはこの起草者の意志は、「平和愛好国」の文字を以て日独両国を除外せんとするにあると考えらるるが、日独両国という大国を除外して、如何なる世界機構も成功するものではない。その事は国際連盟の失敗が最初からドイツを加入せしめなかったことにある事実を熱心なる連盟論者たるセシルさえ認めているのでも明らかだ (Lord Cecil, "The League as a Road to Peace, in The Intelligent Man, a Way to Prevent War," p. 290)。第二は「平和愛好者」の文字が極めて抽象的であり、その解釈は好むところによって異なるからだ。日独両国民からいえば日独両国民ほど「平和愛好者」はない。世界平和の基本的機構にはかかる曖昧《あいまい》なる文字を使用すべきではない。第三は、第二の理由により「平和愛好」の文字を二、三強国が勝手に解釈し、そのイデオロギーを他に強制することになる可能性が多いからである。英米はソ連を、またソ連は英米を真に「平和愛好者」と見ているのであろうか。第四には世界を侵略国と、平和愛好国の二つに大別する如きは事実でもなく、合理的でもない。

四　理事会の権限縮小

「国家連合」の構成が「一般総会」と「保障理事会」との二つから成っていることについては異議はない。しかし「国家連合」案全体の眼目が、米、英、ソ連(重慶、仏国も小さな意味において)の三国がこの機構の名に隠れて、武力を背景とする強制的秩序を強いんとするにあるのは(そしてチャーチルの一九四三年十一月廿一日の演説、米国国務長官ハルの一九四四年三月廿一日の「米国外交政策の十七ヶ条」演説、ソ連首相スターリンの一九四四年十一月五日の演説等は何れもそれを公言している)公正なる世界平和を維持する所以《ゆえん》のものではない。それが結局、(一)強国の寡頭的専制か、(二)パワー・ポリチックスの温床か、乃至《ないし》はその双方になるだろうことは昨十一月廿五日号の拙稿〔本文第一章〕に指摘した通りだ。

ただしこれに対する修正案を箇条的に並列することは、これらの条項が相互的に連関している事実に顧み、この小文のよくするところではない。そこでここでは大綱だけを書いて置きたいと思う。

まず手続き上の問題であるが、第一に、この機構の根本的主義が「主権平等」の上に立っている以上、「一般総会」及びその会員国に対しては、この案に現われているよりも、遥かに強い自主独立の地位が与えられなくてはならぬ。殊に保障理事国との関係において、単に紛争国として保障理事会に出席するばかりでは不充分であって、そこに一般総会及び各国の立場を保護する確たる保障があるべきだ。

第二に保障理事会の機能は、国際連盟の理事会と同様程度、即ち執行機関の程度となすべきだ。殊に兵力行使については、後説する「国際調停裁判所」の判定の後に実行することになすべきである。

右の理由は明らかだ。第二次大戦の結果、世界各国は戦争に疲れて当分は大戦争は起るまい。従って「大国」が武力的制裁を加えねばならぬ事態は稀有とみねばならぬ。ただ一つその懸念は「大国」が隣邦に対する場合においてのみある。然るに「大国」対「小国」の紛争において、「小国」の正義を保証する条項はないのである。戦後において「強国」の権力をかくの如く大ならしむるにおいては、強権による不正義事態の永続化を避け得ないであろうことは明白である。

現在世界の段階において強国中心主義は、ある程度まで現実の問題として避けえないとして、それに関する機構は筆者提案の如く五ヶ年後、戦争心理の解消と、世界秩序が一応落ちついた時に、改めて攻究すべきだ。

五　国際調停裁判所の創設

つぎに国際平和及び安全保障維持の方法に関しこの「国家連合」案の如く紛争解決の殆んど総てを保障理事会の裁決及び行動に委することは危険だ。そこでこれを左の如く規定する。

(一)紛争当事国がその紛争を相互に解決する能わざる場合には、両者の合意によってこれを保障理事会に付す。

(二)紛争当事国が紛争を保障理事会に付するを好まざる場合は、紛争を国際司法裁判所に回付す。もし国際司法裁判所がその事件を以て法的性質のものに非《あら》ずとするにおいては、これを別に設くる国際調停裁判所の審議に付す。紛争当事者は予めこの裁決に服する旨受諾宣明す。

(三)国際司法裁判所の外に国際調停裁判所を設く。国際調停裁判所は司法裁判所に属せざる総ての問題を審議す。

筆者のこの提案の要旨は、問題の解決に公平性を持たしめんための、国際調停裁判所の創設にある。「現存法律の基礎においてではなしに衡平と善による」(ex aequo et bono)解決は国際法にも認めるところであり、また現に一九二六年のスイス、イタリー間平和解決条約に規定さるるところだ。この裁定に服さない国家に対しては武力を発動してもとより差支《さしつか》えない。

既に公平性を持つ国際調停裁判所が出現する以上は、米国その他が「国際法によって国内法権に属するものと認めらるる問題」即ち移民問題等を国際機関の干与事項より除外することは不法であって特に左の条項を挿入すべきだ。

「四、普通に国内法に属するものといわるる問題にして、その波及するところ世界の平和と安全を脅威するものは、これをこの機関(国家連合)の審議に付す。当該国はその裁定に服することを受諾す」

この条項は一九一三年のブライアン平和条約、一九二八年のケロッグ平和条約等を一層無条件的にしたものであって、恐らく各国ともに異議があろう。しかしドイツの「民族優越主義」を攻撃する米国が自己の民族優越論政策を抛擲《ほうてき》するかどうかに、真に米国の誠意を知ることが出来る。英帝国もまた英帝国自治領間の法的繫争問題を国際司法裁判所に付議することに反対した。これらを挙げて新機関の審議に付さんとするのが修正案の狙いだ。

六　一律相互的軍縮

旧国際連盟においてはドイツの軍備を制限するとともに、他の連盟国もその軍備制限を誓約した。然るに今回の「国家連合」案においては、強国は殆んど無制限に軍備を拡張し得る仕組だ。一方、この案にはないが、英、米、ソ連首脳者らの時々の発表によって、日独両国に対し武装解除を強うる意向が明らかにされている。彼らのこの意志が果して実行出来るかどうかは全く別の問題だ。理論的にいってかかる不公正は許されない。彼らはその軍備を以て日独両国の「侵略」に備えるために必要だと主張したではないか。日独の軍備撤廃を想定し、その基礎の上に「国家連合」案を礎《きず》きながら、なお自己の軍縮を義務化しないのは、明かに自己撞着だ。一九三三年、ローズヴェルトは連盟主催の軍縮会議に対し、「攻撃的」武器の廃棄を提案した(これに対しヒトラーは「他国が五ヶ年以内に各自の武器を破棄すればドイツも再武装を断念する」と提案したが何れの国もこれに応じなかった)。英国は一九三三年九月の軍備制限案において各国の保有すべき兵力その他の具体案を提議した。ソ連は一九二七年十一月軍備全廃案を提示して、それを一ヶ年以内(不可能の場合は四ヶ年の間に漸次に)に実行することを提案した。一九三二年二月にもソ連は大々的に軍縮の用意ある旨を声明した。

これらの国が現在、軍備縮小をなし得ないはずはあるまい。もし出来ないとすれば、それは単に口先きに止《とど》まるトリックだったと解するの外はない。今回の案において米、英、ソ連はその軍縮を実行するに一律相互的の原則を明かにしその基礎の上に具体的計画を案出すべきである。

七　産業的帝国主義の排除

最も必要なことは資源の開放、経済平等主義による自由通商、人種的区別の撤廃等である。これについては最早紙幅の制限が、その詳説を許さないが左の如き条項の挿入は必要だ。

一、アフリカ、南洋諸島(ボルネオ、ニュー・ギニアその他)、アラスカ、西比利亜等、人口が別記する一平方当り密度に達せざる領地は、(イ)永久中立国とするか、(ロ)「国家連合」の管理の下に委ねるか、(ハ)あるいは現に所領とする国家の委任統治とし、これを人類福祉のために開放す。このため「国家連合」の下に「植民地局」を創設して管理経営す。これらの領地は、平和的開発を目的とする限り、如何なる国民に対しても門戸を閉鎖さるることなし。

二、「国家連合」国は、その主権の下に在る一切の領土内に於ける経済平等権を認むべし。

三、「国家連合」は相互的かつ一般的に最恵国の取扱を許容すべし如何なる場合といえども、「国家連合」に属する国は、他国並にその国民に対し、関税租税印税等につき差別を設けず、特別課税を為さず、また輸出入禁止をなさざるべし。

四、「国家連合」の建設後、五ヶ年の間、各会員国の有する剰余原料品は一定の標準及び条件により他の連合国に分配さるべし。

五、「国家連合」加盟国は、国際法の原則として海洋の自由を認むべし。

六、「国家連合」国及びその国民は、人種的理由により差別的待遇を受くることなし。

右の条項の目的は明らかだ。世界の紛争が、経済的理由によること最も大なるにかかわらず、「国家連合」の目指すところが、単に「軍国的侵略」の警戒にあって、「産業的帝国主義」の排斥に触るるところのないのは、断じて世界平和を確保する所以ではない。

八 「平和的変更」の明定

最後に二つの問題を提案したいと思う。一つは「少数者の保護」についてである。ユダヤ人その他の問題と共に、政治犯人の保護の問題に関する明記が必要だ。「国家連合国において、宗教的、政治的、社会的意見の故に迫害され、その国内に安居し得ざる者に対しては、国家連合は他国への旅行、住居、生活に対しあらゆる便宜を講ず。これがため特別なる部局を設置す」

もう一つはいわゆる「平和的変更」についてである。ダンバートン・オークス案によると、事情の変化によって適用不能となりたる条約の再審議または継続の結果、世界の平和を危殆《きたい》ならしむべき国際状態の審議の道は殆んど閉されており、この点では既に欠点を指摘されておる旧国際連盟よりも、更に遥かに劣悪である(国際連盟にはとにかく第十九条がある)。この方途なくして世界の進歩も、改善もなくそれと反対に強国の武力的圧制による現状維持が永遠に続くことは再三指摘した通りだ。これについては、筆者の修正案の眼目が、総べてこの問題につながるのであるが、ダンバートン・オークス案の立案国米、英、ソ連三国が真に、そのいう如く平和を希望するならば、この事を、案の最重要なる条項として明記しなくてはならぬ。同時に同規約改正についても保障理事国の一国による拒否権を認める如きは、事情の変化による世界秩序の改善に反するものだ。

以上目星しい根本原則だけを指摘してみた。原則が承認されれば条項は法律専門家の起草に委せている。なお地域的秩序維持の問題については、別に論ずる機会があると思う。(完)。

注

二〇頁　**加州土地法**　一九一三年、帰化権のない外国人(法的には主として黄色人種)の土地所有を禁じ、賃借を制限。二一年、帰化権のない外国人の移民を禁止した(ジョンソン法)。

三　**ルーズベルト氏の大痛棒**　セオドア・ルーズベルト大統領(一九〇一—〇九年在職)は、カリフォルニア州における排斥運動には批判的で、日本人移民に対する制限について抑制的姿勢をとっており、この点を清沢は高く評価していた。同州の運動は激しく、日本人にも中国人同様の移民禁止法を要求していたが、そこでとられた措置が、一九〇七年のハワイ・カナダ行き旅券を持つ日本人のアメリカ本土への入国禁止であった。しかしその後も既往移民の妻という形でいわゆる「写真花嫁」の入国が続き、また日本人の農業経営への進出は強まった。ルーズベルトが日本人排斥に対して無制限の賛同をしなかったことが清沢の認識の「大痛棒」ということになろう。

七三　**ニ港事件**　尼港事件。一九二〇年三月一一日、ロシア革命軍パルチザン部隊に攻められ、撤退を約束しながら、日本軍は奇襲攻撃に出て惨敗。居留民、残兵約六〇〇名、パルチザンの攻撃で皆殺しに遭う。さらにその後、五月二四—二七日、収監中の日本軍民約一三〇名殺害される。

九八　**虎ノ門外の出来事**　虎ノ門事件(一九二三年一二月二七日)のこと。

一〇三　**リエプクネヒットとルクセンブルグ**　カール・リープクネヒト(一八七一—一九一九)とローザ・

ルクセンブルグ(一八七〇—一九一九)。ともにドイツ社会民主党左派からスパルタカス団、さらにこれをドイツ共産党に発展させて、一九一九年一月の武装蜂起直後に暗殺された。ルクセンブルグには著書『資本蓄積論』がある。

一〇六 **ルーデンドルフ将軍**　エーリッヒ・ルーデンドルフ(一八六五—一九三七)。第一次世界大戦のドイツ軍「総力戦」(一九三五年)の構築を主唱。

一〇七 **エルツベルゲルやラテナウ**　マシィアス・エルツベルゲル(一八七五—一九二一)やヴァルター・ラーテナウ(一八六七—一九二二)。エルツベルゲルは、一九一七年、ドイツ政府に迫り、帝国議会で平和決議を行う。ワイマール期に無任所相。ラーテナウはドイツの電機独占AEGの会長。ワイマール期に外相。中産階級と労働者階級の中和に努めた。

一一一 **高畠某**　高畠素之(一八八六—一九二八)。『資本論』翻訳者(一九一九—二四)。堺利彦らと初期社会主義運動に参加したが、その後、社会主義の立場を離れ国粋主義運動に挺身した。

一一一 **上杉博士**　上杉慎吉(一八七八—一九三九)。東京帝国大学法学部教授として同教授吉野作造の民本主義と対峙した国粋的憲法学者。美濃部達吉教授の天皇機関説を論難。

一一九 **洮昂鉄道**　吉林省洮南から昂々渓(チチハル南郊)までの鉄道路線。西原亀三が画策した満蒙四鉄道前貸借款(一九一八年)の一つ。

一二三 **宋襄の仁**　宋の襄公が楚との戦いで無用の正義感のために負けたことから、無用の憐れみ。見当外れの人情。

一二六 **スチムソン**　ヘンリー・スチムソン(一八六七—一九五〇)。アメリカ、フーバー大統領期の国務長官。ロンドン海軍軍縮交渉で活躍。

一四〇　**石井菊次郎子**　一八六六—一九五〇。子爵。第一次大戦期大隈重信内閣の外務大臣。石井・ランシング協定(一九一七年)によって、日米間の極東勢力抗争を調整。

一四〇　**グリー氏**　ジョセフ・グルー(一八八〇—一九六五)のこと。一九三六年から開戦までの間の在日アメリカ大使。知日派として知られ、戦争終結時、アメリカ国務省次官として天皇制存続の主張を行い、対日占領政策に決定的な影響を与えた。グルーの滞日時、清沢は外務省嘱託として『日本外交年表並主要文書』の編纂をしており、両者の天皇観は酷似していた。

一四一　**ケロッグ平和協定**　ケロッグ-ブリアン不戦条約。アメリカ国務長官ケロッグ(一八五六—一九三七)とフランスの外相ブリアン(一八六二—一九三二)が指導力を発揮して成立させた。一九二八年八月二七日締結。当初一五カ国、後に六二カ国が加盟。

一四四　**河上清**　一八七三—一九四九。初期社会主義者、『万朝報』記者を経て社会民主党創立に参加(一九〇一年)、渡米して在米国際ジャーナリストとして活躍。

一四五　**出淵大使**　出淵勝三駐米大使。

一四六　**ジンゴイスチック**　jingoistic. 狂信的、好戦的な愛国主義のこと。

一五三　**クラウゼヴィッチ**　カルル・フォン・クラウゼヴィッツ(一七八〇—一八三一)。世界的名著『戦争論』(一八三二)の著者。一二歳でプロシア国軍ポツダム連隊に入り、ナポレオン戦争ではプロシア軍人として参加。ワーテルローの戦い以後、プロシア軍少将、ベルリンの士官学校長を歴任。

二〇三　**谷干城**　一八三七—一九一一。西南戦争では熊本鎮台司令官。のち農商務相、貴族院議員。足尾鉱毒事件に取り組んだ。

二三四　**天羽氏**　天羽英二外務省情報部長。列国の対中国共同の行動基準を排撃。

二三五　**広田外相**　広田弘毅(一八七八―一九四八)。外交官・政治家。一九三六年首相、三七年近衛内閣の外相。戦後、極東裁判で、文官でただ一人の戦犯として処刑される。

二六一　**ロンドンに行われている…**　ロンドン第二次海軍軍縮予備会議(一九三五―三六)。

二六二　**桐生氏**　桐生悠々(一八七三―一九四一)。『信濃毎日新聞』主筆。反戦自由主義的論調を展開した。雑誌『他山の石』を発刊、執筆。清沢も高く評価していたジャーナリスト。

二七三　**床次さん**　床次竹二郎(一八六七―一九三五)。内務官僚出身の政友会議員。原敬内閣の内務大臣として民力涵養運動を組織。

二七四　**後藤新平**　一八五七―一九二九。一八九八年以来一〇年間、台湾総督民政局で活躍。一九〇六―〇八年満鉄初代総裁。

二七五　**尾崎行雄**　一八五六―一九五四。一八八二年立憲改進党創立に参加。一八九〇―一九五〇年衆議院議員。立憲君主制下の民主主義を主張。「憲政の神様」と称される。

三三　**キロフ事件**　ソ連の政治家セルゲイ・ミロノヴィッチ・キーロフ(一八八六―一九三四)が一九三四年一二月一日、レニングラードで暗殺された事件。トロツキー、ジノヴィエフ、ブハーリンらが「反革命裁判」で粛清されていった陰謀の端緒。これを通じて、スターリンの独裁体制が完成する。

三二一　**朝鮮事件**　一八九五年一〇月八日、日本公使三浦梧楼(一八四六―一九二六)の率いる日本軍人らによる閔妃殺害事件のこと。

解　説

一　清沢洌《きよし》の思想発展と二一世紀世界

本書『清沢洌評論集』は、一九九〇年、彼の生誕一〇〇周年を記念して刊行した『暗黒日記』の、いわば姉妹編にあたる。本書編集に当たって留意したことを述べさせていただきながら、解説に代えたい。

清沢洌(一八九一—一九四五)は長野県南安曇郡北穂高村青木花見《あおけみ》(現穂高町)に生まれた。彼は、一九〇六年から一九一八年までアメリカに移民、働きながら研鑽《けんさん》を積み、在米日系紙の記者として活躍。その腕を買われて、帰国後『中外商業新報』(後の『日本経済新聞』)に初代外報部長格として入社、さらに『東京朝日新聞』に移り、執筆記事が理由で右翼の攻撃を受けて退社後、フリーランサーとして、以下に述べるような健筆を揮《ふる》い、『東洋経済新報』の石橋湛山とともに平和主義と自由主義を掲げて、軍部の戦争体制への鋭い批判を展開した。その間、正力松太郎の『報知新聞』論説委員も務めている。

清沢洌は、大正デモクラシーから第二次大戦時の約四分の一世紀の間、日本に民主主義と平和思想の定着を図るために、まさに獅子奮迅の働きを行った希有のジャーナリスト、思想家であった。その思想の凝結を『暗黒日記』に見ることには、大方の賛同を得られよう。すなわち、(1)「心的態度」としての自由主義、中庸主義、(2)教育の国家統制に反対し、画一主義の排除と多元主義の擁護、(3)国際平和の実現をめざす外交論、(4)軍部の神がかり的、猪突猛進的で非科学的な戦争指導への否定、これに追従する思想家、ジャーナリストへの厳しい批判、などを挙げることが可能であろう。それだけではない。彼は、社会の民主化のために、言論思想の自由を最大限に擁護し、政治と文化、社会発展を構想する上で、男女平等の定着、天皇制の「君臨すれども統治せず」のイギリス型王制の実現を図るべきことを強調しつづけた。まさに清沢の思想は、第二次大戦後、連合国軍によってもたらされた戦後民主主義と平和の思想、言論の自由、男女平等などの国際的普遍的な思想を先駆的に主張していたことになる。

清沢の思想の根底にある中庸主義は、小学校を卒《お》えて通った信州穂高の研成義塾の指導者井口喜源治の教えによるものである。井口は内村鑑三、新宿中村屋の創立者相馬愛蔵・黒光《こっこう》夫妻とも親交のあるクリスチャンでありながらも、儒教にも精通した教育者で、かつ大正期信州自由教育に大きな影響を与えた自由主義者であった。清沢の多元主義、教育の国家統制に反対する思想もまた井口に淵源するとはいえ、井口の教えを受けて、一九〇〇年、労働移民として渡米し、シアトル南郊約六〇キロメートルのタコマでハイスクールに通い、その後も研鑽を積み、現地の日系新聞の記者として活動する中で学んだジョン・デューイ（一八五九―一九五二）の自由主義・多元主義に基礎を置くものでもあった。

むろん、渡米体験から男女平等の思想をも体得したことは、その早い時期の著『モダン・ガール』に明らかである。この考え方は、当時、平塚らいてう（一八八六―一九七一）らの雑誌『青鞜《せいとう》』の採《と》っていた女性解放論とは異なった主張に依っていた。それは、男女平等の実現には、女性が男性と同等の労働と差別なき経済条件を与えられるべきとしたことである。この議論は男女平等なくして一国の政治、文化、歴史はありえないとの主張とともに、マルクス主義者アウグスト・ベーベル（一八四〇―一九一三）の『婦人論』をも読みこなして獲得されたものでもあった。

「昭和の吉野作造博士」を標榜して、国際関係論を自己の研究対象と定めた彼の立論は、単に、今日でも往々にして見られるバランス・オブ・パワーに一面的に依拠せず、常に国際関係をバーゲイニング・パワーによって、すなわち、相手を一方的に断罪する思想ではなく、相手との相互理解を通じて問題を解決すべきことと捉えられている。

彼の、上に述べてきた思想は、まさにその凝縮点として国際関係論があるとしている。

その観点から、武力による紛争解決には懐疑的であり、基調として、国際平和主義への志向を貫いた。したがって、特に東条英機政権に見る武断主義と国内に対する官僚主義的弾圧支配の体制には、真っ向から対決する立場にあった。その思想を公然と主張する機会を奪われた清沢は、「戦争日記」(暗黒日記)としてひそかに執筆を続け、来るべき戦後に備えた。

ここでまた注目すべき彼の論議を紹介すべきであろう。彼は、一九二九―三〇年にアメリカを取材し、その後も同国を注視しながら『革命期のアメリカ経済』(一九三三)を公刊して、世界大恐慌期のアメリカ政府の経済政策の中に、市場原理主義的志向ではなく国家的な経済への関与、市場原理への調整的政策を見抜き、ここに、ソ連型の画一的社会主義政策ではなく、市場と国家の関係、市場と経済規制との関連性のうちに政策手段が採られることの必要性を説いている。まさに、旧ソ連のリトヴィノフ蔵相のルーズヴェルトに対して述べた「ソ連はアメリカに近づき、アメリカはソ連に近づくであろう」とした考えを引きながらである。二一世紀の始まりにあたり、この問題は人類に新たな課題を提起している。すなわち一九八九年から九一年にかけての東欧、ソ連で展開した社会主義政権の崩壊と、その後の一時期を風靡《ふうび》した市場万能主義、そして市場と規制の関連への問題関心の世界的転変の状況は、清沢が指摘した問題の再度の確認であろう。

これとも関わって清沢は、『ソ連の現状とその批判』(一九三七)において、ソ連の画一的教育と多様な価値観の否定のあり方が、同国家の崩壊を招くであろうことを示唆している。これは戦前天皇制国家システムへの暗の否定でもあろう(この点、二一世紀の初頭、ジョセフ・E・スティグリッツ『世界を不幸にしたグローバリズムの正体』(徳間書店、二〇〇二年)で、厳しく市場万能主義の批判を行っていることが注目されよう)。

『暗黒日記』に鮮明に見られるが、彼は、天皇制をイギリス型に変革すること、いわば戦後体制における象徴制に近づけることを期待していた。それは特に、一九二九—三〇年にロンドン軍縮会議取材でイギリスに滞在した時期に、意識化されたもののようである。というのは、この時期の日記が残されていて、それに関する見聞が記されているからである。

二　本書の構成と概要

本書では、今日の日本のあり方を見据える立場から、清沢の多彩な著作群のうち、彼の意識していた日米関係への視角をも一部含みつつ、全体として、戦前の思想統制、自由主義と平和への希求に対する権力的抑圧の下で、彼が紡《つむ》ぎ出した現代日本と世界への視角と展望を与えている論稿に焦点を当てて構成した。

I　渡米中の評論

穂高の井口喜源治のもとで学んだ人々が編集した同人誌『天籟《てんらい》』に寄せた論考を中心に収めた。ここに清沢のアメリカ観とその後一貫した日本社会観の前提を見ることができるであろう。彼は、排日運動の激しい時代に渡米したことから、アメリカ社会の危うさと、他面での希望を見、他方、日本社会の一面的教育観に歪《ゆが》められる問題点を意識している。ここには十代の若い時期の執筆とは思えないほどの成熟を見せている。

在米中の論考には、年齢的に一七歳から二四歳という青年前期の清沢の精神が率直に語られているとともに、その後の円熟した時期の彼の思想傾向の片鱗を明確に見ることができる。今これらを読む私たちに、もはや一世紀近くも前の論考でありながら、極めて現代的課題に接近した内容を知ることができよう。その主要な認識は、米国の社会を見つめながら、同時に日本社会を比較文化論的に論じており、しかも、排日運動や排日土地法に対して歯に衣着せず批判的に語り、アメリカの正すべき問題点をも明快に示していることは興味をひかれるところであろう。

排日土地法が生じる根拠のひとつに、彼は、在米日本人の勤勉さと子だくさんに脅威を感じた白人の意識にあるとし、それは不当であることは当然であるとしつつ、しかしながらそれも日本人がアメリカ社会にさらに溶け込むことで解決されるだろうと考えていた。もちろん、現実はそれほど容易ではなかった。それは、第二次大戦期に敵国人扱いで大統領令により、在米日系人が強制収容所に閉じ込められたこと一つをとっても明らかである(その損害に対する補償が見えてくるのには一九八八年まで待たねばならなかった)。

Ⅱ　新聞記者として

清沢は帰国後、その英語力を買われて、『中外商業新報』に事実上の初代外報部長格として入社する。彼は長大な連載記事を執筆する一方で、「信濃太郎」などのペンネームを用いて、短評「青山椒」をしばしば執筆した。後者は日常の政治・文化問題への寸評であるが、それだけに彼の認識をよく示すものであった。強い平和志向と反戦・反軍部といった内容からなる。

この時期の論考は、初期日米関係論、国内政治論、女性論、軍備撤廃論など、多岐にわたっているが、清沢のスタンスの全貌を示している。特に大杉栄暗殺事件について、右翼暴力主義と無政府共産《アナキズム》の暴力的あり方への批判を通じて、思想の中庸主義の意義、極端主義否定の立場を鮮明にし、井口喜源治の教育の影響を見ることができる。また女性論では、男女同権を確保するためには男女同等の労働機会の確保が絶対に必要であるとの思想を提起し、当時のモダン・ガール論の限界、平塚らいてう・伊藤野枝ら青鞜グループの限界を鋭く指摘した。

女権拡張運動の時代に、とくに『青鞜』の論調に対して具体的な女性解放の道を提起した出色の作品『モダン・ガール』、第一次大戦後の軍縮時代に対する希望「軍備撤廃の期到る」、大杉栄の無政府共産運動に対する、「中庸主義」の立場からする批判的認識「甘粕と大杉の対話」、田中義一政権の極度の思想統制と弾圧のあり方が、逆に左翼を勢いづけることに結果するであろうことを指摘して、あくまで民主主義的で自由主義的な社会システムをこそ実現すべきことを強く要求している「愛国心の悲劇」。これは、思想の対決を権力による抑圧で対処することの愚を糾弾していて、まさにそれと関わって、特に大杉栄事件に関する論文で右翼をも槍玉に挙げたために右翼津久井龍雄の『やまと新聞』などの攻撃を受けた。このために清沢は朝日新聞社計画部次長の職をなげうち、次のフリーランサーとしての道を歩まなければならなかった。

Ⅲ 恐慌から戦争へ

世界大恐慌期の社会不安から戦争体制への時代を含んでいる。清沢は旺盛に執筆し、国際連盟脱退、国際的孤立化、日米戦争への道をひた走る日本社会への警鐘を文字どおり乱打している。その間、彼は、自由主義者が相互に孤立することなくその主張を広めるべく、「二七会」(毎月二七日に集まった)、「二六会」(毎月二六日)を嶋中雄作、石橋湛山、正宗白鳥らと組織し、家族的付き合いを含む会合を持ち、自由主義者のサロンを形成した。日米対決論に陥りがちな世相の中で、一貫して日本にとっての日米親善友好の重要性を説き、松岡外交路線の危険性、言論思想の自由、自由主義擁護の重要性などをくりかえし指摘し続けた。当然、官憲からは執筆停止処分も受けた。

恐慌から戦争への時期の作品群は、果敢にも大正デモクラシー期の言論思想の自由を謳歌し、軍国主義賛美と権力主義的な言論抑圧に対する抵抗を実践している。アメリカが好んで日本と戦争を行うかのように好戦主義者が世論を煽《あお》るが、その政治状況や国民的あり方からして非現実的であることを指摘した（『アメリカは日本と戦わず』）。満州事変期には、松岡洋右全権の国際連盟脱退演説がいかに国民の偏狭な国家主義風潮に迎合した愚行であるかを主張（『非常日本への直言』『激動期を生く』）、言論思想の自由が社会にとっての生命であることを述べ、「危険思想」が叫ばれる一九三〇年代後半以降の世相が、いかに誤った認識に基づいているか、を指弾している（『混迷時代の生活態度』）。その際、大衆迎合に走り社会を良識に導くことに背を向けたジャーナリズムの役割がどれほど大きなものであるかを指摘している（「現代ジャーナリズムの批判」）。清沢は断固として、自らの平和主義、自由主義こそが真に愛国主義であることを強調している。それにつけても、この国民の好戦主義的意識の形成に教育がいかに大きな役割を果たして来たかに、彼は目を向けている(『現代日本論』)。すなわち、日本の近代教育は一方的価値観の注入主義であって、それを国家が主体的に推し進めてきたこと、いわば「教育の国有化」こそに事態の深刻さがあるというのである。この指摘は現代においてもますます傾聴すべきものであろう。

Ⅳ 戦時下の構想

近代日本外交に一貫して流れる思想性の解明と、特に国民の中での極端主義に対して、専門官僚としての外交官に見られる対外平和追求へのバランスの取り方を直視すべきことを訴える。出色なのは、最晩年の仕事に属するが、国際連合憲章草案への批判的検討であろう。彼の目にはダンバートン・オークス会議(一九四四年八―一〇月、米・英・ソ・中の四カ国が協議)で提起された同憲章草案は、しょせん戦勝国の戦敗国への裁きになっていて、しかも列強による戦後世界の分割支配を正当化する危険性をはらんでいることを厳しく糾弾している。特に五大国の拒否権容認、戦争犯罪国としてのドイツ、イタリア、日本を締め出している構成など問題点を逐一指摘している点は、近年までの国連のあり方への指摘として十分に意味あるものである。

清沢の日本近代外交論の特徴の一つは、極端主義、偏狭なナショナリズムが威勢のよい響きをもって民衆の歓呼を博してきたが、台湾侵略戦争(一八七四年)、日露戦争に際して大久保利通や小村寿太郎が示したように、国際的対立をあくまでねばり強い交渉によって平和的に解決する立場が、最も有効な問題処理方策であるという認識であった。国家間の対立の前提には、特に日本の場合、相手をやりこめること、討ち入り思想で対処しようとするかのような一方的価値観の強要があること、これらの偏狭なあり方の打破こそが求められる（「日本外交を貫くもの」）。清沢の『日本外交史』は同時期の『外政家としての大久保利通』（一九四二）とともに、近衛内閣から東条内閣への時期の戦争主導外交路線への厳しい批判を、歴史の中からえぐり出そうとした資料豊富な業績であり、これによって、彼は外交史の専門家としての不動の位置を占めた。当時、若き俊秀信夫清三郎を協力者として外務省嘱託の立場で『日本外交年表並主要文書』の編纂に当たっていた。これも今日に伝えられる貴重な業績である。

　最後に収録した「戦後秩序私案」について述べておかねばならない。これはダンバートン・オークス会議での英米主導の戦後秩序回復案としての国際連合憲章草案に対する検討である。一九四四年一一月から四五年二月という戦争最末期、石橋湛山の『東洋経済新報』に連載した作品であるが、内容的には、国際連盟の愚は再現されるべきではないという立場から、拒否権を持つ大国の容認には与《くみ》し得ないこと、これはいわば大国による世界の分割の正当化に繫《つな》がること、植民地でも自治州には加盟権を与えること、その他の植民地は宗主国支配を改め世界の機会均等原則を適用せよ、などの議論を展開している。もっとも徹底的な民族独立主義を主張し得ないのは、当時の認識と言論自由への制約限界とが考えられるが、いずれにせよ、国家間の平和的平等主義の考え方から、同憲章が日独伊枢軸国の参加拒否を明示していることに対しては、戦争がいずれの側にもそれなりの言い分があり、一方が他方を断罪するのは間違いであることを強調している。この敵国条項も半世紀の後にようやく論議される状況にある。しかし五大国拒否権はいまだに解消されず、特に戦後冷戦下では、勢力分割の有力な手段であったことは、清沢の見通しどおりであった。

本書『清沢洌評論集』は、冒頭に述べたように彼の生誕一〇〇周年・敗戦四五周年を記念して刊行した『暗黒日記』のいわば姉妹編にあたる。かねて当時の文庫編集者平田賢一氏(現・新書編集部)の強い要請を受けながら、本書の実現がことのほか延引したことをまずお詫びしなければならない。その間、編者は清沢の主要著作の分析なしには、とうていその該博な作品群を編集することが困難なことを認識していたために、『清沢洌の政治経済思想』(御茶の水書房、一九九六年)、『清沢洌集』全八巻・別冊解説(日本図書センター、一九九八年)のそれぞれ執筆・編纂に当たってきた。それらの作業を通じて、おぼろげながら彼の思想像を把握できたことから、本書のアウトラインを作ることが可能になり、二〇〇〇年春には、カリフォルニア大学バークレイ校でレクチュアする機会を得た。また同年年初には、上山民江氏らの尽力によってプリンストン大学から『暗黒日記』の英訳本が出版されたことも、さらに彼の思想に光を当てやすいものにしてきた。

なお、さらに詳しくは拙著『清沢洌の政治経済思想』(御茶の水書房、一九九六年)、『清沢洌――その多元主義と平和思想の形成』(学術出版会、二〇〇六年)、拙編著『清沢洌集』(全八巻＋解説別冊、日本図書センター、一九八八年)を参照されたい。

今回は、文庫編集部の担当者塩尻親雄氏に大いにお世話になった。

二〇〇二年九月

編　者

清沢洌略年譜

一八九〇年　信州穂高に生まれる。
一八九四年　日清戦争開始。
一八九五年　日清戦争終結、馬関条約により台湾領有、賠償金等を獲得。三国干渉で遼東半島返還。
一八九七年　日本、金本位制導入。
一八九八年　米西戦争でアメリカ、キューバを領有。ボーア戦争でイギリス、南アフリカを領有。
一九〇〇年　アメリカ、金本位制導入。
一九〇三年　北穂高小学校を卒業、無教会派クリスチャン井口喜源治の研成義塾に入学。
　一二月　東穂高禁酒会に入会。
　フォード、T型自動車を開発。
一九〇四年　日露戦争開始。
一九〇五年　第一次ロシア革命。日露戦争講和条約調印。日本、朝鮮「保護条約」を結ぶ。
一九〇六年　斎藤茂・東条鑄らと小雑誌『天籟』をつくる。
　一二月　渡米、タコマ・ハイスクールに学ぶ。排日運動が盛ん。

一九一〇年　日本の「韓国併合」。
一九一三年　一月五日　シアトルで二五名の有志と穂高倶楽部結成。
　一月九日　宇梶母国観光団に『北米時事』通信員として参加、帰国。帰国中、早稲田大学に合格したが、入学を断念、帰米。
　三月　シアトル穂高倶楽部機関誌『新故郷』第一号に日米問題につき執筆。
　八月　穂高倶楽部内の聖書研究会に参加。
　　第一次世界大戦勃発。
一九一六年　この頃、サンフランシスコの『新世界』紙記者となる。
　　レーニン「帝国主義論」執筆。
一九一七年　一時、帰国。
　八月二八日　井口喜源治を訪問。
　　一一月七日　ロシア、社会主義革命を開始。
一九一八年　八月中旬　米騒動の盛んな時に、帰国。シアトル時代の松原木公、出迎え。横浜の貿易商に入社。
一九一九年　ベルサイユ講和条約締結。
一九二〇年　松原木公の紹介で、『中外商業新報』初代外報部長として就職。
一九二二年　ムソリーニの登場。
一九二三年　ワシントン海軍軍縮条約締結。

一九二三年　徴兵検査で乙種合格、二カ月で松本連隊を除隊。
九月一日　関東大震災で、妻さだ子、娘せつ子を喪う。
　九月一〇日　大杉栄ら、憲兵大尉甘粕正彦らに暗殺さる。
九月二三日『北米時事』と『羅府新報』に震災での妻と娘の遭難を報道。
サンフランシスコ『新世界』の通信員となる。

一九二四年　『中外商業新報』特派員として、朝鮮・「満州」、中国視察、要人との会見記事を新報に連載。段斯瑞、唐紹儀、康有為、王正廷ら。

一九二五年　『中外商業新報』シベリア視察団に参加。釜山―京城―平壌―瀋陽―大連―哈爾濱―ウラジオストック。張作霖・学良父子に会見。
　五月三〇日　上海で排日運動はじまる

一九二六年　一一月　処女出版『米国の研究』刊行。
一一月『モダン・ガール』(男女平等を不可欠として、そのための女性の経済的地位の男性との差別を克服することなどを強調)刊行。

一九二七年　一二月二日　植原悦二郎の媒酌で同夫人の教え子源川綾子と結婚。
『朝日新聞』計画部次長として就任。
　済南事件勃発。
一〇月二七日　長男瞭、誕生。

一九二八年　四月『黒潮に聴く』刊行。

ケロッグ・ブリアン不戦条約締結。

三・一五事件、共産党関係者を一斉検挙。

一九二九年　五月『自由日本を漁る』刊行。その中の「甘粕と大杉の対話」で右翼の攻撃を受ける。

七月までに朝日を退社。

八月二八日　清沢の提案で「二七会」発足。長谷川如是閑・水野広徳・芦田均・徳田秋声・正宗白鳥・細田民樹らが参加。

八月　気分転換の意味もあって、渡米。

一〇月『転換期の日本』刊行。世界大恐慌始まる。

シアトルの旧友と旧交を温め、一二月ロンドンに渡る。

一九三〇年　ロンドン海軍軍縮条約締結。ホーレー・スムート関税法で米国の保護主義が現われる。

一月一二日　長女まり子誕生。

ロンドン軍縮会議の報道に当たる。

三月四日　ロンドン発、大陸旅行。四月三日、ロンドン帰着。

四月二〇日　ニューヨーク着。

一〇月四日　ロサンゼルスより帰国へ。

一二月『アメリカを裸体にす』刊行。

一九三一年　四月『不安世界の大通り』刊行。

五月　『フォード伝』刊行。
九月一八日　日本、「満州」侵略開始。
一二月　日本、金本位制否定。

一九三二年　八月初旬まで滞米生活。
一〇月　『アメリカは日本と戦はず』(アメリカの政治的民主制と日本との相互関係からして日本と戦争する意図は基本的にはないとした)刊行。
「満州国」の成立とリットン調査団派遣。

一九三三年　二月　訳書『亜細亜モンロー主義』(モンカド)刊行。
三月　『非常日本への直言』刊行。
一一月　『革命期のアメリカ経済』刊行。
ルーズベルト政権、失業対策と金本位制否定。帝国主義の「混合経済体制」化開始。オッタワで大英帝国経済会議開催。スターリンの独裁と統制が強まり、社会主義五カ年計画実施。ヒトラーが登場、東方政策を開始。

一九三四年　七月　「現代ジャーナリズムの批判」(大衆迎合と発行部数を競う結果、見識ある主張を葬る)発表。
七月　『激動期に生く』刊行。
八月から一〇月　婦人公論新生活運動全日本巡回講演会、人口五万以上の全都市を嶋中雄作、細田民樹らと巡回。

一九三五年　一月『混迷時代の生活態度』刊行。
台湾で講演旅行。
三月「支那の対日態度を打診する」発表。
五月　戸坂潤らと東京帝国大学経友会講演会に招かれる。
六月『現代日本論』(日本の教育の画一性と「国有」現象を批判)刊行。
一一月『世界再分割時代』刊行。
一九三六年　八月『ファッショは何故に生まれたか』刊行。
一〇月『時代・生活・思想』刊行。
一一月　訳書『極東の危機』(スティムソン)刊行。
ケインズ『雇用、利子、資本に関する一般理論』刊行。
一九三七年　九月『ソ連の現状とその批判』(ソ連の画一主義批判を通じて天皇制のあり方を非難)刊行。
九月から一一月　国際ペンクラブのロンドン会議参加で渡欧、外交官らと懇談。ソビエト事情を聞き、「何とナチスと似て来たことか」と感想を述べる。
一九三八年　前年よりイタリアも訪問。
一月　パリに入り、石井菊次郎・今日出海・早川雪洲・楢橋渡・岡本かの子とその子太郎らに会う。
一二月『現代世界通信』刊行。

一九三九年　二月二二日　杉森孝次郎・三木清・室伏高信らと「評論家協会」を設立。

九月「第二次大戦と国際情勢」執筆。

三木清・嶋中雄作らと国民学術協会を結成。

井口喜源治一周忌に参加（清沢は井口から「信念」に生きることの大切さを学んだとあいさつ文）。

ヒトラーのポーランド侵略開始（独ソ戦の開始）。

一九四〇年　四月『第二次欧州大戦の研究』刊行。

一九四一年　六月『外交史』刊行。

「日本外交の特質」執筆。

一一月『改造』へ最終執筆「日米衝突小史―日露戦役よりの発展過程」。

尾崎秀実、ゾルゲ事件を理由に逮捕される（清沢は近衛文麿の昭和研究会で知人となり、優秀な人材と認識）。

一二月　マレー半島コタバルへの日本軍の攻撃と真珠湾奇襲攻撃。

一九四二年　五月『外政家としての大久保利通』（優秀な内政家は優秀な外政家でもあるとして、暗に東条英機を非難）刊行。

一〇月『日本外交史』刊行。

一二月より四五年五月まで「戦争日記」を記録（戦後刊行されるに際して、『暗黒日記』と東洋経済新報社版で名称）。

一九四三年　ムソリーニ、敗北。
一九四四年　一一月より四五年二月まで「戦後世界秩序私案―桑港会議の議題「国家連合」案の紹介と批判」を『東洋経済新報』で連載。
　一一月七日　尾崎秀実、処刑(清沢は日記に記す)。
一九四五年　五月二一日　肺炎がもとで急逝(五五歳)。
　ヒトラー、敗北。日本、無条件降伏。連合国による占領と戦後変革。朝鮮・台湾の解放。アジア諸国の独立へ。国際連合憲章調印。
一九四六年　日本国憲法発布。チャーチル、「鉄のカーテン」演説。国連第一回総会。国連、軍縮に関する一般原則(軍縮憲章)。国際通貨基金発足。
一九四七年　インド・パキスタン、カシミール第一次紛争勃発。国連総会、パレスチナ分割決議(ユダヤ人国家とアラブ国家への分離)。
一九四八年　大韓民国・朝鮮民主主義人民共和国成立。ソ連、ベルリンを封鎖。第一次中東戦争勃発。東欧諸国、人民民主主義革命開始。
一九四九年　中国革命開始。イスラエル、国連に加盟。捕虜待遇条約改正、人身売買禁止条約、大西洋条約調印。ソ連・東欧経済相互援助会議(コメコン)発足。
一九五〇年　中ソ友好同盟条約調印。朝鮮戦争勃発。レッドパージ開始。沖縄米民政府成立。ストックホルム・アピール発表。マッカーシー旋風始まる。
一九五一年　サンフランシスコ講和条約、日米安保条約締結。琉球日本復帰促進期成会発足。

〔編集付記〕

一、それぞれの論文の末尾に、底本とした単行本および雑誌の刊行年月日を記した。

一、読みやすくするため、表記を新字体・新仮名遣いに改めるとともに、一部の漢字を平仮名に改めるなどの整理を行った。

（岩波文庫編集部）

清沢《きよさわ》洌《きよし》 評論集《ひようろんしゆう》

2002 年 9 月 18 日　第 1 刷発行
2025 年 7 月 15 日　第 5 刷発行

編　者　山本義彦《やまもとよしひこ》

発行者　坂本政謙

発行所　株式会社 岩波書店
〒101-8002 東京都千代田区一ツ橋 2-5-5

案内 03-5210-4000　営業部 03-5210-4111
文庫編集部 03-5210-4051
https://www.iwanami.co.jp/

印刷・理想社　カバー・精興社　製本・松岳社

ISBN 978-4-00-331782-2　　Printed in Japan

読書子に寄す

——岩波文庫発刊に際して——

岩波茂雄

真理は万人によって求められることを自ら欲し、芸術は万人によって愛されることを自ら望む。かつては民を愚昧ならしめるために学芸が最も狭き堂宇に閉鎖されたことがあった。今や知識と美とを特権階級の独占より奪い返すことはつねに進取的なる民衆の切実なる要求である。岩波文庫はこの要求に応じそれに励まされて生まれた。それは生命ある不朽の書を少数者の書斎と研究室とより解放して街頭にくまなく立たしめ民衆に伍せしめるであろう。近時大量生産予約出版の流行を見る。その広告宣伝の狂態はしばらくおくも、後代にのこすと誇称する全集がその編集に万全の用意をなしたるか。千古の典籍の翻訳企図に敬虔の態度を欠かざりしか。さらに分売を許さず読者を繫縛して数十冊を強うるがごとき、はたしてその揚言する学芸解放のゆえんなりや。吾人は天下の名士の声に和してこれを推挙するに躊躇するものである。このときにあたって、岩波書店は自己の責務のいよいよ重大なるを思い、従来の方針の徹底を期するため、すでに十数年以前より志して来た計画を慎重審議この際断然実行することにした。吾人は範をかのレクラム文庫にとり、古今東西にわたって文芸・哲学・社会科学・自然科学等種類のいかんを問わず、いやしくも万人の必読すべき真に古典的価値ある書をきわめて簡易なる形式において逐次刊行し、あらゆる人間に須要なる生活向上の資料、生活批判の原理を提供せんと欲する。この文庫は予約出版の方法を排したるがゆえに、読者は自己の欲する時に自己の欲する書物を各個に自由に選択することができる。携帯に便にして価格の低きを最主とするがゆえに、外観を顧みざるも内容に至っては厳選最も力を尽くし、従来の岩波出版物の特色をますます発揮せしめようとする。この計画たるや世間の一時の投機的なるものと異なり、永遠の事業として吾人は微力を傾倒し、あらゆる犠牲を忍んで今後永久に継続発展せしめ、もって文庫の使命を遺憾なく果たさしめることを期する。芸術を愛し知識を求むる士の自ら進んでこの挙に参加し、希望と忠言とを寄せられることは吾人の熱望するところである。その性質上経済的には最も困難多きこの事業にあえて当たらんとする吾人の志を諒として、その達成のため世の読書子とのうるわしき共同を期待する。

昭和二年七月

《東洋思想》〔青〕

易経 全二冊 高田真治・後藤基巳 訳
論語 金谷治 訳注
孔子家語 藤原正 校訳
孟子 全二冊 小林勝人 訳注
老子 蜂屋邦夫 訳注
荘子 全四冊 金谷治 訳注
新訂 孫子 金谷治 訳注
荀子 全二冊 金谷治 訳注
韓非子 全四冊 金谷治 訳注
史記列伝 全五冊 司馬遷 小川環樹・今鷹真・福島吉彦 訳
春秋左氏伝 全三冊 小倉芳彦 訳
塩鉄論 曾我部静雄 訳註
千字文 小川環樹・木田章義 注解
大学・中庸 金谷治 訳注
仁学 —清末の社会変革論 譚嗣同 西順蔵・坂元ひろ子 訳注
章炳麟集 —清末の民族革命思想 西順蔵・近藤邦康 編訳
梁啓超文集 岡本隆司・石川禎浩・高嶋航 編訳
マヌの法典 田辺繁子 訳
ガンディー 獄中からの手紙 森本達雄 訳
随園食単 袁枚 青木正児 訳註
ウパデーシャ・サーハスリー —真実の自己の探求 シャンカラ 前田専学 訳

《仏教》〔青〕

ブッダのことば —スッタニパータ 中村元 訳
ブッダの真理のことば 感興のことば 中村元 訳
般若心経・金剛般若経 中村元・紀野一義 訳註
法華経 全三冊 坂本幸男・岩本裕 訳注
日蓮文集 兜木正亨 校注
浄土三部経 全二冊 中村元・早島鏡正・紀野一義 訳註
大乗起信論 宇井伯寿・高崎直道 訳注
臨済録 入矢義高 訳注
碧巌録 全三冊 入矢義高・溝口雄三・末木文美士・伊藤文生 訳注
無門関 西村恵信 訳注
法華義疏 全二冊 聖徳太子 花山信勝 校訳
往生要集 全二冊 源信 石田瑞麿 訳注
教行信証 親鸞 金子大栄 校訂
歎異抄 金子大栄 校注
正法眼蔵 全四冊 道元 水野弥穂子 校注
正法眼蔵随聞記 懐奘 編 和辻哲郎 校訂
道元禅師清規 大久保道舟 訳注
一遍上人語録 —付 播州法語集 大橋俊雄 校注
南無阿弥陀仏 —付 心偈 柳宗悦
蓮如上人御一代聞書 稲葉昌丸 校訂
日本的霊性 鈴木大拙 篠田英雄 校訂
新編 東洋的な見方 鈴木大拙 上田閑照 編
大乗仏教概論 鈴木大拙 佐々木閑 訳
浄土系思想論 鈴木大拙
神秘主義 キリスト教と仏教 鈴木大拙 坂東性純・清水守拙 訳
禅の思想 鈴木大拙
ブッダ最後の旅 —大パリニッバーナ経 中村元 訳
仏弟子の告白 —テーラガーター 中村元 訳

尼僧の告白 —テーリーガーター— 中村元訳
ブッダ神々との対話 —サンユッタ・ニカーヤI— 中村元訳
ブッダ悪魔との対話 —サンユッタ・ニカーヤII— 中村元訳
禅林句集 足立大進校注
ブッダが説いたこと ワールポラ・ラーフラ 今枝由郎訳
ブータンの瘋狂聖ドゥクパ・クンレー伝 ゲンドゥン・リンチェン編 今枝由郎訳
梵文和訳 華厳経入法界品 梶山雄一・丹治昭義・津田真一・田村智淳・桂紹隆 訳注

《音楽・美術》〔青〕

ベートーヴェンの生涯 ロマン・ロラン 片山敏彦訳
音楽と音楽家 シューマン 吉田秀和訳
レオナルド・ダ・ヴィンチの手記 全二冊 杉浦明平訳
ゴッホの手紙 全三冊 硲伊之助訳
ビゴー日本素描集 清水勲編
ワーグマン日本素描集 清水勲編
河鍋暁斎戯画集 山口静一・及川茂編
葛飾北斎伝 飯島虚心・鈴木重三校注
ヨーロッパのキリスト教美術 —十二世紀から十八世紀まで— 全二冊 エミール・マール 柳宗玄・荒木成子訳
近代日本漫画百選 清水勲編
蛇儀礼 ヴァールブルク 三島憲一訳
ミレー ロマン・ロラン 蛯原徳夫訳
日本の近代美術 土方定一
日本洋画の曙光 平福百穂
映画とは何か 全二冊 アンドレ・バザン 野崎歓・大原宣久・谷本道昭訳
漫画 坊っちゃん 近藤浩一路
漫画 吾輩は猫である 近藤浩一路
ロバート・キャパ写真集 ICPロバート・キャパ・アーカイブ編
北斎 富嶽三十六景 日野原健司編
日本漫画史 —鳥獣戯画から岡本一平まで— 細木原青起
世紀末ウィーン文化評論集 ヘルマン・バール 西村雅樹編訳
ゴヤの手紙 全二冊 大高保二郎・松原典子編訳
丹下健三建築論集 豊川斎赫編
丹下健三都市論集 豊川斎赫編
ギリシア芸術模倣論 ヴィンケルマン 田邊玲子訳
堀口捨己建築論集 藤岡洋保編

岩波文庫の最新刊

サン＝テグジュペリ作／野崎 歓訳

夜間飛行・人間の大地

「愛するとは、ともに同じ方向を見つめること」――長距離飛行の先駆者＝作家が、天空と地上での生の意味を問う代表作二作。原文の硬質な輝きを伝える新訳。〔赤N五一六-二〕 定価一二二一円

久保田淳校注

百人一首

藤原定家撰とされてきた王朝和歌の詞華集《アンソロジー》。代表的な古典文学として愛誦されてきた。近世までの諸注釈に目配りをして、歌の味わいを楽しむ。〔黄一二七-四〕 定価一七一六円

ショーペンハウアー著／藤野 寛訳

自殺について 他四篇

名著『余録と補遺』から、生と死をめぐる五篇を収録。人生とは欲望が満たされぬ苦しみの連続であるが、自殺は偽りの解決策として斥ける。新訳。〔青六三二-一〕 定価七七〇円

ゲルツェン著／金子幸彦・長縄光男訳

過去と思索 (七)

一八六三年のポーランド蜂起を支持したゲルツェンは、ロシアの世論から孤立し、新聞《コロコル》も終刊、時代の変化を痛感する。(全七冊完結)〔青N六一〇-八〕 定価一七一六円

……今月の重版再開……

中 勘助作

鳥の物語

定価一〇一二円〔緑五一-二〕

中 勘助作

提婆達多

定価八五八円〔緑五一-五〕

定価は消費税 10% 込です　2025. 5